JN441061

계관시인 테니슨 번역시집

인 메모리엄

앨프릿 테니슨 지음

이 세 순 편역

테니슨 초상화 (c. 1840)

2008

한빛문화

1833년에 죽은
아아써 헨리 핼럼을 추모하며

인 메모리엄

독서하는 핼럼 (1830)

IN MEMORIAM A. H. H.

OBIIT MDCCCXXXIII

---

* 제목의 약자 A. H. H.는 아아써 헨리 핼럼(Arthur Henry Hallam)의 머리 글자. 따라서 제목의 정확한 우리말 번역은 『아아써 헨리 핼럼을 추모하며』가 되지만, 이 책에서는 일반화된 『인 메모리엄』이라는 번역어를 채택하였다. 제목 아래의 obiit [óbiit | ɑ́biit]는 흔히 묘비 따위에 새기어 쓰는 "죽다," "사망하다"라는 뜻의 라틴어이고, 핼럼이 죽은 것은 1833년 9월 15일이었다.

테니슨의 생가인 써머스비 목사관

머리말

역자가 앨프릿 테니슨(Alfred Tennyson, 1809-92)을 연구하게 된 것은 지금으로부터 40여년전 최창호(崔昌鎬) 교수님의 영시개론을 수강하던 학부시절로 거슬러 올라간다. 그때 나는 연구실에 걸어놓을 영국문학지도를 그려드린 것을 계기로 최 교수님과 친밀한 관계를 형성하여 시를 더욱 좋아하게 되었고, 교수님이 소장하신 테이프를 빌려다가 여러 영미시인들이 육성으로 낭송한 시들을 들을 기회가 있었다. 풍부하고 감미로운 음성으로 녹음된 테니슨의「샬롯 처녀("The Lady of Shalott")」를 처음 들었을 때의 벅찬 감동은 테니슨 시에 대한 관심으로 이어졌다. 그리고 내가 특히 테니슨의 『인 메모리엄(*In Memoriam A. H. H.*)』을 연구하게 된 것은 역시 석사과정의 지도교수이셨던 최 교수님의 권유에서 비롯된 바, 6.25 동란 때 논문자료의 분실로 인하여 이 시에 관한 학위논문을 쓰지 못하신 최 교수님의 뒤를 이어 연구를 완성한다는 취지에서였다.

문헌과 자료가 매우 빈약한 상황에서 시작된 역자의 『인 메모리엄』의 연구는 일차적으로 시의 전문을 번역하는 데서 출발하였다. 그것은 문학작품의 연구에는 그 내용의 정확한 파악이 선행되어야 하고, 그 내용의 정확한 파악에는 작품의 번역이 선행되는 것이 정도라는 생각에서였다. 이 작품의 연구로 석사학위를 취득한 뒤에도, 영미시를 전공하는 후학들의 공부에 길잡이가 되는 좀 더 완벽한 자료집을 겸한 번역본을 만들기 위해서, 역자는 지금까지 번역을 틈틈이 손질해왔다. 이 같은 작업은 두말할 나위 없이 역자의 강의를 듣는 석 · 박사학위과정 학생들에게는 큰 도움이 되었지만, 외부 학생들과 일반 독자들에게는 아무런 도움을 주지 못하는 안타까움이 있었다. 그래서 이제 역자는 전공여부를 떠나서 보다 많은 사람들이 테니슨의 명작을 읽고 그의 지혜를 터득하는 즐거움을 누렸으면 하는 바람으로, 뒤늦게나마 이 작품의 번역판을 내놓게 되었다.

물론 그 동안 역자가 줄곧 이 작품의 번역에만 몰두했던 것은 아니고 15년 이상의 공백이 있긴 했지만, 이 작품의 번역에 투입된 시간은 역자가 석사과정에 등록한 1972년부터 지금까지 족히 15년은 넘는다. 이처럼 긴 세월이 소요된 것은 박사과정에서 역자의 연구대상이 바뀐 때문이기도 하지만, 모더니즘의 등장이후 비평가들의 테니슨에 대한 저평가와 독자들의 달라진 취향과 요구를 도외시할 수만은 없었기 때문이기도 하다. 그러나 아무리 세월이 흘러 세태와 문예사조가 바뀌고 독자의 취향과 선호도가 달라진다 해도, 『인 메모리엄』과 같은 명작이 지닌 작품성과 영향은 세월과 국경을 뛰어넘는 법이다. 따라서 현대 영미시인들 가운데서도 19세기 시인인 테니슨의 영향을 드물지 않게 발견할 수 있음은 물론이다. 이런 까닭에 현재 국내 대학의 학부와 대학원 영문학과에서는 "19세기 영미시"나 "빅토라아조 영시" 시간에 테니슨을 비중 있게 다루고 있고, 『인 메모리엄』도 단편적으로나마 국내 학자들에 의해 꾸준히 번역 소개되어 왔다. 게다가 오랜 동안 애착심을 가지고 공들여 수행한 번역 원고를 사장시킨다는 것은 역자의 개인적인 노력의 손실만이 아니라는 생각에서 안타까워하던 차에, 주위 사람들의 격려에 힘입어 마침내 이 작품의 번역출판을 결심하게 된 것이다.

이 번역서는 독자들의 가독성을 높이고 전공학도들의 학구적인 호기심을 충족시키기 위해 한영대역체제로 꾸며졌으며, 하단에는 각 시에 대한 요점적인 해설과 간추린 각주를 실어 놓았다. 또한 번역의 어투는 각 시편의 분위기와 주제 그리고 대상에 따라 의미전달이 잘 되도록 적절히 변화를 주었다. 그리고 독자의 이해를 돕기 위해, 역자는 전체의 시를 4부로 나누고, 각각의 시에는 그 주제에 맞는 제목을 붙여 놓았다. 물론 테니슨이 『만가집(輓歌集 *Elegies*)』이라는 이름으로 단편적으로 썼던 것을 현재의 상태로 정리했지만, 전체의 시를 4부로 나누거나 각각의 시에 제목을 붙인 적은 없었다. 테니슨은 다만 핼럼이 죽은 뒤에 각각 다른 느낌으로 맞이하는 3번의 성탄절을 계기로 해서, 시인 자신의 심경이 슬픔과 회의에서 점차 벗어나 확실히 희망과 믿음 쪽으로 변화되고 있음을 보여주도록 배열해 놓았다. 따라서 각 부에 "슬픔의 노래", "희망의 노래", "평화의 노래", "환희의 노래" 등의 제목을 달아놓은 것은, 원작자의 심경변화를 보다 확실히 드러내어 독자의 이해를 도모하려는 역자의 배려이다.

문학작품이란 별개의 존재로서 독자적인 가치와 의미를 담고 있는 것이 사실이지만, 전체적인 맥락에서 포괄적이고 객관적으로 작품을 이해하는 데는 작자의 사상과 자전적 사실, 그리고 작품의 경향과 시대적 배경을 파악하는 것이 필수적이다. 이런 점에서, 이 책의 앞부분에 서술된 상세한 해설과 끝부분에 실린 시인의 연보, 그리고 자료사진들은 이 작품뿐만 아니라 테니슨의 다른 작품을 읽는 데도 도움이 되리라고 확신한다.

아무쪼록, 빅토리아 여왕을 위시하여 정신적 혼돈과 암흑에 빠졌던 빅토리아조인들에게 성서이상으로 위안을 준 이 작품이, 날이 갈수록 전통과 가치관이 붕괴되고 불신의 골이 깊어 가는 이 어지러운 세상에서 정신적 갈등을 겪거나 신앙문제 등으로 고뇌에 빠진 독자들에게 조금이라도 위안과 희망의 빛이 되어주기를 기대한다. 끝으로 국내 출판계의 어려운 상황에서도 이 번역시집의 출판을 흔쾌히 허락해주신 한빛문화사의 정영기 사장님과 편집 관계자들께 깊은 감사의 말씀을 전하는 바이다.

2008년 7월 17일
용인 청로재(青蘆齋)에서
편역자 이 세 순

테니슨의 아버지
조지 클레이튼 테니슨 목사

테니슨의 어머니
엘리자베쓰 피체 테니슨

「곤궁한 형제들」
앨프릿과 그의 형 차알즈

테니슨 (c. 1829)

차례 Contents

슬픔의 노래 Songs of Sorrow 1

희망의 노래 Songs of Hope 2

평화의 노래 Songs of Peace 3

환희의 노래 Songs of Joy 4

해 설

1. 테니슨과 시대적 배경

테니슨(Alfred, Lord Tennyson, 1809-92)이 살았던 19세기 영국의 빅토리아 시대는 외형상으로는 인류 역사상 큰 전쟁을 겪지 않은 태평성대였고, 과학의 발달과 산업혁명의 결실, 그리고 식민지 건설로 과학의 혜택과 물질적 풍요와 정치적 자유를 향유하였다. 그러나 한편 이 시대는 물질만능주의와 위선과 속물근성이 만연한 종교적, 정치적, 사회적 변화의 격동기인 동시에 낙천주의와 염세주의가 공존한 시대로서, 한 마디로 소위 빅토리아왕조풍(Victorianism)이 풍미한 시대라 규정지을 수 있다. 특히 이 시대는 산업과 과학의 급격한 발달로 인하여 기독교 신앙이 흔들리고 기존가치 체계가 붕괴되어 가는 위기였다. 그랜스든(K. W. Gransden)은 이 시대를 다음과 같이 진단하였다.

> 빅토리아 중엽 영국의 가장 심각한 지적투쟁은 정치적인 문제가 아니라 종교문제를 두고 벌어졌다. 어떤 사람들에게는 진화론자들의 생물학적 지리적 발견들이 인류의 기원과 우주 속에서의 역할과 미래에 새로우면서도 회의적인 빛을 던져주는 것 같았다.

> The bitterest intellectual battles of mid-Victorian England were fought not over political issues but over religious ones. It seemed to some that the biological and geographical discoveries of the evolutionists shed a new and doubtful light on man's origin, his role in the universe and his future. (7)

특히 1830년대 초기부터 대두된 진화론과 많은 종의 멸종을 밝혀낸 화석을 통한 지질학적 발견들은 신에 의한 인류창조와 영생을 근본으로 하는 기독교 신앙이 인류의 복된 미래를 보장하는 보호막의 기능을 상실하게 하고, 빅토리아 시대 사람들을 정신적으로 회의와 암흑의 혼돈으로 몰아넣었다. 테니슨은 목사의 아들로 성장했음에도 불구하고, 낙천주의적이며 영혼발전론을 견지한 동료시인 로버트 브라우닝(Robert Browning, 1812-89)과는 달리, 이미 초년시절부터 남들보다 앞서 신앙적 회의에 빠져 고뇌하였다.

> 우리가 마지막에 단지 우리 자신의 관(棺) 속에서 끝나는 것이라면, 인생의 이 모든 고생이 겪을만한 값어치가 있을까? 만일 하느님을 받아들이고, 또 하느님이 다른 삶에 대한 이 강한 본능과 보편적인 열망을 허락한다면, 그것은 분명 얼마간 그 진리의 가망성일 것이다. 우리는 우리를 사람 되게 하는 강력한 소망을 포기할 수 없다. . . . 기독교의 중요한 요지는 내생(來生)이다.

> Is all this trouble of life worth undergoing if we only end in our own corpse-coffins at last? If you allow a God, and a God allows this strong instinct and universal yearning for another life, surely that is in a measure a presumption of its truth. We can not give up the mighty hopes that make us men. . . . The cardinal point of Christianity is the Life after Death. (*Memoir* I. 321n)

거기다가 테니슨으로서는 자기 나름대로 확고한 인생관과 철학을 굳히기도 전에, 비참한 빈곤 속에 아버지를 잃은 데 이어 친구 핼럼의 갑작스런 죽음을 당하였다. 이러한 일련의 비극적 사건 때문에 테니슨은 신의 섭리에 한층 더 깊은 회의를 느끼는 반면 자연의 횡포에 더욱 깊은 공포를 느낌으로써, 그의 슬픔은 날이 갈수록 가중되고 그의 정신적 방황은 깊어져만 갔다.

한편, 테니슨은 죄의식을 모르는 방종과 급격한 변화도 궁극적

선과 정의를 향한 것이라면 용납하고, 전통의 붕괴도 새로운 질서를 창조하는 힘이 있는 것이라면 당연한 것으로 보았다. 인류란 신의 영역에 있는 한 한층 높은 위치로 올라갈 수 있는 가능성을 지닌 존재이므로, 인간은 지식과 지혜를 함께 지니고 성장해야 한다고 그는 믿었다. 테니슨은, 특히 그의 걸작 『인 메모리엄』을 통해서, 죽음과 슬픔이 절망적인 것이 아니라 희망이 깃들인 것으로, 죽음과 슬픔을 슬기롭게 인내하고 극복하는 자는 그것을 발판 삼아 그에 맞먹는 득을 얻게 된다는 사실을 보여주었다.

2. 초년 시절: 1809-27

19세기 빅토리아 시대를 대표하는 계관시인 앨프릿 테니슨은 1809년 8월 6일 링컨셔(Lincolnshire)의 조그만 시골 마을 써머스비(Somersby)에서, 그곳의 가난한 목사인 아버지 조지 클레이튼 테니슨(George Clayton Tennyson)과 어머니 엘리자베쓰 피체 테니슨(Elizabeth Fytche Tennyson)의 12남매 중 4남으로 출생했다. 테니슨 집안의 가난한 생활은 근본적으로 그의 아버지가 장남이면서도 할아버지에게서 상속을 받지 못한 데서 비롯된 비운이었다. 테니슨이 대중 앞에 나서기를 몹시 두려워했던 사실과, 「마음과 일치를 이루지 못하는 아류의 감성을 지닌 마음의 상상고백(“Supposed Confessions of a Second-rate Sensitive Mind not in Unity with Itself”)」과 같은 초기시에 표출된 그의 병적인 죄의식은 바로 이런 집안의 불행에서 싹튼 것이다(Charles Tennyson 537-38).

가난한 시골 목사인 가장으로서는 대가족을 부양하기가 어려웠을 뿐만 아니라, 어려서부터 음악과 시적 재능을 보인 테니슨 형제들을 학교에 보낼 형편이 못되었다. 그래서 테니슨은 1816년 일곱 살의 어린 나이에 외가에 의탁되어 루우쓰 문법학교(Louth Grammar School)에 다녔다. 후일 시인의 손자 차알즈 테니슨이 저술한 전기에, 부모

테니슨의 할아버지
(1750-1835)

상속자인 테니슨의 삼촌 차알즈
(1784-1861)

테니슨 할아버지의 대저택 Bayons Manor (c. 1890)

테니슨의 외가가 있었던 Louth의 시장거리

품을 떠난 어린이로서 의지할 곳 없는 쓸쓸하고 낯설기만 한 타향에서 공부하던 시절의 테니슨의 심정이 잘 드러나 있다.

> 내 얼마나 그 학교를 싫어했던가! 거기서 오직 한 가지 마음에 들었던 것은 "춤추며 흘러내리는 물결소리"라는 어구와 학교 창문 건너 잡초로 뒤덮인 오래된 돌담에 대한 기억뿐이었다. 나는 거기서 영시 한 수를 썼는데 . . . 기억나는 것은 "피흘리는 영웅들이 물가에 누어 있는 동안"이라는 구절이다.

> How I did hate that school! The only good I ever got from it was the memory of the words, "sonus desilientis aquae," and of an old wall covered with wild weeds opposite the school windows. I wrote an English poem there . . . the only line I can recollect is "While bleeding heroes lie along the shore." (Michael Davis viii; also see Charles Tennyson 26)

위의 글에서 알 수 있듯이, 낯선 고장에서의 외로움과 학교에 대한 혐오에도 불구하고, 테니슨의 시적 혼과 시적 운율에 필요한 소리에 대한 예민한 감각은 어릴 때부터 남다른 것이었다. 1820년 고향에 돌아온 테니슨은 형들과 함께 아버지로부터 시를 비롯하여 고전, 언어, 미술, 수학, 자연과학 등을 배웠다. 그리고 테니슨의 아버지는 가난한 목사로서 자녀들을 풍족하거나 격식을 갖춰 양육할 수가 없었으므로, 당시의 관습을 벗어나 20세기의 "진보적인" 성향을 띠고 자유분방하게 자녀들을 길렀다. 즉, 테니슨 목사는 자녀들에게 시골 동네의 정취를 마음껏 즐기며 항상 휴일과 같은 자유로운 행동을 하도록 허용하였다. 한편, 마음씨 곱고 신앙심이 깊은 테니슨의 어머니는 자녀들을 헌신적으로 돌보고 그들의 예술적 재능을 끝없이 칭찬해서 그들의 자존심을 키워주고 재능을 한껏 발휘하도록 이끌어주었다. 테니슨은 이런 분위기 속에서 생활의 예절과 관습 따위에 얽매이지 않는 거친 시골뜨기 시인으로 성장했고, 그의 이런 성향 때문에 그는 후일 수줍음을 극복하고 스스럼없이 각계각층의 인사들과 폭넓은 교류를 할 수 있었다.

> 가난으로 유행을 쫓는 사회생활과는 단절되었기 때문에, 테니슨의 부모는 써머스비의 전원적인 특성에 힘입어 자녀들에게 항상 축제일 같이 행동을 자유롭게 할 일종의 면허장을 주었다. 그래서 써머스비에서의 생활방식은 제인 오스틴보다는 헉 핀의 세계에 더 가까웠다. 그래서 테니슨은 수줍기는 하지만 관습에 매이지 않는 시골뜨기로 평생 동안 지냈다. 그러나 도회생활의 예절과 관습에 무관심한 그의 태도가 역시 자신에게 온갖 유형과 부류의 사람들과 우정을 맺는 역량을 주었고, 이점이 시인 핏제럴드에게 감명을 주었다.

> Cut off from fashionable social life by poverty, the parents were encouraged by the rural character of the Somersby scene to give their children a sort of perpetual holiday license, so that the style of life at Somersby was nearer to the world of Huck Finn than to that of Jane Austen. And all his life Tennyson continued to be a kind of

테니슨의 형제자매들

2남 프레데릭 (1807-98)

3남 차알즈 (1808-79)

장녀 메어리 (1810-84)

차녀 에밀리 (1811-89)

6남 아아써 (1814-99)

3녀 마틸다 (1816-1913)

4녀 세씰리아 (1817-1909)

8남 호레이쇼 (1819-99)

> shy but unconventional rustic. Yet his indifference to the manners and conventions of town life also gave him a capacity for friendship with all types and classes which impressed the poet FitzGerald. (McLuhan vi-vii)

이른 새벽부터 밤늦도록 시간 가는 줄 모르고 써머스비의 한적하고 아름다운 자연을 벗하여 뛰노는 가운데, 테니슨은 시력이 나쁜 대신 천부적인 언어감각과 예민한 감수성으로 자연의 음향에 깃들인 언어에 귀를 기울이며 시적 감성을 연마하였다. 그에게 언어의 마술사라는 칭호가 붙을 정도로 그의 시어가 감미롭고 운율적인 음악미가 넘치는 것은 결코 우연한 일이 아니었다.

> 나는 글을 읽을 수 있기도 전에, 폭풍이 부는 날이면 바람을 향해 두 팔을 뻗치고서, "바람결에 말하고 있는 음성이 들린다"고 외치는 버릇이 있었다. 그리고 "멀리, 저 멀리서"라는 어구가 언제나 내게 이상한 매혹을 풍겨주었다.

> Before I could read, on stormy days I would spread out my arms to the gale and chant aloud, "I hear a voice that's speaking in the wind." And the words "far, far away" always had a strange charm for me. (Charles Tennyson 25; Pearce xvi)[1)]

역시 형제 중에 시적 재능이 제일 많았던 테니슨은 목사관 창문에 시를 적어 놓기도 하고, 10세경에는 벌써 포우프(Alexander Pope)와 월터 스콧(Sir Walter Scott)을 모방하여 수백 행의 시를 쓰기도 했다. 그러나 어린 시인의 우상으로서 그에게 가장 큰 영향을 준 사람은 역시 정열적인 낭만시인 바이런(George Gordon Byron, 1788-1824)이었

---

1) 'far, far away'는 어린 테니슨에게 감명을 주었던 어떤 시인이 쓴 시의 한 구절이다.

다. 1823년에는 14세의 소년으로 선과 악의 대립을 주제로 한 무운시 『아마겟돈(*Armageddon*)』, 『죽음의 마차(*The Coach of Death*)』와 희곡 『악마와 숙녀(*The Devil and the Lady*)』 등의 작품을 발표하였다. 이들 작품의 제목에서 드러나듯이 테니슨은 소년시절부터 삶과 죽음에 대해 예사롭지 않게 생각하는 성향을 보였다. 1824년 4월 어느 날 바이런이 죽었다는 소식을 듣고서, 혼자 뒷동산에 올라가서 모래밭에 "바이런이 죽었다(BYRON IS DEAD.)"고 써놓고 슬퍼했던 것도 그의 이런 성향과 아주 무관하지는 않을 것이다. 게다가 이즈음 빈곤한 가운데 힘겹게 가족을 부양하던 아버지의 건강이 나빠지기 시작한 것도 어린 테니슨에게는 세상을 밝게만 볼 수 없는 어두운 그림자를 안겨준 것이 분명하다. 그리고, 목사의 아들로 태어나 성장했음에도 불구하고, 이러한 불우한 집안 사정은 은연중에 테니슨으로 하여금 신앙에 대한 회의를 갖게 한 것으로 보인다.

1827년에는 테니슨은 형 차알즈와 함께 최초의 시집 『두 형제 시집(*Poems by Two Brothers*)』을 출판했으나, 『문학신문(*Literary Chronicle*)』으로부터 "상당한 장점을 지닌 몇 편의 소품이 들어있다"는 평을 받은 것 외에는 세인의 주목을 끌지 못했다. 그러나 누구보다도 훌륭한 스승 겸 비평가였던 아버지는 아들 테니슨의 시적 재능과 장래성을 확신하였다.

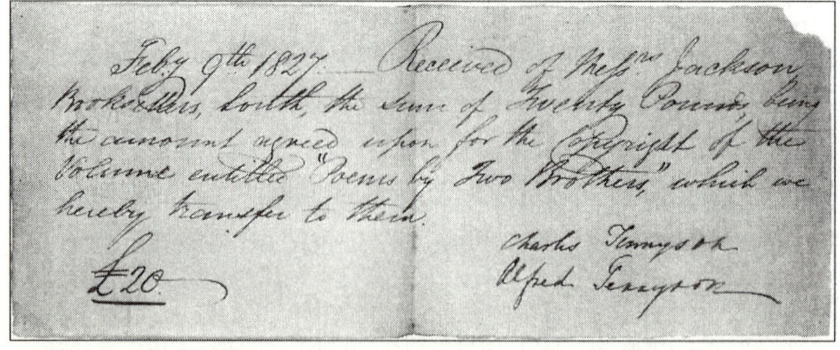
Feby 9th 1827 Received of Messrs Jackson
Booksellers, Louth, the sum of Twenty Pounds, being
the amount agreed upon for the Copyright of the
Volume entitled "Poems by Two Brothers" which we
hereby transfer to them.
Charles Tennyson
Alfred Tennyson
£20

두 형제가 공동으로 발행한 『두 형제 시집』의 원고료 영수증

3. 케임브리지 시절: 1827-31

18세가 되던 해 1827년 11월, 테니슨은 셋째 형 차알즈와 함께 케임브리지의 트리니티 대학에 들어가, 둘째 형 프레데릭과 합류하였다. 테니슨은 수줍어하고 외로움을 탔으며, 대학 공부에는 취미를 붙이지 못했다. 그는 당시 유행이던 딱딱한 학문을 달가워하지 않았고, 수학편향적인 전통적인 교과과정을 격렬하게 비판하였다.

> 나는 올빼미처럼 외롭게 내 방에 앉아있다 (나와 별들 사이에는 기와장의 줄밖에는 아무 것도 없다). . . . 나는 사회의 한 복판에서 여기에 고립되어 있는 느낌이 든다. 동네는 너무나도 지겹도록 밋밋하고, 동네의 흥청거림은 너무나도 단조롭고, 대학의 공부는 너무나도 따분하고, . . . 인정머리 없고 타산적이며 까다로운 좀생이 신사들 말고는 아무도 그런 것들에 많은 즐거움을 누릴 수가 없다.

> I am sitting owl-like and solitary in my rooms (nothing between me and the stars but a stratum of tiles). . . . I feel isolated here in the midst of society. The country is so disgustingly level, the revelry of the place so monotonous, the studies of the University so uninteresting, . . . None but dry-headed calculating, angular little gentlemen can take much delight in them. (Davis ix)

그러나 테니슨은 점점 학교생활에 적응하고 훌륭한 친구도 많이 사귀었다. 이 무렵 테니슨이 사귄 한 친구는 그의 모습을 다음과 같이 묘사하였다: "육 척 장신에 딱 벌어진 가슴, 힘센 사지에 깊숙한 눈꺼풀을 한 세익스피어 같은 얼굴, 너울거리는 검은 머리카락으로 덮인 훤칠한 이마에 멋지게 균형잡힌 머리. . . . 그에게서 가장 사람의 주의를 끈 것은 힘과 섬세함이 결합된 점이었다"(데이비스 ix). 사실 테니슨은 자유분방하게 자란 시골 출신의 젊은 시인으로서 예절을 별로 차리지 않고 말은 거칠었지만, 그가 써내는 시어의 섬세함과 감미로움은 놀라울 정도였다.

테니슨은 여러 친구들 가운데서도 특히 그리스와 이탈리아의 시에 조예가 깊은 아아써 헨리 핼럼(Arthur Henry Hallam, 1811-33)과 돈독한 우정을 나누는 한편, 코울리지(Samuel Taylor Coleridge, 1772-1834)와 셸리(P. B. Shelley, 1792-1822)의 시를 애독하며 그의 시적 재질과 시에 대한 남다른 두각을 나타냈다. 1829년에는 대학 시경연대회에서 『팀벅투(*Timbuctoo*)』라는 시로 총장 금메달을 탔다. 핼럼은 그의 이튼 서절의 친구 글래드스턴(W. E. Gladstone, 1809-98)에게 보낸 편지에서, "테니슨이 정말로 우리 세대의, 어쩌면 금세기의 가장 위대한 시인이 될 가망성이 있다고 생각한다"고 적었다. 그리고 케임브리지의 존 윌슨(John Wilson)교수도 테니슨에게 찬사를 보내면서, 장차 그가 훌륭한 시인이 될 것임을 예언하였다.

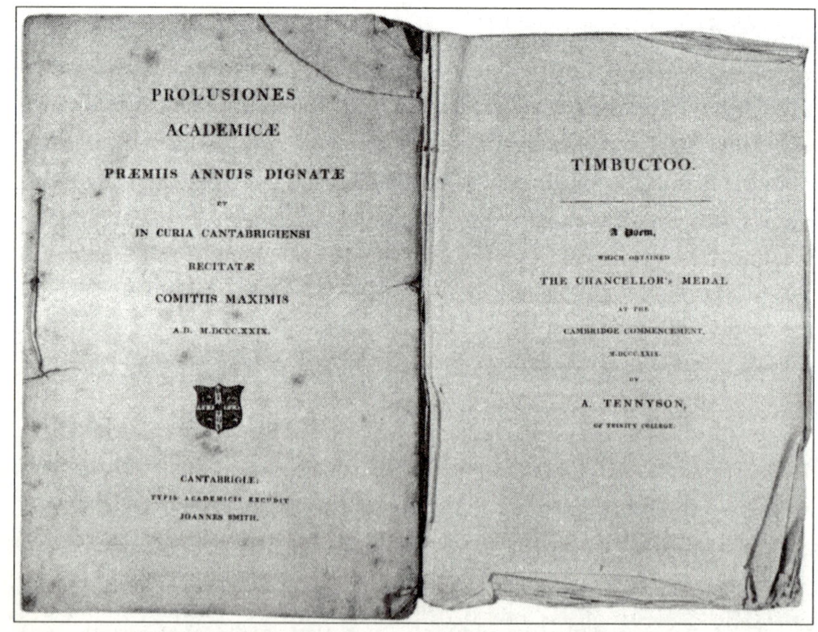

총장상을 탄 테니슨의 『팀벅투』의 표지 (1829)

. . . 나는 앨프릿을 찬양하며 기대한다—아니 믿는다—언젠가 그가 시인임을 입증할 것임을. 만일 그가 그렇지 못한다면—그러면 나는 예언가가 아니다.

. . . I admire Alfred, and hope—may trust—that one day he will prove himself a poet. If he does not—then am I no prophet. (Pearce xx)

그런데, 작은 시골 마을을 떠나 케임브리지의 넓은 세계로 나와 전국각지에서 온 학생들과 교류하며 인생과 지식의 세계를 넓혀나갔지만, 테니슨은 목사의 아들답지 않게 정신적 불안과 종교적 회의 때문에 시달리고 있었다. 『시집, 주로 서정시(*Poems, Chiefly Lyrical*)』(1830)에 실린 「상상고백」은 바로 그의 이런 면모를 잘 드러내주는 시로서, 목사의 아들로서 지니고 있는 종교적 고뇌를 숨김없이 토로한 일종의 자전적 종교시이다(이세순-a 38-59 참조). 이와 같은 종교적 고뇌에도 불구하고, 케임브리지 재학시절 테니슨은 시에 대한 열정을 쏟으면서 시인의 길을 착실히 다져나갔다. 특히 학생 토론단체인 "사도회(The Apostles)"의 같은 회원이었던 핼럼과의 만남은 그의 일생동안 시와 삶에 결정적인 영향을 끼쳤다. 그리고 그들의 우정은 5년이 채 못 되는 짧은 기간이었지만, 핼럼의 요절은 테니슨으로 하여금 오랜 동안 깊은 슬픔과 회의 속에 삶과 신앙을 되돌아보게 했다.

4. 아아써 헨리 핼럼과의 우정: 1829-33

아아써 헨리 핼럼은 1811년 2월 1일 당대의 역사가인 헨리 핼럼의 아들로 태어나 이튼에서 교육을 받았다. 그는 1827년 이튼을 졸업하고 1년여에 걸쳐 이탈리아를 여행하며 이탈리아의 미술, 문학 등에 심취, 특히 단테(Dante Alighieri, 1265-1321)의 영향을 받아 쏘

선상에서 테니슨 등에게 소설을 읽어주는 핼럼 (1830)

넷을 쓰기도 했다. 테니슨보다 18개월 연하인 핼럼은 비범한 재능과 인품을 지닌 장래가 촉망되는 법학도로서, 그의 훌륭한 인품과 명성은 이미 이른 시절부터 잘 알려져 있었다. 두 사람 사이의 우정은 핼럼이 케임브리지에 입학한 1829년 10월부터 시작되었고, 이탈리아 시문학에 조예가 깊었던 핼럼은 테니슨의 시문학의 시야를 넓혀주고 그를 심오한 신앙과 철학의 세계로 이끌어주었다. 항상 테니슨 시의 절대적인 지지자였던 핼럼의 풍부하고 이지적이며 친절한 우정은 극도로 비참한 환경 속에 우울하고 철학적 종교적 회의에 고뇌하는 테니슨에게는 더할 나위 없는 활력소의 원천이었다. 테니슨과 핼럼은 함께 시를 쓰고 서로 상대방의 시를 비평해주고, 종교, 철학, 문학, 정치 등 거의 모든 주제에 대해 토론을 벌였다. 그들은 함께 "사도회"의 회원으로 활약하면서 서로 깊은 영향을 주는 두터운 우정을 쌓아나갔다. 견문이 넓은 핼럼은 명석한 두뇌와 예리한 판단으로 온갖 토론을 주도함으로써 모든 회원들로부터 찬사와 존경을 받았다.

1829년 여름 방학 때 써머스비를 처음 방문한 핼럼은 테니슨의 여동생 에밀리(Emily)를 사랑하게 되었다. 핼럼은 때묻지 않은 시골의 소박한 정취를 한껏 즐겼고, 달빛에 나무 잎사귀가 잔디밭에 흔들거리는 그림자로 수놓을 때, 두 친구는 술을 마시면서 시며 철학이며 종교며 정치를 논하느라 밤이 깊어 가는 줄도 몰랐다.

핼럼은 1832년 아버지의 뜻에 따라 법을 공부하기 위해 케임브리지를 떠나 런던의 링컨 기숙 법학원(Lincoln's Inn)에 다니기 시작했지만, 그는 현대 작가들에 대한 평론을 쓰고 있었다. 1832년 7월 테니슨과 핼럼은 라인(Rhein) 계곡을 여행하였고, 1833년 봄 핼럼과 에밀리의 약혼으로 두 사람은 처남매부지간의 인연을 맺게 되었다. 1833년 9월 초 핼럼은 그의 아버지와 함께 전지요양차 유럽에 건너갔다. 그가 테니슨에게 보낸 9월 6일자 편지에는, 어느 미술관에 들렀을 때는 특히 이탈리아 화가 티치아노(Titian, 1477-1576)의 그림을 테니슨이 보지 못하는 것이 아쉬웠었다는 내용이 적혀 있었다. 그러나 테니슨이 그 뒤에 접한 소식은 핼럼의 뜻밖의 죽음을 알리는 비보였다. 핼럼은 뇌일혈 증세로 9월 15일 비엔나의 한 호텔에서 목숨을 거두었다. 그것은 테니슨이, 이런 사실을 까마득하게 모른 채, 그에게 보여줄 시를 짓고 있었던 순간이었기에(『인 메모리엄』, VI, ll. 13-14), 그의 슬픔은 말할 수 없이 충격적인 것이었다. 핼럼의 유해는 트리에스테(Trieste)를 떠나 선편으로 송환되어, 1834년 1월 3일 그의 외가 마을 클리브던(Clevedon)의 교회묘지에 안장되었다. 핼럼의 장례 소식은 얼마 후에야 테니슨에게 알려졌고, 테니슨이 그의 무덤을 찾은 것은 그로부터 16년이 지난 1850년 신혼여행 중의 일이었다.

핼럼의 뜻밖의 죽음은 약혼녀 에밀리와 테니슨에게 크나큰 슬픔과 충격을 안겨주었고, 장래가 촉망되던 핼럼의 안타까운 죽음은 테니슨을 신의 존재마저 부정하는 심한 회의에 빠지게 하였다. 테니슨은 핼럼의 목숨을 앗아간 비엔나까지도 원망스러워 평생을 두고 그곳을 방문하지 않았다. 테니슨은 이 잊지 못할 친구의 죽음을 애도하고 그를 그리워하며, 17년에 걸쳐 인생과 우정과 신앙에 관한 그의 심경변화를 토로하고 이를 묶어서 후일 불후의 명작인 장편 애도시 『인 메모리엄(*In Memoriam A. H. H.*)』을 내놓았다.

5. 충격과 침묵의 시절: 1833-42

1832년 5월, 뜻밖에도 『블랙우드지(*Blackwood's Magazine*)』에 '크리스토퍼 노쓰(Christopher North)'라는 사람의 『시집, 주로 서정시』(1830)를 혹평하는 글이 게재되었다. 그는 이 시집에 실린 시 「올빼미」를 들먹이며, "앨프릿은 올빼미이다. 그가 원하는 것은 오직 총에 맞아 박제되어 유리장에 갇힌 채 박물관에서 영구하게 되는 것이다"라고 비아냥거렸다. 이 노쓰는 바로 3년전에 테니슨을 찬양하고 시인으로 성공할 것을 예언했던 존 윌슨 교수였으므로, 테니슨에게는 이만저만 큰 충격이 아니었다.

하지만 그는 역경을 딛고 시작에 전념하여, 『시집(*Poems*)』(1832)을 출판하였다. 물론 핼럼으로부터는 아낌없는 칭찬을 받았으나, 록하아트(Lockhart)는 『계간평론(*Quarterly Review*)』에서 특히 「물레방앗간 집 딸」의 일부 내용을 고의로 왜곡 해석하여 테니슨을 조롱하였다. 이에 심한 굴욕감을 느꼈으나, 테니슨은 록하아트가 혹평한 점들을 대부분 시인하고 수정하였다. 그렇지만, 혹평의 상처가 아물기도 전에 당한 핼럼의 요절로 인한 심한 충격은 테니슨을 소위 "10년간의 침묵(Ten Years' Silence)"에 빠지게 했다. 그러나, 이 침묵의 기간에도 테니슨은 비평가들의 혹평과 충격적인 슬픔을 극복하기 위해, 두루두루 돌아다니며 많은 인사들과 교분을 맺었다. 1835년 2월에는 제임즈 스페딩(James Spedding)의 집에서 에드워드 핏제럴드(Edward FitzGerald, 1809-83)를 처음 만났다. 이후 1883년까지, 이들은 변치 않는 오랜 문학 친구 관계를 유지했다.

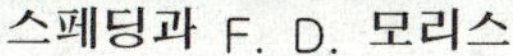

스페딩과 F. D. 모리스

에드워드 핏제랄드

그리고 1837년 테니슨 일가가 써머스비를 떠나 런던 근교 에핑 퍼리스트(Epping Forest)의 하이 비이치(High Beech)로 이사하고 나서부터, 그는 곧 외부인들에게 친숙한 인사가 되었다. 그는 옛 고향의 호젓함과 순박함을 못내 아쉬워한 반면, 형식을 앞세우고 과중한 환대가 있는 도시근교사회가 "인위적이고, 경직되고, 냉랭하고, 생기가 없다"고 보았다(Charles Tennyson 171). 그렇지만, 이곳은 런던과 가까워서 수시로 런던에 나갈 수가 있었고, 출판사와의 업무처리가 용이하다든지 각계의 명사를 만나는 것은 젊은 시인으로서는 물리칠 수 없는 이점이자 매력이었다.

아무튼 천성적으로 숫기가 없고 대중 앞에 나서기를 싫어한 테니슨이었지만, 그의 문인과 사회 지도층 인사들과의 교류는 한층 광범하고 빈번해졌다. 그는 런던에 가서 핼럼의 이튼 시절 가까운 친구였고 후일 영국의 수상이 된 글래드스턴을 만나 평생 가는 두터운 우정을 맺었고, 밀니스(Richard Milnes)의 소개로 노시인 쌔뮤얼 로저즈(Samuel Rogers)를 알게 되었다. 테니슨은 또 존 스털링(John Sterling)이 연 스털링 클럽에 나가 많은 전 "사도회" 회원뿐만 아니

토머스 카알라일 부부

라 토머스 카알라일(Thomas Carlyle, 1795-1881), 존 포스터(John Forster), 랜더(W. S. Landor), 윌리엄 차알즈 맥레디(William Charles Macready) 등을 만났다. 이중에 카알라일과의 교분은 그가 1850년 테니슨의 신혼여행지까지 찾아올 정도로 각별하였고, 양가 부부 사이의 교분은 그들이 세상을 떠날 때까지 지속되었다.

6. 테니슨의 에밀리 쎌우드와의 사랑: 1830-50

21세 되던 해 1830년 봄 테니슨은 장차 아내가 될 에밀리 쎌우드(Emily Sellwood, 1813-96)를 만났다. 그녀는 연약하고 야생 장미처럼 아름다운 아가씨로서, 동물을 사랑하고 심성이 지극히 섬세하고 고운 여자였다. 테니슨은 첫눈에 반하여 그녀를 사랑하였으나, 빈곤한 가정사정 때문에 그들의 사랑은 쉽게 이루어질 수 없었다. 그러다가 1836년 5월에 형 차알즈와 에밀리의 언니 루이저 쎌우드(Louisa

Sellwood)와의 결혼이 계기가 되어, 그들은 거의 약혼단계에 이르렀지만 몇 가지 이유로 이들의 사랑은 가로막혔다. 그 몇 가지 이유 중의 하나는 할아버지에게서 상속을 받지 못해 테니슨 일가가 극심한 생활고에 빠지게 되었던 것이고, 또 하나의 이유는 세월이 가도 유별나게 죽은 핼럼에 대한 슬픔에 젖어있어 테니슨이 동성애의 의혹까지 받았던 사실이었다. 이런 이유들 때문에 그들은 편지왕래마저 금지당하는 지경에 이르렀다가 1838년 초에 이들 사이에 약혼이 성사되었지만, 1840년 에밀리 아버지의 경제사정으로 파혼되었다.

그러나 이들의 사랑이 많은 우여곡절 끝에 결실을 맺은 것은 1850년 『인 메모리엄』의 대성공 덕택이었다. 드디어 테니슨은 1850년 6월 13일 그의 친구 드러먼드 론슬리 목사(Rev. Drummond Rawnsley)의 주례로 쉽레이크(Shiplake)에서 결혼식을 올렸다. 부인 에밀리는 훌륭하고 곧은 시작(詩作)의 비평가 겸 조언자였고, 생면부지의 사람들이 보낸 편지에 일일이 적절한 내용으로 답장을 해주는 비서 겸 조력자였고, 집안의 화목을 유지하면서 말없이 수많은 손님치레를 해낸 더할 나위 없는 내조자였다.

7. 슬픔과 침묵의 결실: 1842-49

테니슨은 삭히기 힘든 충격과 슬픔의 눈물 속에서도 펜을 놓지 않고, 1833년 10월부터 핼럼의 죽음을 애도하는 시를 단편적으로 쓰기 시작했다. 물론 때로는 친구를 잃은 극도의 슬픔과 회의 속에 「두 목소리("The Two Voices")」(이세순-a 60-115)에서와 같이 목숨을 끊으려는 생각까지 한 적도 있었지만, 테니슨은 진취적인 생의 의지로 슬픔과 회의를 조금씩 극복해나갔다. "10년간의 침묵"의 시련 속에 테니슨은 정신적으로 성장했을 뿐만 아니라, 삶과 죽음과 믿음에 대해 성찰함으로써 심오한 신앙과 사색적인 철학사상이 담긴 주옥같은 시를 차근차근 썼다.

테니슨은 마침내 1842년 5월 "10년간의 침묵"을 깨고 「율리씨즈("Ulysses")」, 「두 목소리」, 「부서져라, 부서져라, 부서져("Break, Break, Break")」 등이 수록된 『시집(*Poems*)』을 발표했는데, 이 작품은 그의 삶과 시적 성장을 입증하는 동시에 그 동안 겪었던 온갖 고통의 충분한 보상이었다. 이 시집은 런던에서 환영을 받았고, 밀니스 등 많은 비평가들로부터 찬사를 받았다. 옥스퍼드에서는 케임브리지 중퇴자인 "테니슨의 이름이 모든 이의 입에 회자되고, 그의 시가 토론되고 비평되고 해석되었다"(Davis xvii). 이 시집은 미국에서도 역시 환영을 받았는데, 특히 에머슨(Ralph Waldo Emerson, 1803-82)과 포우(Edgar Allen Poe, 1809-49)의 관심은 대단하였다. 테니슨은 드디어 집요한 비평가들과의 싸움에서 승리를 거두고, 국내외에 명성을 떨치는 성숙된 시인의 자리에 오르게 되었다.

Edmund Lushington (1865)

그리고 오랜 슬픔의 그림자가 드리웠던 그의 집안에 경사가 잇따랐다. 1842년 봄에 여생동 에밀리가 약혼자를 잃은 충격과 슬픔을 씻고 해군 대령 리차드 제씨(Richard Jesse)와 결혼을 했고, 10월 14일에는 막내 여동생 세씰리아(Cecilia)가 시인의 친구이자 글래스고우(Glasgow) 대학의 그리스어 교수인 에드먼드 러슁턴(Edmund Lushington)과 결혼했다. 이 무렵 테니슨은 계속 런던에 수시로 다니면서, 많은 친구들과 어울리거나 거리를 어슬렁거리거나 선술집에 드나들기도 했다. 그리고 테니슨은 인민헌장 운동가와 사회주의자로 야기된 사회불안을 극복하기 위해서는, 백성

Charles Darwin (1809-82)

들에게 투옥과 억압이 아니라 교육과 기독교신앙이 적용되어야 한다고 여겼다(Davis xvi).

이미 오래 전부터 자연과학에 상당히 진보적인 지식과 깊은 관심을 가지고 있으면서 이와 관련된 시도 몇 편 썼던 테니슨은, 1844년 11월 출판업자 에드워드 목슨(Edward Moxon)을 통해서 『자연창조사의 증거(*Vestiges of the Natural History of Creation*)』라는 자연과학 관련 서적을 구하기도 했다. 그는 차알즈 다윈(Charles Darwin, 1809-82)의 『종의 기원(*Origin of the Species*)』(1859)이 나오기 훨씬 전부터 진화론에 대한 상당한 지식을 가지고 있었고, 『인 메모리엄』에도 이에 관련된 시를 몇 편 써넣었다.

1847년 12월에 테니슨은 장편 교훈시 『공주(*The Princess*)』를 발표하였으나, 처음에는 비평가들에게서 좋은 평가를 받지 못했다. 그러나 지속적인 개정작업 끝에 비평가와 독자들의 높은 관심을 모으기 시작했다. 그래서 1848년에는 『공주』의 인기상승에 고무되어 테니슨은 접어두었던 아아써왕 전설에 관한 서사시를 다시 계획하고, 이를 목적으로 아일랜드, 콘월, 스코틀랜드, 데본 지방을 두루 돌아다녔다. 1849년에는 런던, 레스터셔, 첼튼햄, 스코틀랜드의 고산지대, 로버트 번즈의 고장, 그리고 링컨셔를 두루 방문하였다. 테니슨은 또 이 해에 로벗슨(F. W. Robertson), 도벨(S. Dobell), 팰그레이브(F. T. Palgrave) 등과 교분을 맺었다.

8. 『인 메모리엄』의 성공: 1850

테니슨이 핼럼의 죽음을 애도하여 지은 『인 메모리엄』은 밀턴이 애란해에서 익사한 그의 대학친구 에드워드 왕(Edward King)의 서거를 애도하여 지은 『리써더스(*Lycidas*)』(1637)와 셸리가 키이츠의 죽음을 애도하여 지은 『애도네이스(*Adonais*)』(1821)와 함께 영문학사상 가장 뛰어난 3대 만가로 꼽힌다.

아아써 왕의 죽음

테니슨은 친구 핼럼을 잃은 뼈아픈 슬픔을 달래기 위해 인근 도회에 나가 친구들을 만나거나 독서를 하기도 하고, 「아아써의 죽음(“Morte d’Arthur”)」을 위시한 다른 시를 쓰기에 몰두하기도 하였다. 물론 핼럼의 죽음에서 비롯된 시인의 슬픔과 회의 그리고 그것을 긴 세월에 걸쳐 극복해나간 심적경로를 종합적으로 기록한 것은 장편 애도시 『인 메모리엄』이지만, 핼럼이 죽은 직후에 지은 다른 시들에서도 이런 과정이 이미 꽤 심층적으로 표출되어 있다. 단시 「부서져라, 부서져라, 부서져」(이세순-a 148-49)에서는 그의 가슴에 맺힌 슬픔을 토로하고 싶은 심정을 바위에 부딪치는 파도에 빗대어 표출하였고, 원제가 「자살 생각("Thoughts of a Suicide")」인 장시 「두 목소리」에서는 생의 의미를 잃고 세상을 버리려는 유혹을 강한 삶의 의지로 극복하고 있음을 보여주었다.

그러나 특히 사람의 감정이란 흔히 변덕스런 것이어서, 결코 사전의 낱말 배열이나 수학의 문제 풀이 과정처럼 단계적이고 체계적으로 정리되거나 변화될 수는 없다. 마찬가지로, 테니슨의 슬픈 심정 또한 한 두 편의 시를 씀으로써 완전히 극복될 수 있는 것은 아니었다. 그래서 그는 핼럼이 죽은 1833년부터 1849년까지 17년이라는 긴 세월 동안, 때와 장소를 달리 하며 틈틈이 그의 심정을 그때그때의 자연의 변화와 사회상에 결부시켜 "푸줏간 주인의 긴 장부 같은 공책(a long butcher-ledger-like book)"에 단편적으로 적었다. 즉, 핼럼과 관련된 생각이 떠오르게 하는 곳이면 어디에서든지, 생의 의지가 꺾일 만큼 극도의 슬픔이 북받쳐 오를 때나 아련한 추억이 떠오를 때, 인생의 짐이 무겁고 믿음이 흔들릴 때나 옛 우정을 떠올리며 새로운 삶의 의지와 믿음의 희망이 솟아오를 때, 테니슨은 그 심정을 때로는 서정적으로 때로는 서사적으로 읊었다.

> 『인 메모리엄』은 테니슨의 정신적 회상록을 이룬다. 이 시는 독특한 심리학적인 연구이다. 이 시는 회의로 고통 받고, 불가사의 한 것들과 힘겨운 일들과 씨름하는 마음의 작용을 제시한다. 이 시는 거의 20여년에 걸쳐 시인의 내면적 삶을 드러낸다. 이 시는 한 애도자의 다양한 기분과 경험을 통해서 그의 정신적 발전을 보여준다. 그리고 그는 그의 영혼이 울적할 때는 거의 자살 쪽으로 쏠리다가, 옛날의 추억과 과거의 즐거운 교우관계의 장면에서 마침내 위안을 찾는데, 그의 위안은 내세에서 축복된 재회가 있으리라는 생각에 깃든다. 이 시는 심한 비애와 쓰라린 슬픔의 상태에서 평온한 믿음과 굳은 체념

의 상태로 이행되는 그의 전진을 상술하고 있으며, 그의 인간적인 정은 신성하고도 불멸의 우정으로 바뀐다.

> "In Memoriam" constitutes Tennyson's mental memoirs. The poem is a unique psychological study. It lays the workings of a mind tortured with doubt, wrestling with mysteries and difficulties. It reveals the poet's inner life for nearly a score of years. It exhibits his spiritual development through the various moods and experiences of a mourner, who, in the desolateness of his soul, is almost driven to suicide, who finally finds comfort in memories of old times and past scenes of delightful companionship, whose solace is in the thought of a blessed reunion hereafter. It details his progress from a state of violent grief and bitter regret to one of peaceful trust and firm resignation, his human affection being changed into a hallowed and immortal friendship. (Parsons xx)

이 애도시는 시인이 처음부터 『인 메모리엄』이라는 한 권의 시집을 낼 의도로 쓴 것이 아니라, 그저 『만가집(*Elegies*)』으로서 단편적으로 써 놓은 시들을 나중에 심경의 발전적인 변화가 드러나도록 정리해서 묶어낸 것이다. 서시와 발시 그리고 131편의 본시, 총 2,896행으로 이루어져 있는 이 장편 추모시는, 일종의 신에 대한 찬가이기도 하다. 이 시는 시의 전체 주제를 말하는 맨 끝(1849년)에 지은 서시로 시작해서, 슬픔과 회의 속에서 희망과 믿음을 찾아가는 과정을 그린 본시, 그리고 1842년에 거행된 시인의 막내 여동생 세씰리아의 결혼식을 축복하는 것으로 끝을 맺도록 배열되어 있다. 다시 말해서, 이 추모시는 시인 자신의 말대로 "장례식으로 시작해서 결혼식으로 끝나며, 죽음으로 시작하여 새 삶의 약속으로 끝난다—즉, 종결이 즐거운 일종의 신곡이다."

테니슨은 1850년 5월에 완성된 이 시집의 사본을 몇 부 만들어 몇몇 친구들에게 돌렸다. 그리고 곧 이어 비평가들의 구설수가 두려

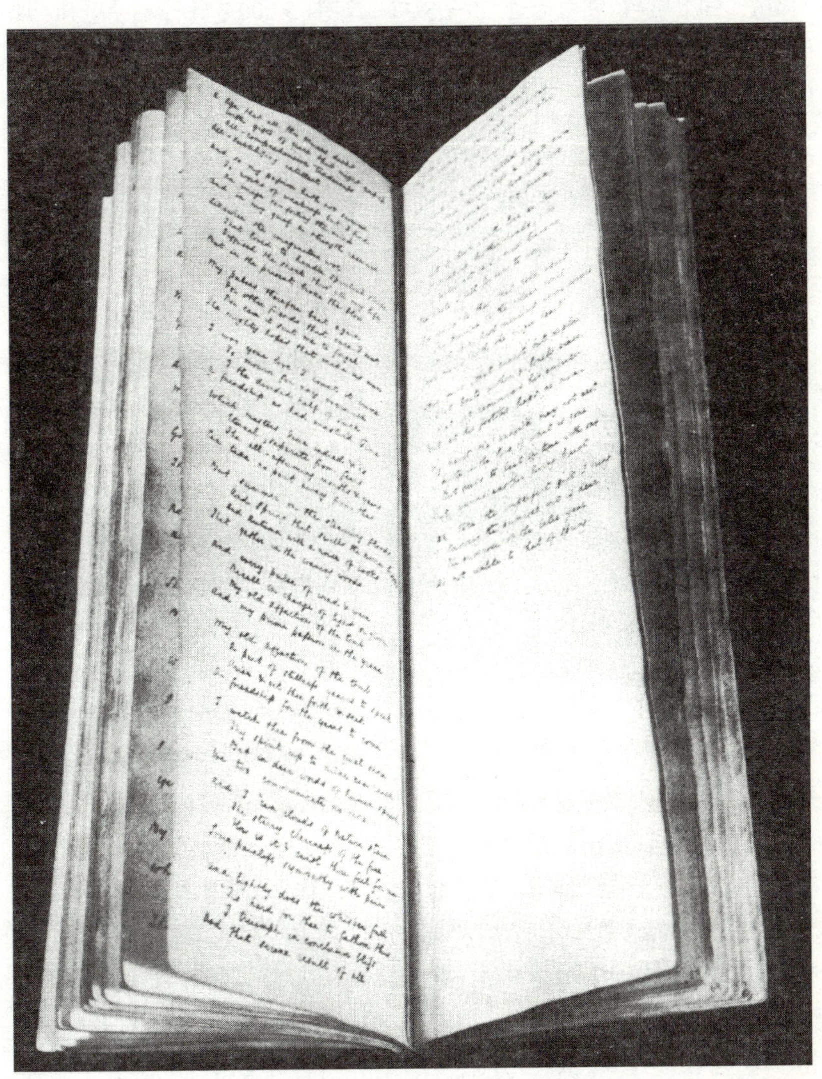

『인 메모리엄』의 육필 원고
"a long butcher-ledger-like book"

워 익명으로 출판했지만, 시인의 이름은 얼마 안 가서 밝혀졌다. 이 시집은 예상밖의 대성공을 거두었다. 초판 5,000부가 2~3주만에 매진되고, 6월에 재판, 11월말에 3판이 출판되었고, 이 기간에 최소 60,000부가 판매되는 기록을 세웠다.

『인 메모리엄』의 분실된 원고를 찾아준 코벤트리 패트모어

또한, 이 추모시는 문학사적으로는 영문학사상 3대 만가중의 하나로 기록되는 영예를 누리게 되고, 전편이 약강4보격의 운율에 *abba*로 압운하는 시 형식은 4행연 시 중 "인 메모리엄체(In Memoriam Stanza)"라는 이름을 얻게 되었다. 뿐만 아니라 이 작품의 성공은 테니슨으로 하여금 에밀리와의 오랜 사랑의 결실을 맺게 해주었고, 11월에는 워즈워쓰를 이어 계관시인에 임명되는 영광까지 안겨주었다. 사실 테니슨이 묵었던 여관에 두고 온 원고를 찾아준 코벤트리 패트모어(Coventry Patmore, 1823-96)가 아니었더라면, 『인 메모리엄』은 없었을 것이고 테니슨의 영광스런 성공과 에밀리와의 행복한 결합도 불가능했을지도 모른다.

『A. H. H.를 추모하며(*In Memoriam A. H. H.*)』라는 제목 자체가 시사하고 있듯이, 이 시는 실질적으로 핼럼의 죽음에 대한 개인적인 슬픔을 노래한 것이다. 그러나 이 시가 오늘날까지 많은 사람들에게 공감을 얻고 있는 것은, 이 시가 단순히 시인 자신의 주관적이고 사적인 감정토로의 차원에 머물지 않고 그 시대의 모든 사람들이 겪은 정신적 고뇌를 객관적으로 대변하였기 때문이다. 즉,

테니슨의 부인 에밀리 테니슨 (1862)

『인 메모리엄』은 만가의 형식을 빌어서, 빅토리아 시대의 거의 모든 사람들이 과학물질문명의 도래로 정치·사회·종교 등의 분야에서 겪은 정신적 불안과 슬픔과 회의를 대변한 것이다. 이것은 이 시가 개인적인 "슬픔과 회의를 물리친 의지와 믿음의 이중승리(double victory of will and faith over sorrow and doubt)"를 기록한 테니슨의 사적인 발언이되, 지극히 비개성화되어 있다는 의미이다. 이러한 사실은 시인 자신의 설명에도 잘 드러나 있다.

> 그것은 나 자신의 외침이 아니라 오히려 전 인류의 외침이다. 이 시 속에서 전적으로 사적인 슬픔이 모든 세상 사람들에게 대한 사색과 그들을 위한 희망으로 부풀어 나간다. 그것은 장례식으로 시작해서 결혼식으로 끝나며, 죽음으로 시작하여 새 삶의 약속으로 끝난다— 즉, 종결이 즐거운 일종의 신곡이다. 그것은 개인적일 뿐 아니라 매우 비개인적인 시이기도 하다.

> It is rather the cry of the whole human race than mine. In the poem altogether private grief swells out into thought of, and hope for, the whole world. It begins with a funeral and ends with a marriage; begins with death and ends in promise of a new life—a sort of divine comedy, cheerful at the close. It is a very impersonal poem as well as personal. (Parsons xi)

『인 메모리엄』은 생전의 빅토리아 여왕의 부군 콘쏘트 왕자(Prince Consort)에게 큰 칭찬을 받았고, 그의 사후에는 빅토리아 여왕에게 큰 위로를 주었다. 1862년 부군 콘쏘트 왕자와 사별한 빅토리아 여왕은 콘쏘트 왕자가 마치 『인 메모리엄』 속의 아아써 핼럼과 같다며, 테니슨에게 "『인 메모리엄』은 성경 다음으로 나의 위로랍니다"고 말했다고 한다. 이렇듯 『인 메모리엄』은 사랑하는 사람을 잃고 슬퍼하는 자의 위로서였다. 그리고 "어중된 교리보다는 숨김없는 의심 속에 더 믿음이 깃들인다(There lives more faith in honest doubt . . . than in half the creeds)"(《96》, ll. 11-12)는 테니슨의 신념을 담고 있는 이 시는, 불신으로 정신적인 괴로움을 겪는 신앙인의 복음서이자 제2의 『복락원(*Paradise Regained*)』이라 할

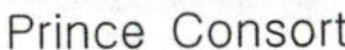
Prince Consort

여왕에게 시를 읽어주는 테니슨

수 있다. 요컨대, 『인 메모리엄』은 한 사람의 심경변화를 변덕스런 자연에 투사하여 세필로 묘사한 자연시이자 심리시인 동시에 "인류를 희망의 빛으로 이끄는 철학적이면서도 종교적인 시"(Parsons xxv)이다. 그리고 『인 메모리엄』은 깊은 사색을 통하여 사랑과 죽음이라는 인류의 보편적인 주제를 심층적으로 다뤘을 뿐만 아니라, 신앙과 과학의 절충을 도출하여 빅토리아인들을 정신적인 혼돈과 불안의 질곡에서 벗어나게 해준 불후의 걸작이다.

*

장편 추모시 『인 메모리엄』은 한 인간영혼의 신비로운 행로(The Mystic Way of the Human Soul)의 기록이다. 즉, 이 시는 다만 다정한 친구의 죽음에 대한 한 개인의 사사로운 슬픔을 토로한 만가(輓歌)가 아니라 슬픔과 회의에 빠진 한 인간이 그의 의지와 믿음으로 슬픔과 회의를 극복하고 환희에 찬 마음으로 다시금 신을 영접하는 정신적 편력을 세필로 묘사한 시이다. 이것은 종교적으로 취급되지 않은 종교시로서, 그 특징은 그 속에 내포된 믿음이 아니라 "숨김없는 의심(honest doubt)"에 의하여 짙게 부각되어 있다. 이것은 또 인간은 기독교의 본질인 영생불멸이 없이는 살 수 없음을 고백한 테니슨의 자전적 종교시이며, 변덕스런 인간의 마음과 영혼의 영적발전과정을 섬세하게 그린 심리시이기도 하다.

사실 테니슨은 목사의 아들이면서도 선천적인 비애적 성격과 예견적 통찰력 때문에 종교의 가르침과 무신론적인 과학적 발견 사이에서 심한 정신적 갈등을 겪으면서 절망과 회의에 빠져 있었고, 핼럼의 요절은 그의 신앙심을 송두리째 흔들어놓아 급기야 신의 존재마저 부정하는 지경에 이르게 했었다. 그래서 신을 찾으려는 그의 소망은 창조론과는 대립적인 진화론의 확증적인 증거와 잔인스럽기까지 한 자연현상에 의해 좌절되고, 그는 생의 의지마저 상실하고 종교적 위기에 봉착했었던 것이다. 그러므로 테니슨의 뿌리 깊은 슬픔과 회의는 복합적 요인의 소산이며, 핼럼의 죽음이 이를 더욱 심화시킨 것이라고 봐야 할 것이다.

테니슨은 처음에는 죽음만이 이 극도의 슬픔과 회의를 벗어나는 유일한 수단이라고 여겼었다. 그러나 테니슨은 핼럼과의 사별의 순간부터 그의 깊숙한 내면에 미약하나마 모든 것을 극복하고 초연하려는 "한층 굳은 의지(a stronger will)"가 깃들어 있었다고 고백한다. 그 의지는 그리스도의 부활이나 나자로의 소생과 같은 기적에 대한 생각에서 생겨나, 비탄의 밤을 보낸 새벽에 예외 없이 찾아오는 "생의 의지"에 의하여 강화되었다. 『인 메모리엄』에 세 번의 성탄절이 나오고, 각 성탄절을 계기로 해서 시인의 심경이 심한 절망과 회의에서 체념과 긍정 쪽으로 뚜렷하게 변화하는 것은 바로 이런 굳은 의지로 그의 신앙이 점점 성장하고 있었음을 보여준다. 한편 영생불멸을 믿으며 신을 섬기려는 한 인간으로서, 테니슨은 오랜 정신적인 방황 끝에 언젠가는 모든 악과 손실이 선과 득으로 바뀔 것을 확신하며 온갖 슬픔과 회의를 벗어나 긍정적 체념상태에 도달한 것이다. 이것은 결국 인간세계의 악의 존재조차도 신의 섭리라고 하는 신정설(神正說 theodicy)의 수긍이라 할 수 있다.

또 한편으로는, 친구의 죽음으로 믿음이 흔들린 테니슨은 한동안 나아가 당면문제에 부딪치기보다는 오히려 사자에게서 위안을 얻으며 종교적 불안이 없었던 과거에 집착하는 태도를 취하기도 한다. 이러한 경향은 평온하고 고요한 과거의 회상 속에서 사자와의 재회를 가능하게 하고, 이것은 다시 그의 특유의 "신비로운 몽환(mystic trance)" 상태를 통하여 사자와의 영적교섭(spiritual communion)을 갖게 한다. 여기서 테니슨은 신과 융합된 핼럼의 살아있는 영혼과 접하여 우정의 영속성 및 영생불멸에 대한 확신을 얻고, 하느님은 밝은 곳에만 있지 않고 어두운 곳에도 머물면서 인간을 이끌어준다는 진리를 깨닫게 된다. 그러므로 테니슨에게 죽음은 잠정적인 이별만을 가져올 뿐 더 이상 슬픔의 원인이 못되며, 영적인 것만이 믿을 수 있는 것이기에 핼럼과의 육적상면을 원하던 그의 소망은 부질없는 것이었음을 인식하게 된다.

이와 같이 테니슨이 모든 진리를 깨닫고 영생불멸에 대한 믿음을 회복한 것은 과학이나 자연이나 신학에서가 아니라 그의 직관적인 느낌(intuitive feeling)과 사적인 경험을 통해서이다. 따라서 그는 의심을 금하는 교리에서보다는 종교적 갱생의 계기를 마련해준 "숨김없는 의심"에 더 많은 믿음이 깃든다고 주장한다.

그리고 테니슨은 죽은 핼럼이 시공간을 초월하여 만날 수 있는 편재적인 존재(ubiquitous being)임을 믿고 그와의 영교(靈交)를 통하여 모든 진리를 깨달았기 때문에, 신비한 몽환상태와 과거집착에서 인간사회로의 귀환의 필요성을 절감하게 된다. 이러한 경향은 "우리를 인간되게 하는 강한 희망(the mighty hopes that make us men)"에 의하여 가속되며, 이것은 사자와의 지적격차(知的隔差)를 해소할 생자의 지식과 지혜의 갈망이요 핼럼을 대신할 새로운 우정의 갈구인 것이다. 그는 또 인간의 영혼이 궁극적으로 "대령(the General Soul)"에 융합되기 위하여 신의 경배 속에 독립된 자아로서 성장해야 한다고 생각하기에 이른다.

또한, 테니슨은 그가 믿는 핼럼의 사후변화를 통하여 인간이 창조의 궁극적 존재가 아니라 진화론에서 말하는 짐승과는 무관한 한층 높은 종족의 전령임을 밝히고, "인간의 수성(the brute in man)"을 몰아내고 "인간의 영성(the spiritual in man)"을 불러들임으로써 인간은 높은 영적존재로 승화할 수 있음을 강조한다. 이렇게 해서 마침내 그는 자연의 섭리와 과학적 사실을 종교적 진리와 절충하는데 성공함으로써, 끈질기게 괴롭혀온 정신적 불안과 종교적 회의를 완전히 극복하였음을 보여준다.

이런 견지에서, 『인 메모리엄』은 죽음에서 시작하여 불경스런 논란이 없는 진실한 신자들에게 영원한 희망의 세계를 약속하는 영적신생의 성전(聖典)이고, 식지 않는 우정의 축성(祝聖)이며, 우리로 하여금 마음 속의 불신을 몰아내고 다시 신에게 가깝게 다가가도록 이끌어주는 희망의 복음서이다.

(역자의 석사학위논문 "The Mystic Way of the Human Soul in Tennyson's *In Memoriam*"(1979)의 요약문을 수정하여 전재한 것임.)

9. 파링퍼드 시절: 1853-70

1853년 11월에 테니슨은 자연을 가까이 하면서 시작에 전념하기 좋은 한적하고 아름다운 와이트섬의 파링퍼드(Farringford)로 이주하였다. 여기에서 테니슨 부부는 결혼 이후 처음으로 조용하고 행복한 생활을 즐겼다. 에밀리의 일기에 따르면, 밤이면 테니슨은 에밀리에게 호머, 버질, 그리스의 극작가들, 플라톤, 성서, 몰리에르, 괴테, 단테, 해즐릿, 씨오크리투스, 캐털러스, 초서, 그레이, 코울리지, 셸리, 쌔커리, 루크리투스 등을 큰 소리로 읽어 주었다. 또한 이즈음 테니슨은 벤저민 조윗의 영향으로 형이상학과 스피노자, 버클리, 칸트, 쉴레겔, 피체, 헤겔 등의 철학도 연구하기 시작하였다. 그러나 곧 런던에서 멀고 교통이 불편함에도 불구하고 친구들이 찾아오기 시작

Edward Lear가 그린 Farringford (1864.10.15.)

하여, 시인 부부는 더 이상 조용하고 방해받지 않는 생활을 누릴 수가 없었다.

1854년 3월 16일 테니슨은 삼남 라이어널(Lionel)을 얻었다. 이 해에 테니슨은 한 청년이 결혼을 반대하는 연인의 오빠를 결투에서 죽이고 도망가지만, 나중에 크리미아 전쟁에 지원함으로써 영적구원을 받게 된다는 내용의『모드; 1인극 (*Maud; A Monodrama*)』의 집필에 몰두하였다. 1855년 4월 부활주일 동안에는 매일 밤마다 8~10명의 손님을 맞는 가운데 『모드』의 마지막 손질에 힘을 쏟았다. 1855년 7월, 마침내 테니슨은 1년여에 걸친 집필 끝에, 『모드』를 출판하였다. 이 작품은 몇몇 사람들의 열렬한 찬양에도 불구하고, 거의 모든 사람들로부터 신랄한 비난을 받았다. 기독교 신앙을 가진 대부분의 일반 독자들은, 비록 살인자가 애국심을 발휘하여 전공(戰功)을 세웠다 해도, 사람을 죽인 죄를 더 많은 사람을 죽인 전공으로 용서하는 것을 용납할 수 없었기 때문이다.

이즈음 에밀리는 건강이 점점 쇠약해지는데도 집안을 돌보고 내조하며 테니슨을 대신하여 대부분의 편지의 답장을 썼고, 테니슨은 심지어 생면부지의 사람에게도 간결하고 친절한 격려의 답신을 보

테니슨의 삼남 라이어널과 차남 핼럼 (1863)

내는 것을 잊지 않았다. 그리고 테니슨의 시는 각계각층의 사람들에게 널리 영향을 끼치고 있었다. 한편, 성공한 시인으로 생활이 다소 여유로워진 테니슨은 자신이 어렸을 적에 겪었던 불행을 어린 두

파링퍼드의 정원을 산책하는 테니슨 가족 (1863)

아들에게만은 겪지 않고 풍족하고 행복한 생활을 누릴 수 있도록 배려하고, 아이들의 가장 좋은 놀이동무가 되어주었다. 1858년 4월에는 근처 프레쉬워터 베이(Freshwater Bay)의 한 호텔에 투숙 중이던 당대의 유명한 물리학자이자 자연철학자인 존 틴달(John Tyndall)과 우연한 계기로 절친한 우정을 맺게 되었다.

1859년 5월, 인도 폭동이 아직 진행중인 가운데 나폴레옹 3세의 위협적 언행으로 반 프랑스 감정이 팽배해 갈 즈음, 5월 9일자 『타임즈(*The Times*)』에 게재된 테니슨의 「병사들이어 대형을 지어라("Riflemen, Form")」가 국가방위를 위한 국민정신을 고양시켰다. 7월, 『랜슬롯과 일레인(*Lancelot and Elaine*)』의 제목을 『어가집

(*Idylls of the King*)』으로 바꿔 출판, 초판 40,000부 중 첫 주에 10,000부가 판매되는 성공을 거두었다. 그리고 1860년에는 『어가집』의 인세 수입이 무려 ￡4,500에 이르렀다.

여름에는 팰그레이브와 홀먼 헌트를 동반하여 도보로 아아써 왕 전설과 관련이 있는 콘월로 여행하였고, 12월에는 여행 중 두 사람의 의견일치로 구상한 최고의 명시선집인 팰그레이브의 『황금보고(*The Golden Treasury*)』가 출판되었다. 이 시선집에는 자신의 시를 싣지 않겠다는 테니슨의 생각 때문에 작고 시인들의 작품만을 실었으나, 테니슨이 세상을 떠나기 1년 전에 출판된 1891년 판에는 테니슨을 포함한 생존 시인들의 작품도 수록되었다.

6월에서 9월까지 4개월여에 걸쳐 테니슨은 전 가족을 데리고 피레네를 여행하였고, 코터레츠 계곡을 통과하면서 느꼈던 감회를 바로 「코터레츠 계곡에서("In the Valley of Cauteretz")」라는 서정시로 담아냈다. 이제 『모드』와 『어가집』의 성공 이후 테니슨에게 쏠린 관심과 여왕을 접견하고 나서의 전국적인 호기심이 그를 괴롭히기 시작하였다. 파링퍼드는 더 이상 조용히 살 수 있는 곳이 못되었다. 프레쉬워터 베이 주변에는 하숙집이 늘어나고, 파파라치들이 극성을 부리는 가운데 테니슨은 무례한 육필 수집가의 표적이 되기도 했다. 1862년에는 『모드』의 제 9판과 『인 메모리엄』의 제 11판의 발행을 보았다. 그리고, 어느 가난한 어부가 외항선을 탔다가 난파당하여 오랜 무인도생활 끝에 구사일생으로 돌아왔지만, 부인은 이미 연적이었던 친구의 아내가 되어있었다는 애처로운 사연을 다룬 『이녹 아아든(*Enoch Arden*)』(이세순-b 참조)을 완성하였다.

1863년 3월 6일, 빅토리아 여왕의 요청으로, 테니슨은 웨일즈 왕자(Prince of Wales)와 덴마크의 알렉산드라(Alexandra) 공주의 결혼 축시 「알렉산드라를 환영함("A Welcome to Alexandra")」을 지어 보냈다. 5월에는 테니슨의 전가족이 오스본에서 여왕을 알현하였다. 그리고 이 해 여름 테니슨은 유명한 고전문법학교 교장직에서 은퇴하고 잠시 프레쉬워터에 와 있던 당대의 가장 위대한 천문학자이자 별 촬영의 선구자인 차알즈 프릿차드(Charles Pritchard, 1870년 옥스퍼드의 천문학교수가 됨)와 사귀었다. 프릿차드는 과학과 종교의 조화를 꾀하는 데 헌신했던 인물이었으므로, 테니슨에게는 둘도 없는 동반자였던 것이 분명하다.

William Ewart Gladstone

Duke of Argyll

1864년 2월, 테니슨은 런던에 머물면서 아길 공작부부, 프로이드, 존 틴달, 글래드스턴 등과 교류하였다. 이처럼 테니슨이 한적한 시골을 좋아하면서도 분주한 도시에 머물기를 선호한 까닭은, 저스틴 매카씨(Justin M'Carthy)가 그의 『육십년대의 초상화(*Portraits of the 'Sixties*)』에서 지적하고 있듯이, 어디를 가나 어떤 계층의 사람들이 모이든지 간에 그가 가장 주목받는 인물이었기 때문이었다. 4월 8일에는 이탈리아 통일을 주도한 주세페 가리발디(Giuseppe Garibaldi, 1807-82)가 환영인파가 운집한 가운데 파링퍼드로 시인을 예방하였다. 이는 청년시절 스페인의 독재항거를 지원했던 테니슨이 먼 나라

파링퍼드로 테니슨을 방문한 가리발디

의 정치에도 깊은 관심을 가지고 있었음을 보여주는 한 예이다.

8월에 나온 『이녹 아아든과 기타 시편들(*Enoch Arden and Other Poems*)』은 예상을 뒤엎고 지금까지 출판된 시집 가운데 가장 인기가 높아, 순식간에 40,000부가 판매되는 이변을 낳았다. 『이녹 아아든』의 대성공으로 테니슨은 가족을 데리고 아아써왕 전설과 밀접한 관계가 있는 프랑스의 북서부 반도 브리타뉘(Brittany)로 6주간의 하계 대륙 여행을 다녀왔다. 그리고 1865년과 1866년 2년 동안에 『인 메모리엄』 3판, 『모드』 3판, 『공주』 2판이 발행되는 성과를 보았다. 1866년 8~9월, 테니슨은 아이들의 첫 휴가를 기념해서 벨기에와 독일로 대장정의 여행을 떠났다. 1주일간 참전용사 무용담도 듣고 워털루 전적지를 소상히 둘러본 후, 아이제나크와 바알츠부르크를 거쳐 쉴러와 괴테의 묘가 있는 바이마르를 방문하였다. 항상 괴테를 세계적으로 위대한 철인 시인으로 여겼기 때문에(《1. 아득한 눈물의 대가》, ll. 1-4 참조), 테니슨은 그가 입던 옷에서부터 그가 마지막 복용한 약병에 이르기까지 그의 유품을 경외심와 슬픈 심정으로 다 살펴보았다.

12월, 테니슨은 영국 학술원(1662년 창립) 가입을 위해 런던을 방문하였고, 런던 체류중 많은 친구들을 만나고 새 친구 식물학자 조셉 후커(Joseph Hooker)와 노먼 로키어(Norman Lockyer)를 알게 되었다. 로키어는 햄스테드의 뜰에 6인치 적도의(赤道儀)를 설치하고 월요일 밤은 천문학에 관심 있는 사람들을 맞이하는 날로 정할 정도로 개방적이었던 천문학자였다. 이후 20년간 테니슨은 런던에 갈 때마다 그를 찾아가 새로운 천문학적 발견과 이론을 토론하였다. 테니슨도 월요 단골손님 중의 하나로서 그의 해박하고 정확한 지식에 친구들은 항상 놀랐었고, 손님들은 아주 정기적으로 들르기 때문에 각자의 이름이 새겨진 사기 담뱃대를 사용하기도 하였다. 또, 로키어 집에서 아프리카 탐험가 토머스 베인즈(Thomas Baines)와 박물학자이자 무신론자이고 염세적 철학자인 윈우드 리드(Winwood Reade)를 만났는데, 그의 『인류의 수난(*Martyrdom of Man*)』은 테니슨에게 강한 영향을 끼쳤다. 1866년 11월에 테니슨은 미국에서 귀국한 베이야드 테일러(Bayard Taylor)를 맞아 점심과 저녁 식사를 같이 하고, 저녁에는 그의 『귀니비어(*Guinevere*)』를 끝까지 읽었다. 감정이 풍부하고 진지한 테니슨의 시 낭독을 듣고 난 후, 테일러는 "어떻게 선생은 영원한 명성을 장담 못한다고 하십니까? . . . 이 시는 오직 이 시가 씌인 언어와 함께 사멸할 것입니다"라고 극찬하였다.

1867년 2월 14일, 테니슨은 오스본에서 여왕을 알현하고 정치 현안에 대해서 기탄없는 대화를 나누는 기회를 가졌다. 테니슨은 이즈음 정치에 깊은 관심을 보이고, 영국이 계속 식민지를 유지하기 위해서는 식민지들이 영국의회와 관련된 런던 대표부를 설치해야 한다는 생각을 피력하였다.

이 무렵 여름 별장지를 찾고 있던 테니슨은 길크라이스트 부인(Mrs. Gilchrist)을 통해서 헬즈미어(Haslemere) 근처에 좋은 자리를 구하게 되었다. 이곳은 블랙다운(Blackdown) 남쪽 경사 언덕으로 그 높이는 해발 305m에 이르고 낮은 비탈에는 수목이 울창하고 서쪽 경계에는 작은 시내가 흘러, 테니슨의 이상적인 별장지로 여겨졌다. 테니슨의 열렬한 찬미자이자 문학과 철학에 큰 관심을 가지고 있는 젊은 건축가 제임즈 노울리즈(James Knowles)가 이곳에 지을 별장을 고딕 양식의 어마어마한 저택으로 설계하였다. 새 집의 설계를 마치

빅토리아 여왕 (1819-1901)

고 정지작업을 지시한 후, 테니슨은 평소와 같이 하계 여행을 떠났다. 테니슨은 앨링엄과 함께 도체스터에 가서 도셋의 시인 윌리엄 바안즈(William Barnes)를 만나고, 팰그레이브와 함께 제인 오스틴의 소설에 묘사된 지역을 둘러보았다. 1867년 겨울, 벤저민 조윗과 차알즈 프릿차드의 영향으로 테니슨의 형이상학에 관한 관심이 증대되고, 그에게 중요한 의미가 있는 철학적 문제와 종교적 문제에 대하여 한층 명쾌한 생각을 갖게 되었다. 후일 『상위 범신론(*The Higher Pantheism*)』으로 출판된 서정시에서는 『인 메모리엄』에서 비쳤던 생각을 심층적으로 탐색하였다.

4월 23일, 셰익스피어의 탄생일에 길크라이스트 부인, 존 씨미언 경(Sir John Simeon) 부부와 그들의 딸이 참가한 가운데, 노울리즈가 설계한 테니슨의 새로운 저택 앨드워쓰(Aldworth)가 정초되었다. 7월, 테니슨은 말버러는 기후가 적합하지 않다고 판단하여 라이어널을 이튼으로 보내고, 아아써 핼럼의 하숙집에 들러본 후 에밀리와 함께 로스, 틴턴, 쳅스토우, 캐필리, 카디프, 바쓰 등지를 두루 여행했다.

사진작가 줄리아 카메론

1869년 4월 21일에는 형이상학회(The Metaphysical Society)에 가입하고 그 결성 모임에 참가하였고, 6월 2일의 첫 정기 모임에서 테니슨이 불참한 가운데 노울리즈가 그의 『상위 범신론』을 낭독하였다. 다시 테니슨의 시작 활동이 왕성해져, 2월 말에 『아아써의 도래(*The Coming of Arthur*)』를 완성하고, 5월 중순에 「펠리어스와 에타리("Pelleas and Ettarre")」를 집필하고, 12월에 『성배와 기타 시편들(*The Holy Grail and Other Poems*)』(1870)을 출판하였다. 비평가들의 찬반양론이 비등하는 가운데, 테니슨의 1870년 출판 수입이 ￡10,000를 기록하였다. 이 작품의 대성공으로 성탄절에는 파링퍼드에 많은 손님들이 몰려와 연회와 춤이 벌어지고, 사진작가 줄리아 카메론(Julia Cameron)의 "딤볼라" 극장에서는 당대의 작가 길버트, 로벗슨, 톰 테일러 등의 작품이 공연되었다.

10. 앨드워쓰 시절: 1871-92

1870년 여름, 앨드워쓰 저택이 완공되어 테니슨은 이곳에서 첫 손님을 맞이하였고, 1871년 6월 초에 이곳으로 옮겼다. 이후 테니슨 가족은 계절에 따라 파링퍼드와 앨드워쓰에 번갈아 머물렀다. 이 새 저택은 런던에 가깝다는 것이 매력 중 하나였고, 문학계에 이제 막 알려지기 시작한 젊은 문인 에드먼드 고써(Edmund Gosse)를 알게 된 것이 그의 큰 소득이었다. 1871년 5월, 테니슨은 트리스트램(Tristram)의 일화를 다룬 『마지막 마상시합(*The Last Tournament*)』을 완성하여 출판사에 보냈다. 7월에는 20년 전에 그의 「웰링턴 조시("Wel-

제임즈 노울리즈가 설계한 테니슨의 앨드워쓰 대저택

lington Ode")」를 비판했던 루이스(G. H. Lewes)와 사귀게 되었고, 테니슨은 그를 통해서 여류 소설가 조지 엘리엇(George Eliot)을 알게 되었다. 그리고 그들은 지방과 런던에서 자주 만났다. 성탄절부터 시작해서 이듬해 1872년 초까지 카메론 부인의 "딤볼라"와 테니슨의 파링퍼드를 오가며 거의 연일 연회가 벌어지고, 테니슨은 젊은이에 못지않은 정열로 춤도 추고 산책을 다녔다.

1872년 3월, 준남작의 작위를 내리겠다는 여왕의 뜻이 전달되었으나, 자기들은 그저 "Mr. and Mrs. Tennyson"으로 남기를 원하며, 가능하다면 적절한 시기에 아들 핼럼에게 그 작위를 내려주기 바란다는 답신을 보냈다. 테니슨이 여러 번에 걸쳐 거절한 끝에 마침내 준남작의 작위를 받은 것은, 작위 이야기가 거론된 지 18년만인 1883년의 일이었다.

Sir Henry Irving

1874년, 헨리 어빙(Henry Irving, 1838-1905)이 연극계의 인물로 급부상함과 동시에, 영국의 연극계에도 종래의 셰익스피어 경도에서 벗어나 보다 사실적인 사극의 요구가 증대하였다. 이에 발맞춰 테니슨은 적절한 주제로서 시극 『메어리 여왕(*Queen Mary*)』을 선택했으나, 방대한 자료를 수집하고 요약해서 극의 형태로 만드는 일은 장시간을 요하는 작업이었다. 8월 12일, 테니슨은 핼럼을 데리고 이탈리아의 호수지방으로 여행 떠났는데, 이때 본 웅장한 협곡에 대한 감회를 바탕으로 후일 서정시 「음성과 정상("The Voice and the

Peak”)」을 썼다. 이 시에서 그는 경외심를 자아내는 물질계의 모양새보다도 인간의 영혼이 보다 참되며 보다 지구력이 있다는 생각을 피력하였다.

지금까지 충실한 필생 겸 비서역할을 한 에밀리가 득병한 탓으로, 어머니의 일을 대신하기 위해 핼럼이 학업을 중단하고 케임브리지에서 귀가하였다. 43년전 테니슨 자신이 아버지를 잃고 집안을 꾸려나가기 위해서 학업을 중단했듯이, 핼럼은 어머니 대신 아버지를 돕기 위해 학업을 중단한 것이었다. 테니슨은 자기 때문에 핼럼이 학업을 중단하게 된 것을 언제나 마음속으로 안타깝게 여겼다.

1875년 이후 자신의 작품 공연에 상당한 관심을 가지고 있어 극장과 긴밀한 관계를 유지해야 했기 때문에, 테니슨 부부는 2, 3, 4월의 상당 부분을 런던에서 머물렀다. 1875년 5월 초, 희곡 『메어리 여왕』이 출판되었다. 이것은 무대 공연을 위한 희곡이라기보다는 한 시대의 극적인 파노라마를 보여주는 읽기 위한 희곡으로, 등장인물이 40명에다가 5막 24장으로 구성된 긴 작품이었다. 친구들로부터는 열렬한 칭찬을 받았으나, 구교계 신문에서는 테니슨의 신교적 편향으로 작품을 망쳤다고 보았고, 신교계 비평가들은 작품의 폭과 생생한 애국심은 인정하면서도 상상적인 시적 분석에 기운 나머지 극적 긴장감이 없다고 비판하였다. 9월, 테니슨은 『메어리 여왕』의 몇몇 중요한 등장인물들을 빼고 그 내용을 절반 이상 줄여서 공연하기로 어빙과 합의를 보았다. 무대에 올려진 작품은 원작의 다양함과 풍부성에 못 미쳐 대중의 관심이 곧 시들고, 5주 공연 후 막을 내리게 되고 말았다. 6월, 친구들의 격려에 힘입어 테니슨은 11월에 비극 『해롤드(*Harold*)』를 완성하여 출판하였다. 등장인물이 겨우 18명이고 11장으로 구성되어 『메어리 여왕』에 비하면 훨씬 간결하고 무대공연에 적합한 작품이었지만, 어빙이 맡을 적합한 역이 없었고 여자들의 역할이 매혹이 없어서 선뜻 공연을 제의해 오는 사람들이 없었다. 따라서, 이 작품의 초연은 테니슨의 소망에도 불구하고 그의 사후 36년만인 1928년에야 이루어졌다.

베킷의 죽음

1877년 1월, 테니슨은 에밀리와 헬럼을 데리고 런던을 방문하여 유명한 바이올린 연주자 요아킴(Joachim)을 만났다. 이후 연례적으로 런던에 머무는 동안 요아킴의 영향으로 테니슨의 음악에 대한 관심이 높아졌다. 때로 요아킴이 와서 바이올린을 연주해주면 테니슨은 답례로 시를 낭송해주었는데, 테니슨은 당대의 음악에는 별 관심이 없었고 고전음악 중에서도 특히 헨델, 모차르트, 베토벤을 좋아했다. 한편, 1877년 여름 내내 테니슨 자신이 숨을 거두기 직전까지 어빙에 의해서 상연되기를 간절히 바랐던 희곡 『토머스 어 베킷(*Thomas à Becket*)』을 쓰기 위해 심혈을 기울였다. 그는 『베킷』의 구성을 위한 역사적 자료가 될 에드워드 아아버(Edward Arber)의 『복수(*The Revenge*)』의 최근 복제판을 찾아냈고, 캔터베리에 가서 베킷의 순교장면을 살펴보기도 했다. 그리고 10월에는 파링퍼드를 방문한 역사가 그린(J. R. Green)과 베킷에 관해 많은 이야기를 나누었다.

1879년에 들어서면서 작품의 판매가 부진한데다가 연이은 측근들의 사망 소식에, 테니슨은 겉보기에는 침착하고 정신력이 있어 보였으나 건강이 악화되고 항상 유령의 목소리를 들었다. 이런 중에도 테니슨은 작품에 대한 열정을 살려 『베킷』을 출판하였다. 그러나 그의 작품을 원하는 어빙마저도 타산이 맞지 않아 공연할 엄두를 내지 못하고, 대신 당대의 무대에 적합한 짧은 희곡을 써줄 것을 요청하였다. 그래서 테니슨은 12월에 보카치오의 이야기에 바탕을 둔 단막 낭만희극 『매(*The Falcon*)』를 완성하였고, 이 희곡은 켄달

(Kendal) 극단에 의해 성 제임즈 극장(St. James's Theatre)에서 67일 밤에 걸쳐 공연되었다. 대체로 비평가들의 반응은 좋았고, 그레빌의 안내로 관람한 웨일즈 왕자와 공주의 극찬을 받았다.

1880년 3월, 테니슨은 소설 쓰기를 그만두고 시인이 된 토머스 하디를 처음 만나고, 5월에는 짧은 일정으로 쏠즈베리, 스톤헨지, 암스베리, 조지 허버트의 고장 등을 다녀왔다. 6~7월, 앤드루 클라크 경(Sir Andrew Clark)의 권유로, 테니슨은 핼럼을 데리고 뮨헨, 인스브룩, 코티나, 그가 좋아하는 티치아노의 출생지 피에브 디 카도르(Pieve di Cadore)를 거쳐 베니스에 들렀다. 귀로에는 베로나, 라고 디 가르다(Lago di Garda), 캐털러스(Catullus)의 애송시에 찬양된 써미오(Sirmio) 반도를 거쳐 귀국하였다.

Salisbury 평원의 원형거석군(Stonehenge)

8월, 유명한 수채화가 헬렌 페이터슨(Helen Paterson)과 결혼한 앨링엄이 앨드워쓰로 테니슨을 자주 찾아왔다. 헬렌은 시인의 초상화를 무척 그리고자 하여, 테니슨은 초상화를 그리도록 몇 번 앉아서 자세를 취해주었다. 테니슨은 종종 애지중지하는 사냥개 돈과 아일

윌리엄 앨링엄 (1824-89)

랜드산 사슴사냥개 루프라(Lufra)를 데리고 앨링엄과 함께 산책을 즐겼다. 동물을 사랑했던 테니슨은 자신의 생명을 잔인한 동물실험에 신세지고 싶지 않다고 하면서, 동물의 생체해부에 강렬한 반대 의사 표시를 하기도 했다. 테니슨과 앨링엄의 대부분의 이야기는 시에 관한 것이었고, 테니슨은 늘 변함없이 모든 작가들 중에 셰익스피어가 단연 제일이라는 견해를 견지하였다. 당대시인들 중에서는 워즈워쓰와 키이츠를 제일로 꼽고, 바이런과 셸리를 젊었을 때처럼 더 이상 찬양하지는 않았다. 앨링엄은 시인이 70의 나이에도 불구하고, 관목을 통과하는 일상적인 걷기에서 젊은이들을 훨씬 멀리 떼어놓을 수도 있는 그의 젊음과 탄력성에 감명받았다. 테니슨은 곧잘 젊음을 과시하며 말하기를, "나는 어깨에 나이의 무게를 느끼지 않아. 나는 쉰 살 때보다 여러 면에서 더 젊다는 느낌이 들어. 나는 산에 달려 올라갈 수도 있어. 나는 왈츠도 출 수 있어"라고 했다고 한다.

11월 말, 케건 폴(Kegan Paul)을 통해서 테니슨의 『민요와 기타 시편들(*Ballads and Other Poems*)』이 출판되었다. 이 시집에는 「복수("The Revenge")」, 「마을 아낙네("The Village Wife")」, 「리즈파("Rizpah")」(이세순-a 222-39 참조), 「심연("De Profundis")」 등이 수록되어 있다. 테니슨의 찬양자들은 한결같이 그가 서정시와 설화체의 시로 돌아온 것을 칭찬했고, 비평가들은 대체로 그가 다시 한 번 시간의 문제와 평범한 삶의 정서로 돌아와 "국민의 시인(The Poet of the People)"임을 보여준 것에 기뻐했다. 그러나 『에딘버러 평론

앨저논 스윈번

(*Edinburgh Review*)』은 그가 비록 그 시대의 철학적·과학적 업적과 시대가 당면한 문제를 폭넓게 이해하고는 있지만, 그의 정신은 19세기의 사상발전을 쫓아가지 못하고 있다고 비판하였고, 스윈번은 이 해에 발간한 얄팍한 희작시(戱作詩) 『7금언록(*Heptalogia*)』에 수록한 시 「아주 간결한 상위 범신론("The Higher Pantheism in a Nutshell")」에서 계관시인의 시를 조롱하였다.

가을, 앨드워쓰를 떠날 즈음 테니슨은 플루타크의 이야기를 바탕으로 한 희곡『잔(*The Cup*)』을 완성하여 어빙에게 보여주었고, 어빙은 이 작품을 최고걸작이라고 평가하며 열광적으로 받아서 공연을 위한 준비에 진력하였다. 1881 7월, 어빙과 엘런 테리(Ellen Terry)가 『잔』을 리씨엄에서 공연, 관객이 꽉 찬 가운데 127일 밤에 걸쳐 성공적으로 공연하였다. 이로써 테니슨은 극작가로서도 인정받는 위치에 올라섰다.

테니슨이 이렇게 새로운 시도로 마음이 분주할 때, 그의 활동을 둔화시키는 비보가 연달아 전해졌다. 즉, 제임즈 스페딩의 갑작스런 사고사, 주임사제 스탠리의 사망, 그리고 오래된 고향친구이자 그의 결혼주례를 맡았던 드러먼드 론슬리 목사의 사망은 한 동안 테니슨의 작품활동과 사회활동을 위축시켰다. 그러나 테니슨은 작품활동을 재개하여, 1882년 3월에는『맥밀란 잡지(*Macmillan's Magazine*)』에 크리미아 전쟁사가 킹레이크(A. W. Kinglake)의 제의로 민요시 「중장비 여단의 책무("The Charge of the Heavy Brigade")」를 발표하였다. 이 시는 발표 즉시 대단한 인기를 얻었고, 시인이 가장 즐겨 읽는 시중의 하나가 되었다. 그리고 프레데릭 영 경(Sir Frederick Young)의 요청에 따라, 테니슨은 자신이 쓴 옛 시 『사방의 손길(*Hands All Round*)』을 개작하였다. 이 시는 에밀리가 정리하고 스탠퍼드(C. V. Stanford)가 편곡해서 전국적으로 불리어졌으며, 나라에서는 여왕의 탄신축가로 불렀다.

1883년 3월, 테니슨은 시종 존 브라운(John Brown)의 죽음을 크게 슬퍼하는 여왕에게 위로의 편지를 보냈다. 여왕은 답신과 함께 스코틀랜드의 밸모럴(Balmoral)에 세울 브라운의 기념비에 새길 비문에 대한 조언을 당부하였다. 그런데 이 사실이 신문에 알려져, 예상되는 테니슨 작품의 희작시(戱作詩)를 공모하는 소동이 일어났다. 테니슨이 이런 일을 겪은 것은 한 두 번이 아니었다. 8월 초, 여왕은 『인 메모리엄』을 또 읽고 있었다는 내용과 함께, 아무런 격식 없이 오스본에서 테니슨을 보고 싶다는 전갈을 보내왔다. 8월 7일, 테니슨은 콘쏘트 왕자의 방에서 거의 한 시간 쯤 여왕을 만나 담소하였다. 이 자리에서 테니슨은 많은 죽은 친구들 이야기를 했고, 내세와 영생이 없다고 믿게 하려는 불신자와 철학자들에 대한 두려움을 피력하였다.

9월 8일, 테니슨은 핼럼을 데리고 글래드스턴 부부 등과 더불어 순항선 펨브록 캐슬(Pembroke Castle)호편으로 크리스찬썬드(Christiansund)와 엘씨노어(Elsinore)를 거쳐 코펜하겐 방문 길에 올랐다. 테니슨은 스웨덴보리 성(Castle of Swedenborg)에서 베풀어지는 만찬에 덴마크 왕 부처의 초대를 받고 거절했으나, 이튿날 왕족일행이 러시아 황제와 황후, 웨일즈 공주, 그리스 왕 부처, 많은 왕자들과 기타 귀족들을 대동하고 순항선을 방문하여 선상에서 점심 식사를 하였다. 점심 후 테니슨은 웨일즈 공주의 청에 따라 공주와 황후 사이에 앉아서 「각적 노래」와 「할머니」를 낭송하였다. 낭송이 끝나고 러시아 황후가 칭찬해주자, 시력이 극히 나쁜 테니슨은 황공하게도 황후를 시녀로 알고 다정스럽게 어깨를 두들겼다.

테니슨은 귀국하자마자 여러 번의 거절과 고뇌 끝에 여왕에게 작위 수여 수락의사를 밝히는 편지를 보냈고, 많은 친구들은 기쁨을 같이했으나, 일부 언론에서는 1845년부터 39년간 받아온 민간연금을 포기해야 한다는 주장도 나오고, 그를 꼬집는 희작시도 쏟아져 나왔다. 1884년 3월, 제1대 남작 앨프릿 테니슨은 상원에 첫 등원하였고, 6월에 상원에서 처음으로 표결에 참여했다. 이때 테니슨은 자신의 중립성을 보이기 위해 무소속 의원석에 앉았다. 그는 이때의 감회와 자신의 행동강령을 피력한 내용의 시를 「자유("Freedom")」라는 제목으로 『맥밀란 잡지』 12월호에 게재하였다. 1884년 12월에는 그의 야심작 『베킷』을 출판하였고, 1885년 12월에는 로버트 브라우닝에게 헌정한 『티레씨아스와 기타 시편들(*Tiresias and Other Poems*)』을 출판하였다. 일부 비판적인 견해에도 불구하고 비평가들은『티레씨아스』를 열광적으로 받아들였고, 이전의 작품을 뚜렷하게 개선시켰다고 주장하였다.

로버트 브라우닝 (1812-89)

1886년 4월 20일, 노시인 테니슨은 인도에서 귀국도중 3남 라이어널이 사망했다는 가슴 아픈 소식을 접했다. 기질적으로 핼럼보다 더 아버지를 닮았던 라이어널은, 지적이고 예민하고 상상력이 풍부하고, 감수성이 강하고, 열정적인 애정을 지니고 있었지만, 핼럼만큼 아버지와 가깝게 지내지 못했다. 런던 인도국(印度局)에 근무하던 라이어널은 1885년 아버지의 친구인 인도총독 더퍼린 경의 초청으로 부인과 함께 인도를 방문했는데, 열병에 걸려 3개월 동안 사경을 헤매다가 귀국하던 도중 홍해상에서 사망하여 수장되었다 (『인 메모리엄』,

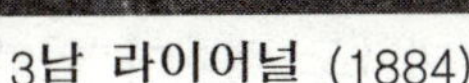
3남 라이어널 (1884)

양지기 노인

《6》, ll. 15-16 참조). 테니슨의 말년에 심한 충격을 준 또 하나의 사건은 30년간 파링퍼드의 양을 돌봐준 충실한 양지기 92세 노인의 죽음이었다. 그는 일자무식이었지만, 테니슨은 그의 소박한 시와 말씨를 좋아해서 곧잘 그와 어울려 몇 시간이고 이야기를 나누기도 했었다.

여름을 보내기 위해 테니슨 가족이 앨드워쓰로 돌아왔을 때, 테니슨은 우울과 절망에 빠지고 자신의 작품의 유용성과 인류의 미래에 대해 점점 더 회의를 품는 경향을 보였다. 그런데 1886년이 저물 무렵 테니슨은 프레쉬워터를 산책하다가, 설교하러 교회에 가는 도중 손에 기쁨으로 충만한 설교 원고를 든 채 길 바닥에 죽어 있는 한 늙은 설교자를 발견하고, 나중에 그 노인의 한 친척에게 보낸 편지에서 다음과 같이 쓴 적이 있다.

> 나는 그의 죽음을 행복한 죽음이라고 볼 수밖에 없습니다. 갑자기, 고통 없이, 그리고 조물주에게 감사와 찬양을 드리러 교회로 가는 길에 죽었으니까요.

> I cannot but look upon his death as a happy one; sudden, painless, and while he was on his way to his chapel to render thanks and praise to his Maker. (Charles Tennyson 491)

한편, 1886년 12월, 테니슨은 『60년 후의 록슬리 홀과 기타 시편들(*Lockley Hall Sixty Years After and Other Poems*)』을 출판했는데, 노시인의 염세주의적인 경향으로 세상에 적지 않은 충격을 주었다. 1886년의 성탄절은 파링퍼드에서 벤저민 조윗과 윌프리드 워드(Wilfrid Ward)와 함께 지냈는데, 저녁 식사 후 테니슨은 좌중이 잊을 수 없는 흥겹고 소박한 표정으로 그의 「웰링턴 조시(“Wellington Ode”)」를 낭송하였다. 1887봄, 다시 파링퍼드를 방문한 조윗은 테니슨이 아직 정력적이고 기억력도 좋고 대화도 생기가 있었지만, 옛날보다 한층 온화해지고 친절해진 동시에 종종 라이어널의 죽음을 슬피 여기는 것을 보았다. 이 무렵 아아써 핼럼과 약혼했다가 그가 죽은 지 9년 뒤 리차드 제씨와 결혼한 동생 에밀리가 세상을 떠났다. 에밀리는 테니슨과 각별히 가까웠고 파링퍼드와 앨드워쓰에도 자주 찾아왔었으므로, 그의 슬픔은 아들 라이어널을 잃은 것만큼이나 컸다. 게다가, 둘째 며느리(라이어널의 미망인) 엘러너가 비평가겸 수필가로 명성을 얻기 시작한 변호사 오거스틴 버렐(Augustine Birrell)과 약혼하여, 시인의 마음을 더욱 괴롭게 하였다. 테니슨은 며느리 엘러너가 하필 급진주의자로 알려진 버렐과 재혼하는 것을 환영하지 않았지만, 그를 처음 면담하는 자리에서 그의 솔직함과 남자다움에 호감을 갖게 되어 재혼을 승낙하였다.

1887년 2월, 테니슨은 빅토리아 여왕의 즉위 50년제(Queen Victoria’s Jubilee)를 기리는 시를 지었는데, 이 시에 스탠퍼드가 곡을 붙여 버킹엄 궁에서 연주되도록 주선하여 빅토리아 여왕을 흡족하게 하였다. 역시 이번에도 『주간급보』에서 희작시 공모를 벌이는 반응을 보여, 테니슨이 자신의 시에 자신을 잃게 되는 동기가 되었다. 그러던 중, 8월에는 보이드 카펜터 주교(Bishop Boyd Carpenter)와 트리니티 대학의 젊은 교수인 젭(R. C. Jebb)이 앨드워쓰를 방문하여, 아직도 자신의 작품에 이상스럽게 자신이 없어하는 테니슨을 크게 격려해주었다. 또 이 무렵 노시인에게 격려가 된 두 가지 사실은, 런던에서 『겨울 이야기(*The Winter's Tale*)』를 공연중인 미국 여배우 메어리 앤더슨(Mary Anderson)이 『잔』을 공연하기로 한 것과, 그의 『랜슬롯과 일레인』에 바탕을 둔 연극이 조지 파슨즈 레이쓰롭(George Parsons Lathrop)에 의해 미국에서 성공적으로 공연된 사실이었다. 하지만, 테니슨의 최고의 야망은 여전히 어빙에 의한 『베킷』의 공연을 보는 것이었다.

1888년 겨울부터 관절염으로 고생한 테니슨은 이듬해 3월에야 외출을 할 수 있었다. 시인은 건강이 좋을 때면 언제나 침실 창가 안락의자에 누워 써식스(Sussex) 삼림지대를 내다보거나 파링퍼드의 잔디밭을 둘러싼 관목의 가냘픈 초록빛을 바라보았다. 심한 고통 속에 누어있노라면, 시인은 신과 우주에 대한 이상한 생각이 들기도 하고, 다른 세상을 보고 있는 사람처럼 느끼기도 하고, 이상한 꿈을 꾸기도 했다. 이렇게 점점 건강과 정신력이 약해져가는 시인이 염려되어, 여왕과 친구들 그리고 세계 도처의 낯선 사람들로부터 안부 편지가 쇄도하였다. 많은 사람들의 염려와 관심 속에 노시인의 건강이 봄에 접어들면서 빠르게 회복되었다.

5월, 앤드루 클라크 경(Sir Andrew Clark)이 파링퍼드를 찾아왔다. 클라크는 테니슨이 건강을 완전히 회복했다고 선언하고, "그는 인생에서 빠져나가도록 열릴 문이 어디에 있는 지도 볼 수 없다"고 덧붙였다. 하지만 이 무렵 테니슨을 방문한 카펜터 주교는 테니슨이 자리에서 일어나는 데 힘들어하고, 걷는 데 기력이 다소 없는 것을 발견하였다. 행동이 조용해지고 전보다 한결 부드러워진 테니슨은 "꽃과 나무들을 사랑스럽게 쳐다보고, 그의 눈길은 넓게 뻗어 있는 아름다운 풍경에 생각에 잠긴 듯한 애정으로 머물러 있었다"고 카펜터 주교는 당시의 노시인의 근황을 전한다.

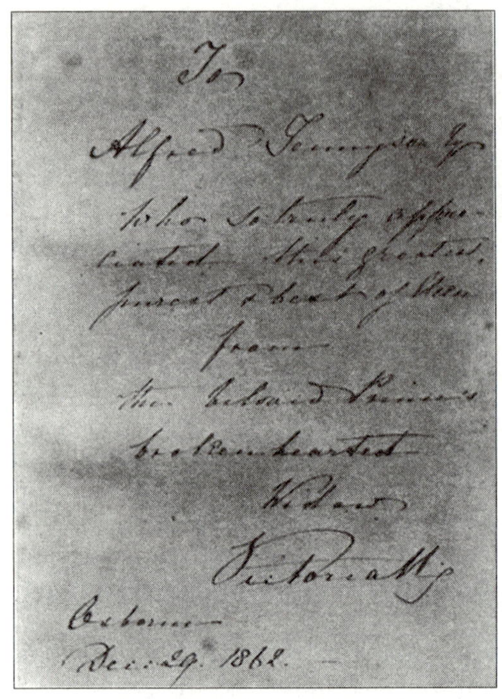

To
Alfred Tennyson Esq
who so truly appre-
ciated this greatest,
purest & best of Men
from
the beloved Prince's
broken hearted
Widow.
Victoria R.
Osborne
Dec: 29. 1862.

빅토리아 여왕의 친필 서한
(1862.12.29.)

80회 생일인 1889년 8월 6일, 테니슨은 노령에도 불구하고 건강하고 즐거운 모습이었다. 축전과 축하 편지가 쇄도하였다. 곧잘 "나 말고는 누구도 테니슨을 비웃을 수 없다"고 말하던 스윈번이 축시를 지어 보내왔고, 빅토리아 여왕은 친필 편지를 보내 시인의 생일을 축하했다. 이밖에 호주에 있는 헨리 파크스 경(Sir Henry Parkes)과 브라우닝에게서도 축하 편지가 왔다.

10월, 앨드워쓰에서 파링퍼드로 오는 도중 리밍턴(Lymington)에서 야머쓰(Yarmouth)로 건너오는 20분 동안에, 테니슨은 그의 모든 서정시 가운데 가장 유명한 시 「모래톱을 건너서("Crossing the Bar")」(이세순-a 260-61 참조)를 단숨에 지었다. 그는 헌 편지 봉투를 펼쳐서 그 안쪽에다 16행의 짧은 시를 대충 끌쩍였지만, 그때는 아무에게도 보여주지 않았다. 그날 땅거미가 질 무렵 간호사 더햄(Durham)이 그의 서재에 촛불을 키려고 들어왔을 때, 테니슨은, 병이 회복된 것을 감사하는 찬미가나 지으라고 했던 그녀의 말을 떠올리고서, "이거면 되겠소, 할멈?"이라고 묻고서 그 시를 낭송했다. 그녀는 이 시를 들으면서 시인의 사별가로 여겼기 때문에, 큰 충격을 받고 한 마디도 없이 방을 뛰쳐나갔다. 그녀가 잠시 후에 방

"Crossing the Bar"의 육필원고　　간호사 더햄과 산책하는 노시인

에 되돌아와 보니, 아직도 시인은 어둠 속에 조용히 앉아 있었다. 그 날 밤 저녁식사 후, 이 시를 본 아들 핼럼은 "그건 아버지의 평생의 작품 중 최고예요"라고 말했다. 이 시는 테니슨의 마지막 작품은 아니지만, 그의 요청에 따라 시집의 맨 끝에 수록되고 있다.

1889년 12월 12일, 『디미터와 기타 시편들(*Demeter and Other Poems*)』의 출판을 보았다. 이 시집은 출판도 되기 전에 20,000부가 팔릴 정도로 80세 노시인의 대성공작이었다. 글래드스턴, 헉슬리, 킹레이크, 홈즈(O. W. Holmes), 로웰(J. R. Lowell)과 기타 많은 사람들로부터 이구동성으로 찬양을 받았다. 한편, 연극배우 메어리 앤더슨의 은퇴로 『숲속 사람들』과 『잔』의 공연계획이 무산되었으나, 런던에서 활약중인 미국의 배우 로렌스 배릿(Lawrence Barrett)이 테니슨 작품의 영국과 미국 공연권을 따기 위한 협상을 제의해 왔다. 1890년 5월 15일에는, 토머스 에디슨(Thomas Edison, 1847-1931)이 시인에게 선물한 녹음기를 가지고 미국에서 스티글러(Mr. Stiegler)가 테니슨을 방문했다. 테니슨은 이 녹음기의 밀납원통에 「경무장 여단의 책무("The Charge of the Light Brigade")」, 「각적의 노래("The Bugle Song")」등등의 시를 노익장을 과시하는 음성으로 녹음하였다.

5월 말, 모교 트리니티 대학에 보존할 테니슨의 초상화를 그리기 위해 73세의 노화가 왓츠(C. F. Watts)가 앨드워쓰를 방문하였다. 10여일의 우여곡절 끝에 왓츠는 현재 트리니티의 대회랑에 걸려 있는 학사복 차림의 초상화 한 점과 현재 엘레이드(Aelaide) 화랑에 걸려 있는 귀족의상 차림의 초상화 한 점을 완성하였다.

6월 초, 헬럼과 함께 남부와 서부 해안을 잠시 순항하면서, 테니슨은 아크바 대왕(Akbar the Great)에 관한 시를 계획하였다. 테니슨이 여행에서 돌아온 직후 어느 날, 한 미국인이 갑자기 앨드워쓰에 출현했는데, 그는 『모드』를 그 작가에게 낭송해주기 위해 가축 수송선을 타고 온 기능공이었다. 테니슨은 그걸 듣느라고 굉장히 고생했지만, 끝까지 다 들어주고 미국으로 돌아갈 여비까지 주었다.

1892년 3월 25일, 뉴욕에서 데일리에 의해 『숲속 사람들』이 성공리에 공연되었는데, 테니슨은 이 작품이 『베킷』보다는 못하다고 여겼지만 장기공연이 확실했기 때문에 크게 기뻐하였다. 4월 19일, 독감으로 앓고 있는 중에도, 테니슨은 스토커(Stoker)가 어빙의 『베킷』 공연수락 소식과 함께 가지고 온 연출본을 검토하였다. 6월, 테니슨은 크로지어(Crozier) 대령의 어쎈게이(Assengai)호 편으로 채널 군도까지 마지막 순항하여, 형 프레데릭과 함께 며칠간 즐겁게 지내고 형제간의 마지막 작별을 고하였다. 테니슨은 파링퍼드에 돌아오자마자 턱의 통증으로 고생하기 시작하고, 자신의 건강상태에 불안을 느끼기 시작했다. 6월 29일, 에밀리의 요청으로 프레쉬워터 목사가 시인의 서재에서 집안을 위한 성찬식을 집전하도록 하였다.

6월 30일, 앨드워쓰로 거처를 옮긴 테니슨은 처음에는 평소와 같이 매일 4~5km 씩 규칙적인 산책을 하였으나, 이제는 종종 앉아서 쉬면서 주위에 있는 야생화와 풀, 그리고 풀줄기를 기어 올라가는 작은 곤충들을 빠짝 들여다보곤 하였다. 7월 중순에는 클레이크(G. L. Craik)와 런던에 머물면서 자연사 박물관을 방문하고, 거기에 전시된 새의 둥지를 보고 크게 매혹되었으나 군중들의 등살에 서둘러 귀가하였다. 9월 초, 심하게 아팠지만, 테니슨은 댈먼(C. W. Dalmon)이라는 낯선 젊은 시인이 보내온 시집을 독파하고 비평을 해주었다. 그는 젊은 시인이 자신의 노력을 절망적으로 표현하여 "종말은 실패다(The end is failure)"라고 쓴 것을 지우고, "어찌 실패가 있을 수 있나 . . . ?"라고 써 보내 격려해주었다.

9월 7일, 기력이 쇠잔해진 테니슨은 하느님이 자신의 기도를 들어주지 않는 것 같은 느낌이 든다고 윌프릿 워드에게 말했는데, 워드가 보기에는 테니슨에게서 항상 죽음에 대한 생각이 떠나지 않았던 것 같았다. 9월 15일, 테니슨의 병세가 악화되었다. 테니슨은 셀본 경(Lord Selborne), 대킨즈, 앨링엄 부인 등을 맞이했으나, 자신의 죽음이 가까워졌음을 분명히 알고 있었고, 왓츠에게는 사실상의 작별의 편지를 써 보내기도 했다.

9월 22일, 써머스비의 목사관의 매각 광고를 보고 그 옛날 고향집이 얼마나 변했는지 궁금해 하는 아버지를 대신해서 그곳에 갔던 핼럼이 귀가하였다. 그는 아버지의 건강악화에 충격을 받고, 『베킷』 공연 문제를 협의하러 오기로 한 브램 스토커(Bram Stoker)에게 방문의 연기를 요청하는 전보를 보냈다. 9월 24일, 테니슨은 저녁 식사를 위해 서재에서 마지막으로 내려왔다.

9월 25일, 테니슨은 핼럼과 라이어널의 친구이자 호머 학자인 월터 리프(Walter Leaf)와 같이 온 스토커를 접견하였다. 매우 허약한 상태였음에도 불구하고, 테니슨은 『베킷』 이야기가 나오자 생기가 나서 대본을 수정하다가 "동정녀 하느님(God, the Virgin)"이라는 이상한 말을 만들어낸 어빙의 실수를 꼬집는 농담을 하기도 하였다. 점심 뒤엔 월터 리프와 호머의 노래에 대한 이야기를 나누며 긴 시구를 원어로 낭송하기도 하고, 셰익스피어의 『로미오와 줄리엣』과 『헨리 8세』

에 대한 이야기도 나눴다. 그러나 핼럼은 테니슨의 건강이 위태위태하여 주치의 댑즈(G. R. Dabbs)를 불러와 집에 머물게 했다.

9월 28일, 수요일, 테니슨의 건강이 아주 좋아져서 마지막으로 해즐미어(Haslemere)까지 마차여행을 했고, 여행도중에 테니슨은 핼럼에게 신의 성격과 사랑에 대해서 많은 이야기를 했다. 테니슨의 지력이 아주 초롱초롱해서 성서도 읽을 정도였지만, 핼럼은 여전히 매우 걱정되어 앤드루 클라크 경에게 전보를 쳤다. 클라크는 테니슨의 상태를 심각하게 여기지 않았고, 테니슨은 그를 보고 기뻐했다. 두 사람은 이윽고 토머스 그레이(Thomas Gray)의 「만가("Elegy Written in a Country Churchyard")」에 대해 심도 있는 토론을 벌였다. 그러나 목요일, 금요일, 토요일에 테니슨의 상태는 점점 나빠졌다. 일요일 오전에는 대킨즈를 만나볼 수 있었지만, 저녁에는 상태가 매우 악화되었다.

11. 마지막 3일: 셰익스피어를 손에 쥐고

1892년 10월 3일, 월요일, 오전 8시, 테니슨이 셰익스피어 책을 요청하여 핼럼이 『리어 왕(*King Lear*)』, 『씸벌린(*Cymbeline*)』, 『트로일러스와 크레씨다(*Troilus and Cressida*)』가 수록된 책을 가져다주었으나, 기력이 달려 두 세 줄 읽고는 의사에게 결코 낫지 못할 것을 안다고 말했다. 런던에 하루 다녀온 의사 댑즈가 어빙을 보았다고 하자, 환자는 벌떡 일어나 『베킷』이 어떻게 되었는지 물었다. 댑즈가 공연이 성공할 것이라고 대답하자, 자기는 그 작품의 공연을 보지는 못할 것이지만 어빙이 자신을 정당하게 대해주리라는 것을 믿는다고 말했다.[2] 10월 4일, 화요일, 친절하게도 여왕과 루씨(Lousie) 공주가

2) 『베킷』은 어빙에 의해 1893년 2월 6일 리씨엄(Lyceum)의 무대에 올려졌고, 112일 밤에 걸쳐서 공연되는 성공을 거두었다. 이 연극은 1893-94년의 미국 순회공연과 1894년 하반기 영국 지방 순회공연에서

안부를 묻는 전보를 보내와 테니슨을 기쁘게 했지만, 그의 마음속에는 일반에게 알려진다는 공포심이 다시 한 번 일었다. 한낮에는 하늘과 빛을 보고 싶다고 창문의 발을 걷어 올리라고 하고, "하늘과 빛"이라는 말을 되풀이하였다. 간호사가 체온을 재기 위해 체온계를 겨드랑이에 넣자, 그것이 자기 눈 위로 지나가는 것 같은 많은 색깔을 띤 아주 아름다운 모양을 보여줬다고 하고, 잠시 후에는 글래드스턴과 정원을 산책하며 그에게 나무를 보여주는 환상을 보았다.

10월 5일, 수요일, 아침, 테니슨은 연락을 받고 달려온 클라크에게 피곤하게 해서 미안하다고 말하고, 아직 청력이 예민해서 아주 작은 소리에도 눈을 뜨고 방을 둘러보았다. 오후에는 댑즈와 죽음에 대해서 많은 이야기를 나누고, 어째서 인간은 결국 그림자에 불과하고 세상의 큰 삶의 작은 부분에 지나지 않는 것에 매달리는 것이냐고 말했다. 그날 하루 종일 테니슨은 읽지도 못하면서 자꾸만 셰익스피어의 책을 요청했다. 오후 한나절 그는 그 책을 손에 놓고 있었는데, 『씸벌린』의 5막 5장이 펼쳐져 있었다. 이윽고 테니슨은 마지막으로 입을 열어 에밀리와 핼럼과 며느리 오드리에게 희미한 축복의 말을 건넸다.

5시 25분, 일몰. 5시 45분, 만월 돋음. 6시, 갑자기 달빛이 방안에 들어와 손에 셰익스피어를 쥐고 누어서 임종을 기다리는 테니슨의

도 가장 성공적인 작품이었다. 어빙은 1895년에 2개월간 리씨엄에서 다시 『베킷』을 공연했고, 그해 말에는 미국에서 공연하였다. 1898년에는 화재로 무대장치가 모두 소실되었지만, 1904년과 1905년 상반기에 어빙은 지방 순회공연을 가졌고, 5월과 6월 연극 철에는 런던에서 최고의 작품으로 만들었으며, 가을에는 마지막 순회공연을 마치고 10월 13일 세상을 떠났다. 『베킷』의 거의 신비적인 찬양자였던 어빙은 폴록 부인(Mrs. W. H. Pollock)에게 "어떤 극시도 어떤 인물도 그렇게 많이 영향을 준 적이 없었다"고 말하고, 그가 연극을 만들었다는 폴록의 말에 "아닙니다, 아닙니다, 그 연극이 나를 만들었습니다. 그 연극이 내 전 인생관을 바꿔놓았습니다"라고 대꾸했다.

빛나는 머리를 훤히 비쳤다. 온 방과 바깥 풍경이 달빛으로 넘쳐 멀리까지 선명하게 보였다. 8시, 달은 보이지 않았지만 달빛이 아직 방을 훤히 비춰 등불이나 촛불을 밝힐 필요가 없었다. 몇 번이고 그를 지켜보며 서 있거나 앉아 있는 의사, 에밀리, 핼럼, 오드리는 그가 숨을 거두고 있다고 여기고 있었다.

1892년 10월 6일, 목요일, 새벽 1시 35분, 테니슨은 가족과 의사가 지켜보는 가운데 운명하여, 10월 12일 수요일, 웨스트민스터 사원(Westminster Abbey)의 시인 묘역에 안장되었다.

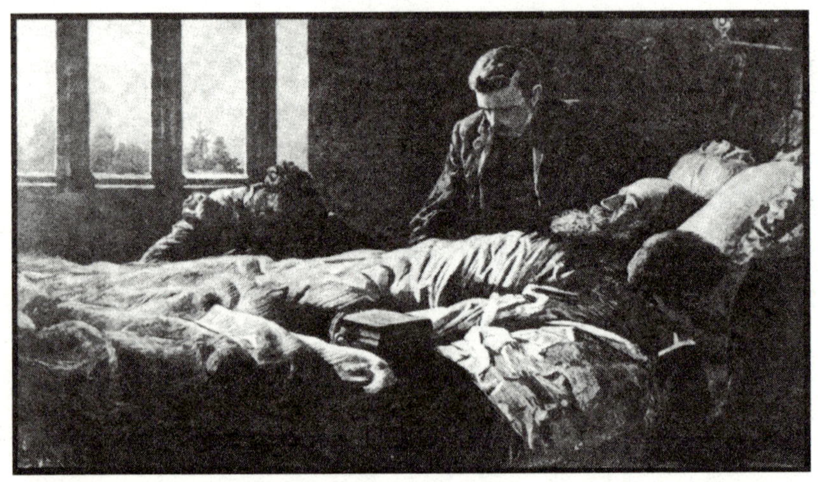

테니슨의 임종 (1892.10.06. 01:35)

『인 메모리엄』 이후의 테니슨

James Mudd 촬영, 1857

I. Mayall 촬영, 1864

Julia Cameron 촬영, 1865

Julia Cameron 촬영, 1869

줄리아 캐메룬 촬영, 1884

Barraud 촬영, 1888

앨드워쓰의 서재에서, 1885

Cameron & Smith의 소묘, 1882

Lowes Dickinson의 소묘, 1882

테니슨 부부와 핼럼, 1892

헬렌 앨링엄이 그린 초상화
1890

G. F. Watts 작, 1903

트리니티 대학에 있는 석조좌상

기념비 제막식에 모인 사람들 (1897.08.06.)

서시: 하느님의 강한 아드님[1)]

하느님의 강한 아드님, 불멸의 사랑이여,[2)]
　　당신의 얼굴은 아직껏 못 보았어도,
　　알 수 없는 곳에 계심을 믿으며,
믿음으로, 오직 믿음으로 받드나이다.

당신의 천체는 이 빛과 어둠의 천체이시며,
　　당신은 인간과 금수의 생명을 빚으시고,
　　당신은 죽음도 지으셨는데, 자 보소서,
당신이 빚으신 머리에 당신 발이 놓였나이다.[3)]

당신은 우리를 흙 속에 버리진 않으시겠지요.
　　당신은 인간을 빚으셨습니다, 인간은 연유도 모르며,
　　죽으려 태어난 것은 아니라 여기는데,
당신은 인간을 빚으셨고, 당신은 옳으시나이다.[4)]

---

1) 이 서시는 『인 메모리엄』이 완성된 1849년에 덧붙여진 것으로, 본시를 읽는 길잡이와 결론적인 역할을 한다. 시인의 여동생 에밀리의 약혼자이자 그의 절친한 벗이었던 핼럼이 요절한 뒤 그가 겪었던 심한 슬픔과 회의를 극복하고 마침내 믿음만이 충만한 한층 성숙된 신앙의 경지에 이른 모습이 나타나 있다.

2) 그리스도를 일컬음. 여기서 사랑은 『요한 1서』, 4절에 나오는 것과 같은 의미로 쓰였다(『회고록(*Memoir*)』, I. 312n.). 시인은 신의 불멸의 사랑과 그의 벗 핼럼에 대한 잊을 수 없는 영원한 사랑을 빗대어 사용하고 있다.

PROLOGUE: STRONG SON OF GOD

Strong Son of God, immortal Love,
Whom we, that have not seen thy face,
By faith, and faith alone, embrace,
Believing where we cannot prove;

Thine are these orbs of light and shade;
Thou madest Life in man and brute;
Thou madest Death; and lo, thy foot
Is on the skull which thou hast made.

Thou wilt not leave us in the dust:
Thou madest man, he knows not why,
He thinks he was not made to die;
And thou hast made him: thou art just.

---

3) 그리스도가 십자가에 매달린 갈바리(Calvary) 땅에 아담이 묻혔다는 인유(引喩)로, 하느님의 권능이 마침내 죽음을 굴복시켰음을 상징한다. Cf. 『고린도 전서』, 15:26; 『마가복음』, 15:22; 『요한 계시록』, 10:2.

4) 멸할 생명을 부여받고 태어난 인간으로서는 생명을 빚는 신이 죽음도 마련하는 원대하고 심오한 뜻을 도무지 이해할 수가 없다. 그러나 인간은 영원한 생명을 약속한 신을 믿고 따라야만 한다. Cf. 《34》, ll. 1-2; 《56》, ll. 9-24; 《131》, ll. 5-6; 「두 목소리("The Two Voices")」, ll. 5-6.

당신은 사람이면서도 신으로 보이시니,[5]
　　당신은 가장 고귀하고 거룩한 사람이시나이다.
　　그 연유는 몰라도, 우리 의지는 우리 것이나이다.
당신 것 만들기 위해서라도 우리 것이나이다.[6]

우리의 미약한 체계에는 한때가 있어,
　　한때를 보내고 나면 없어지오나,
　　그것들은 당신 빛의 흩어진 조각일 뿐이나이다.[7]
그러나, 오 주여, 당신은 그것들 이상이시나이다.

우리 있는 건 믿음 뿐, 알 수는 없나이다,
　　지식이란 우리가 보는 것뿐이오니.
　　그래도 지식은 당신에게서 오는 것 믿사오니,
어둠 속의 한 줄기 빛, 자라게 하소서.

지식이 더욱 더 자라게 하오시되
　　더 많은 경건한 마음 우리에게 깃들게 하소서.
　　마음과 영혼이 한데 어울려
전같이 한 음악을 이루게 하소서,[8]

---

5) 당신은 사람이면서도 신으로 보이시니(Thou seemest human and divine): 원문의 "seemest"를 그대로 옮긴 말이지만, 이것은 "당신은 사람이면서도 신이시니"라는 말을 시적으로 표현한 것이다.

6) 자유의지론에 따르면, 인간은 자유의지를 가지고 태어났으며, 이 자유의지는 나를 온전히 버리고 보다 큰 신의 뜻을 따를 때 비로소 가장 의미 깊게 자유로울 수 있다고 한다.

Thou seemest human and divine,
    The highest, holiest manhood, thou.
    Our wills are ours, we know not how;
Our wills are ours, to make them thine.

Our little systems have their day;
    They have their day and cease to be:
    They are but broken lights of thee,
And thou, O Lord, art more than they.

We have but faith; we cannot know;
    For knowledge is of things we see;
    And yet we trust it comes from thee,
A beam in darkness: let it grow.

Let knowledge grow from more to more,
    But more of reverence in us dwell;
    That mind and soul, according well,
May make one music as before,

---

7) 우리의 미약한 체계란 보잘것없는 인간의 철학이나 종교나 과학적 이론의 체계를 뜻한다. 이런 인간의 체계들은 일시적일 뿐이며, 신의 영구불변의 섭리에 비추어 보면 다만 신에게서 나오는 빛의 흩어진 조각에 불과하다는 것이다.

8) 합리주의적인 과학 물질문명의 도래로 사람들이 신앙에 깊은 회의를 품게 되기 이전으로 돌아가고자 하는 것이 빅토리아조 시대 시인들이 다루었던 주요 주제였다.

한층 더 거대하게. 우리는 어리석고 미약하여
두려움 모를 때는 당신을 조롱하오나,
당신의 이 어리석은 것들이 견디도록 도우소서,
당신의 허영된 이 세상이 당신의 빛을 간직토록 도우소서.

용서하소서, 내 마음속의 죄[9] 같던 것을,
내가 시작한 이래[1] 나의 공적 같던 것을.
공과란 인간에서 인간으로 전해지는 것,
오 주여, 사람에게서 당신께 전해지는 것 아니오니.

용서하소서, 내 그리도 유망하게 여겼던
당신의 피조물, 죽은 벗을 슬퍼함을.
그 사람 당신 속에 살고 있다 믿사오며,
거기서 더욱 사랑 받을 가치 있음을 아나이다.

용서하소서, 이 거칠고 종잡을 수 없는 탄원을,
슬픔에 잠긴 이 젊은이의 착잡한 마음을.
진리에 못 미치는 데 용서하시고,
당신의 지혜 속에 저를 슬기롭게 해 주소서.

1849년

9) 내 마음속의 죄: 요절한 벗 핼럼에 대하여 마음속에 간직하고 있는 시인 자신의 지극한 슬픔. 혹은 시인 자신이 평소에 마음속으로 느끼고 있는 죄의식.

But vaster. We are fools and slight;
We mock thee when we do not fear:
But help thy foolish ones to bear;
Help thy vain worlds to bear thy light.

Forgive what seem'd my sin in me;
What seem'd my worth since I began;
For merit lives from man to man,
And not from man, O Lord, to thee.

Forgive my grief for one removed,
Thy creature, whom I found so fair.
I trust he lives in thee, and there
I find him worthier to be loved.

Forgive these wild and wandering cries,
Confusions of a wasted youth;
Forgive them where they fail in truth,
And in thy wisdom make me wise.

1849

1) 내가 시작한 이래(since I began): 내가 이 추모시를 쓰기 시작한 이래. 혹은 내 삶이 시작된 이래.

제 1 부

슬픔의 노래

《1 - 27》

Part One

Songs of Sorrow

《I - XXVII》

1. 아득한 눈물의 대가[1)]

나는 진실로 여겼네, 청아한 하프 가락에 맞춰
가진 소리로 노래하는 사람에게 있어선,
인간이란 죽은 자아를 디딤돌 삼아
한층 고상한 존재로 올라선다는 것을.[2)]

그러나 그 누가 그 때를 그렇게 예측하며,
손실 속에 그에 맞먹을 소득을 얻으리?
아니면 세월 속에 손을 뻗쳐
저 아득한 눈물의 대가를 그 누가 얻으리?

「사랑」이 「슬픔」을 붙잡아 둘 다 익사치 않게 하라,
어둠이 그의 검은 빛을 간직하게 하라.
아, 손실과 더불어 술에 취하여
장단 맞춰 땅을 치며 죽음과 춤추는 것이 나으리,

승리자 「세월」이 긴 사랑의 종말을
비웃으며 떠벌려 말하기를,
'사랑하다 친구를 잃은 저 사람을 보라,
그의 모든 과거는 시들었다'[3)]고 하느니보다는.

---

1) 세상만물은 세월이 가면 변하기 마련이기에, 시인이 친구를 사별하고 겪는 현재의 손실도 언젠가는 득으로 바뀔지 모른다. 그러나 그의 슬픔은 먼 앞날의 슬픔의 대가를 바라볼 수 없을 정도로 깊기만 하다. 한편 시인은 혹시 세월이 흐른 뒤에 이토록 깊은 사랑도 슬픔도 없어지지나 않을까 두려워하여, 핼럼에 대한 깊은 우정과 그를 사별한 크나큰 슬픔을 오래도록 간직할 수 있기를 바란다.

I. THE FAR-OFF INTEREST OF TEARS

I held it truth, with him who sings
    To one clear harp in divers tones,
    That men may rise on stepping stones
Of their dead selves to highest things.

But who shall so forecast the years
    And find in loss a gain to match?
    Or reach a hand thro' time to catch
The far-off interest of tears?

Let Love clasp Grief lest both be drown'd,
    Let darkness keep her raven gloss:
    Ah, sweeter to be drunk with loss,
To dance with death, to beat the ground,

Than that the victor Hours should scorn
    The long result of love, and boast,
    'Behold the man that loved and lost,
But all he was is overworn.'

---

2) 가진 소리로 노래하는 사람: 테니슨이 현대 서정시의 제일인자라고 여겼던 괴테(Johann Wolfgang von Goethe, 1749-1832). 괴테는 성 오거스틴(St. Augustine)의 생각을 이어받아, 인간이란 곧 사라지는 과거의 경험이나 허물을 디딤돌 삼아 한층 고상한 존재가 된다고 믿었다.

3) 그의 모든 과거는 시들었다: 그렇게 깊던 사랑도 슬픔도 이제는 모두 잊어버렸다.

2. 해묵은 주목[1)]

지하에 누워 있는 죽은 이의 이름을 새긴
　　비석을 잡고 있는 해묵은 주목아,
　　너의 실뿌리는 꿈꿀 줄 모르는 머리를 휘감고,
너의 뿌리는 유골을 얽고 있구나.

철이 되면 꽃은 다시 피어나
　　사람들에게 맏물을 안겨주는데,
　　너의 어두운 그늘 밑에서 시계는
하잘 것 없는 인간의 목숨을 두들겨 끄는구나.[2)]

오, 빛과 꽃은 너를 위한 것이 아니구나,
　　너는 어떤 강풍에도 변함없고,
　　이글이글 타오르는 여름의 태양도
너의 천년 우울을 바꾸는 데는 소용이 없으니.

그리고 음울한 나무 너를 응시하면서,
　　너의 굳은 강의(剛毅)를 부러워하는
　　나는 나의 핏속에서 빠져 나와
네 속에 들어가 합쳐지는 것 같구나.[3)]

---

1) 세월이 흘러도 핼럼의 요절에 대한 시인의 슬픔이 가시지 않고 오히려 더욱 깊어만 가는 심정을 어떤 기후에도 변치 않고 침통한 푸름을 간직하고 무덤가에 서 있는 주목(朱木)에 빗대어 토로하고 있다. 그러나 《39》 에서는 주목이 다소 누그러진 시인의 심정을 나타낸다.

II. THE OLD YEW

Old yew, which graspest at the stones
　　That name the under-lying dead,
　　Thy fibres net the dreamless head,
Thy roots are wrapt about the bones.

The seasons bring the flower again,
　　And bring the firstling to the flock;
　　And in the dusk of thee, the clock
Beats out the little lives of men.

O not for thee the glow, the bloom,
　　Who changest not in any gale,
　　Nor branding summer suns avail
To touch thy thousand years of gloom:

And gazing on thee, sullen tree,
　　Sick for thy stubborn hardihood,
　　I seem to fail from out my blood
And grow incorporate into thee.

---

2) 제 1, 2연에서는 무정하고 음울한 주목의 모습과 인생을 재촉하는 부근 교회에서 들려오는 시간을 알려주는 시계소리가 대조적으로 묘사되어 있다. 묘지나 무덤가에 심는 영국산 주목은 장수하는 사철나무로, 진녹색의 잎사귀는 철이 바뀌어도 변하지 않는다. 따라서 여기서 주목은 세월을 두고 변치 않는 시인의 비애를 상징하는 데 적절하다.

3) 평생을 두고 헤어나지 못할 듯한 깊은 슬픔에 빠진 것을 말함.

3. 오 슬픔이여 (1)[1]

오 「슬픔」이여, 잔인한 우정이여,
　　오 「죽음」의 감옥에 있는 「여류성직자」여,
　　오 달콤하고도 씁쓸한 숨결이여,
그대의 허튼 입술로 무어라 속삭이느냐?

슬픔은 속삭인다, "별들은 멋대로 달리고,
　　하늘엔 망이 드리워져 있으니,
　　폐허에서 한 울음소리 들려오고,
식어 가는 태양[2]에서 속삭임이 들려온다.

"그리고 환영에 불과한 「자연」은 떠고 있다—
　　음악적 음향이 깃든 음조에도 불구하고,
　　내 목소리의 텅 빈 메아리일 뿐인—
빈손을 가진 공허한 모습을."[3]

그러니 나는 그렇게 눈먼 슬픔을 받아들여,
　　슬픔을 내 타고난 행복으로 맞이할까,
　　아니면 핏속의 결함이라도 되듯이
이 내 마음의 문턱에 박살내버릴거나?

---

1) 모진 슬픔으로 실의에 잠겨 올바른 사고를 할 수 없는 시인에게는 모든 자연현상은 환영에 불과하며 공허함을 자아낼 뿐이다. 끝 연에서는 이성으로는 극복할 수 없는 슬픔을 체념적으로 받아들여야 할 것인가의 고뇌가 담겨 있다. Cf. 《59. 오 슬픔이여 (2)》.

2) 식어 가는 태양: 당시 태양이 점점 식어가고 있음을 밝힌 과학지

III. O SORROW (I)

O Sorrow, cruel fellowship,
O Priestess in the vaults of Death,
O sweet and bitter in a breath,
What whispers from thy lying lip?

'The stars,' she whispers, 'blindly run;
A web is wov'n across the sky;
From out waste places comes a cry,
And murmurs from the dying sun:

'And all the phantom, Nature, stands—
With all the music in her tone,
A hollow echo of my own,—
A hollow form with empty hands.'

And shall I take a thing so blind,
Embrace her as my natural good;
Or crush her, like a vice of blood,
Upon the threshold of the mind?

식의 반영으로서, 태양도 궁극적으로 소멸될 것이 아닌가 하는 두려움을 말한다. 실제로 테니슨은 새로운 과학지식에 관심이 높아 안마당에 망원경을 설치하고 별을 관찰하기도 했는데, 여기서는 신자들의 마음속에서 멀어져가는 신을 암시한다고도 볼 수 있다. 『로마서』, 8:22 참조.

3) 슬픔을 겪는 사람의 눈에는 자연의 온갖 것들이 공허하고, 아름다운 소리조차도 내 슬픔의 공허한 메아리로만 보인다는 뜻.

4. 아침[1]

잠에다가 내 온 기력을 내던지고,
내 의지는 어둠의 노예가 되었다.
나는 키 없는 배에 앉아서
내 가슴과 더불어 생각하며 말한다.

오 가슴이여, 너 요즈음 어떻게 지내느냐
너는 분명 네 소망에도 기력을 잃었을 텐데.
너는 가까스로 힘을 내어 묻는구나,
'나를 이렇게 무력케 하는 것이 도대체 무어냐?'고.[2]

그것은 무언가 네가 잃어버린 것,
젊은 시절의 어떤 즐거움이리라.
깨어져라, 너 차가운 눈물의 깊은 눈물병아,
저 슬픔도 얼어 붙어버렸으니![3]

알 수 없는 근심의 구름들이 밤새도록
캄캄한 두 눈 아래 깔리건만,
날이 밝자 의지가 깨어나 외친다,
'그대 바보처럼 죽음을 슬퍼만 해서는 안 된다'고.[4]

---

1) 슬픔은 수면 시간에도 기승을 부리지만, 아침과 더불어 슬픔에 지지 않으려는 의지가 생겨난다. Cf. 《68》, 《70》, 《71》.

2) 슬픔의 충격이 극심하여 시인의 정신은 멍하고 기력은 쇠잔하여, 슬픔을 유발한 원인조차 알기 힘든 상태에 처해 있다.

3) ll. 11-12: Cf. 《78. 고요한 성탄전야》, ll. 14-20.

IV. MORNING

To Sleep I give my powers away;
　　My will is bondsman to the dark;
　　I sit within a helmless bark,
And with my heart I muse and say:

O heart, how fares it with thee now,
　　That thou should'st fail from thy desire,
　　Who scarcely darest to inquire,
'What is it makes me beat so low?'

Something it is which thou hast lost,
　　Some pleasure from thine early years.
　　Break, thou deep vase of chilling tears,
That grief hath shaken into frost!

Such clouds of nameless troubles cross
　　All night below the darken'd eyes;
　　With morning wakes the will, and cries,
'Thou shalt not be the fool of loss.'

---

4) 테니슨의 시에서는 슬픔이나 죽음을 딛고 새로운 삶의 의지를 소생시키는 원동력으로서 신선한 공기를 몰고 오는 "아침"이 중요한 역할을 하는 예가 많다. Cf. 《43》, ll. 23-24; 《95》, ll. 54-57; 「두 목소리」, ll. 401-8.

5. 말의 옷[1)]

때때로 반은 죄라 여긴다,
　　내가 느끼는 슬픔을 말로 옮기는 것을.[2)]
　　말이란 「자연」처럼 속의 「넋」을
반쯤은 드러내고 반쯤은 감추기에.[3)]

그러나, 갈피 못 잡는 마음과 머리엔
　　시구에 쓸모가 있으니,
　　슬픈 글자를 맞춰 시구나 엮는 것이
몽롱한 마취제처럼 고통을 마비시킨다.

상복처럼 말로써 내 몸을 감싸리라,
　　추위 막는 아주 올 성긴 옷처럼.
　　그러나 이 말들이 감싼 그 큰 슬픔은
윤곽만 보일 뿐 그 이상은 못되리라.[4)]

1) 시인은 슬픔을 말하는 것을 허물이 되는 것으로 여기고는 있지만, 슬픔이 가져다주는 고통을 덜기 위하여 가슴 속의 슬픔을 시로써 표현하겠다고 한다. 그러나 어떤 시구로도 자신의 깊은 슬픔을 다 표현할 수는 없다고 생각한다. Cf. 《8》, 《16》, 《20~21》, 《23》, 《37~38》, 《125》.

2) Cf. 《서시》, l. 33; 《48》, ll. 11-12.

3) Parsons에 따르면, 괴테가 다음과 같이 말한 적이 있다: "자연현상에서 어려운 것은 우리에게 숨겨진 법칙을 발견하고, 우리의 관념에 어긋나는 현상에 현혹되지 않는 것이다(*Conversations of Goethe with Eckermann and Soret* 521)."

V. THE WORD CLOTHES

I sometimes hold it half a sin
  To put in words the grief I feel;
  For words, like Nature, half reveal
And half conceal the Soul within.

But, for the unquiet heart and brain,
  A use in measured language[5] lies;
  The sad mechanic exercise,
Like dull narcotics, numbing pain.

In words, like weeds,[6] I'll wrap me o'er,
  Like coarsest clothes against the cold:
  But that large grief which these enfold
Is given in outline and no more.

---

4) Cf. 셰익스피어, 『햄릿』, I. ii. ll. 85-86:

그러나 제 마음 속엔 보이지 않는 것이 있습니다.
이것들은 다만 슬픔의 걸치레요 의상에 불과합니다.

5) measured language: verse.

6) weeds: garments.

6. 다른 친구는 없네[1]

누군가 쓰기를, '다른 친구들이 남아 있다.
'죽음이란 인간에겐 예사로운 일'이라 합니다.
그러나 예사롭다는 건 상투어이고,
낟알을 잘 드러내는 것은 빈 왕겨입니다.

죽음이 예사롭다는 것이 내 자신의 사별을
덜 슬프게 하지 않고 오히려 더 슬프게 하니,
너무 예사롭습니다! 아침이 이울어
저녁이 될 리 없었습니다, 누군가 슬픔에 잠기지 않고서는.[2]

오, 아버지, 당신이 어디에 계시든지,
이제 당신의 훌륭한 아들 위해 축배드는 아버지,
일발의 포성이, 당신이 한 모금도 채 드시기 전에,
당신으로부터 고동치던 생명을 멎게 하였습니다.

---

1) 여동생 에밀리의 약혼자이며 자신의 친구인 핼럼의 갑작스런 요절의 충격은 그 어떤 위로의 말로도 달랠 수가 없다. 시인은 그가 죽는 순간까지도, 그의 죽음을 모르는 채, 자신이 쓴 시의 찬미자이며 비평가였던 그를 위해 글을 쓰고 있었다. 그리고 아무 것도 모르고 있는 에밀리는 몸단장하고 들뜬 마음으로 손님 맞을 채비를 서둔다. 시인에게는 그런 동생의 모습이 더욱 깊은 슬픔을 안겨주었고, 그로서는 도저히 친구가 죽었다고 여길 수가 없다. 만일 소식대로 핼럼이 죽었다면, 그에게는 더 이상 다른 친구가 없는 것이고, 동생에게는 반려자가 없게 되는 참으로 슬픈 일이 아닐 수 없다.

VI. NO SECOND FRIEND

One writes, that 'Other friends remain,'
　　That 'Loss is common to the race'—
　　And common is the commonplace,
And vacant chaff well meant for grain.

That loss is common would not make
　　My own less bitter, rather more:
　　Too common! Never morning wore
To evening, but some heart did break.

O father, wheresoe'er thou be,
　　Who pledgest now thy gallant son;
　　A shot, ere half thy draught be done,
Hath still'd the life that beat from thee.

---

2) Cf. Lucretius's *De Rerum Natura*, II. ll. 578-80:

낮이 지나 밤이 되고, 밤이 지나 새벽이 된 적이 없었네,
슬픈 통곡소리가 섞인 비탄의 소리가 들려오지
아니 하고서는.

Nec nox ulla diem neque noctem aurora secuta est,
Quæ non audierit mixtos vagitibus ægris
Ploratus.
(Night never succeeded day, nor dawn the night,
Without hearing lamentatious mingled with sorrowful
wailings.)

오, 어머니, 하느님이 당신의 사공을 지켜주시길 비는
어머니,—당신의 고개를 조아린 동안,
그의 무겁게 추를 달아맨 그물 수의가
그의 끝없고 정처 없는 무덤 속으로 떨어집니다.[3]

당신들도 그 마지막 순간에 그를 기쁘게 하려
편지를 썼던 나만큼이나 모릅니다,
내가 말 않고는 못 배길 모든 것, 내가 쓴 것,
생각했던 것을 깊이 명상해줄 그를 기쁘게 하려.

여전히 그가 집에 돌아오길 기대하면서,
그가 돌아오는 길에 만나기라도 했으면 하는
소망을 품고, '오늘,' 아니면,
'내일은 그가 오겠지.'라고 생각하면서.

오 어디선가, 금발을 손질하며
앉아 있는 온순하고 아무 것도 모르는 비둘기여,
제 모습 그렇게도 예쁜 것을 보고 기뻐하며,
연인을 기다리고 있는 가련한 철부지여!

이제 한 손님 올 것 예상하고
아버지네 굴뚝 빨갛게 달아오르니,
'이것이 그를 가장 흐뭇하게 하겠지,' 생각하고
동생은 댕기를 달거나 장미꽃을 답니다.[4]

---

3) ll. 15-16: 선원이 죽으면 보통 그 시체를 그물 수의를 입히고 대포알 등의 무거운 추를 매달아 수장한다. 후일 시인의 삼남 라이어널이 1886년 홍해에서 죽어 수장되었던 사실을 감안하면, 뱃사람의 수장을 묘사한 이 구절은 더욱 비애감을 더해준다.

4) 헬럼이 죽은 뒤 몇 달 병석에 있다가 모습을 드러낸 에밀리는 그

O mother, praying God will save
Thy sailor,—while thy head is bow'd,
His heavy-shotted hammock-shroud
Drops in his vast and wandering grave.

Ye know no more than I who wrought[5)]
At that last hour to please him well;
Who mused on all I had to tell,
And something written, something thought;

Expecting still his advent home;
And ever met him on his way
With wishes, thinking, 'here to-day,'
Or 'here to-morrow will he come.'

O somewhere, meek, unconscious dove,
That sittest ranging golden hair;
And glad to find thyself so fair,
Poor child, that waitest for thy love!

For now her father's chimney glows
In expectation of a guest;
And thinking 'this will please him best,'
She takes a riband or a rose;

림자처럼 핼쑥한 모습에 상복 차림을 하고 검은 머리에는 핼럼이 좋아하던 하얀 장미 한 송이를 꽂고 있었다. (『회고록』, I. 108-9)

5) 테니슨은 핼럼이 죽으리라는 것은 꿈에도 생각하지 못하고, 그가 숨을 거두는 그 시각에 그에게 보낼 편지를 쓰고 있었다고 한다.

그 사람이 오늘 밤 그들을 찾아올 것이니,
　　그 생각에 얼굴은 화끈 달아오르고,
　　거울을 떠나면서 내 동생은 다시 한 번
곱슬머리 가지런히 하려고 몸을 돌립니다.

그런데, 동생이 몸을 돌리는 바로 그 순간
　　저주가 떨어져, 장차의 낭군이
　　여울을 건너다 익사한 것 아니면,
말에서 떨어져 숨을 거둬버렸습니다.[7)]

오 동생에게 종말이 어찌 되겠습니까?
　　그리고 내겐 그 무슨 즐거움이 있겠습니까?
　　내 동생에게는 영원한 처녀요,
내에게는 다른 친구가 없음입니다.[8)]

---

7) 사실 헬럼이 죽은 것은 이와는 다르다. 그는 그의 부친과 함께 전지요양차 유럽여행 중, 1833년 9월 15일 부다페스트에서 비엔나로 가던 도중 맞은 비 탓으로 건강이 악화되어 자다가 일종의 뇌출혈로 세상을 떠났다. 그리고 테니슨이 이 비보를 전해들은 것은 그해 10월이었다.

8) 사실 오랜 세월이 흐른 뒤이기는 하지만, 에밀리는 1842년에 영국 해군대령 리차드 제씨와 결혼하게 되고, 시인에게는 에드먼드 러싱턴

For he will see them on to-night;
　　And with the thought her colour burns;
　　And, having left the glass, she turns
Once more to set a ringlet right;

And, even when she turn'd, the curse
　　Had fallen, and her future Lord
　　Was drown'd in passing thro' the ford,
Or kill'd in falling from his horse.

O what to her shall be the end?
　　And what to me remains of good?
　　To her, perpetual maidenhood,
And unto me no second friend.

(시인의 막내 여동생 세실리아의 남편, 《발시》 참조)이라는 친구가 생기게 된다. Cf. 《84》, ll. 5-20; 《85》, ll. 56-62, ll. 77-92, ll. 109-16; 바이런, 「친구의 묘비명("Epitaph on a Friend")」, ll. 23-24:

> 그러나 누가 나와 함께 그대의 자리를 채워주리요.
> 그대의 모습을 새로운 우정이 지울 수가 있으리요.

7. 슬픈 집

슬픈 집, 나 다시 한 번 그 옆에 선다
　　길고도 정떨어진 길가 이곳에.[1)]
　　내 가슴 그렇게도 두근거리던 곳 문간에
다시 한 번 서본다, 한 손길을 기다리며,

다시는 잡아볼 수 없는 한 손길을 기다리며—
　　나를 보라, 나는 잠을 이루지 못하고,
　　죄지은 사람처럼 꼭두새벽에
그 문간을 향하여 남몰래 걷고 있다.

그는 여기에 없는데,[2)] 저 멀리
　　생의 소음은 다시 시작되고,
　　이슬비 속으로 핼쑥하게
황량한 거리에 공허한 날이 샌다.[3)]

---

1) "슬픈 집"이란 런던의 윔폴가 67번지에 있는 핼럼이 살던 집. 그는 케임브리지를 떠난 후 그의 아버지와 함께 이곳에서 살았었다. 실제의 거리는 매우 짧은데도, 여기서 "길다"고 표현한 것은 시인의 슬픈 감정이 그만큼 깊음을 암시한다. 《119》에서는 많이 달라진 기분으로 시인이 이 집을 다시 찾는 감회를 쓰고 있다.

2) 그는 여기에 없는데(He is not here): 그리스도가 부활하여 승천한 다음 제자들이 비어 있는 그의 무덤을 보고 한 말을 상기시키는 구절이다.

VII. THE DARK HOUSE

Dark house, by which once more I stand
　　Here in the long unlovely street,
　　Doors, where my heart was used to beat
So quickly, waiting for a hand,

A hand that can be clasp'd no more—
　　Behold me, for I cannot sleep,
　　And like a guilty thing I creep
At earliest morning to the door.

He is not here; but far away[4)]
　　The noise of life begins again,
　　And ghastly thro' the drizzling rain
On the bald street breaks the blank day.

---

3) 런던의 번화가에서는 새로운 하루를 시작하는 분주한 사람들의 시끄러운 소리가 들려오지만, 친구가 없는 집을 찾아온 시인의 마음은 한 없이 슬프고 공허하기만 하다.

4) 저 멀리(far away): 런던의 번잡한 시내.

8. 보잘것없는 시화[1)]

자기를 매우 사랑하는 그녀를 만나려고
찾아온 행복스런 연인,
마차에서 내려서 초인종을 누르는데,
그녀가 집을 떠나 멀리 간 것을 알게 된다.

그는 슬퍼하고 모든 마등(魔燈)들은
방과 대청에서 일시에 꺼진다.
그래서 집안은 온통 어둡고,
모든 방들에는 즐거움도 없다.

내가 보기엔 모든 즐거운 장소가 그렇구나
우리 둘이서 늘 만나던 곳,
들이며 방이며 거리가,
그대가 없는 곳엔 모두가 어둡기만 하니.

그런데도 저 친구 저기 저 황량한 거리를
헤매면서 찾을지도 모른다,
비바람에 시달리는 한 송이 꽃
전에 그녀가 알뜰하게도 가꾸던 그 꽃을.[2)]

---

1) 대중 독자들은 테니슨의 초기시를 대수롭지 않게 여겼지만, 헬럼은 그의 시적 자질을 높이 평가했다. 1831년 8월 호 『영국인의 잡지(*The Englishman's Magazine*)』에 게재된 시집(*Poems, Chiefly Lyrical*)에 대한 헬럼의 열렬한 호평은 테니슨을 무척 흡족하게 한 바 있다. 그래서, 죽은 애인이 가꾸던 꽃을 연인이 소중히 여기듯, 시인은 헬럼이 아

VIII. A POOR FLOWER OF POESY

A happy lover who has come
To look on her that loves him well,
Who 'lights and rings the gateway bell,
And learns her gone and far from home;

He saddens, all the magic light
Dies off at once from bower and hall,
And all the place is dark, and all
The chambers emptied of delight:

So find I every pleasant spot
In which we two were wont to meet,
The field, the chamber and the street,
For all is dark where thou art not.

Yet as that other, wandering there
In those deserted walks, may find
A flower beat with rain and wind,
Which once she foster'd up with care;

껴주던 그의 시화(詩花)를 그를 위해 소중히 하겠다는 생각으로 이 시를 써서 그의 영전에 바친다(ll. 13-24).

2) ll. 1-16: 시인은 핼럼을 잃은 비통하고 허망한 심정을 애인이 떠나고 없는 집에 찾아온 연인의 심정에 비유한다. 비탄에 잠긴 눈에는 집안이 온통 침통하게 어둡기만 하고, 친구와 함께 어울려 보냈던 시절에는 그토록 즐겁기만 하던 곳들도 슬픔의 그림자가 드리워져 있다.

내 깊은 슬픔 속에 그렇게 여겨진다,
오 고독한 내 마음이여, 그대 있으면
거의 탐탁하게 여기지도 않을 보잘것없는
이 시화이건만 아직도 시들지 않으리라고.

그러나, 그것이 망인의 눈을 즐겁게 했으니
그걸 그의 무덤에 심으러 가련다,
꽃필 수 있으면 그곳에서 피고,
시들려면 적어도 그곳에서 시들도록.[3]

3) 핼럼의 영전에 바치는 이 시를 시인 자신도 흡족하게 여기지 못하고 있다. 그러나 시인은 생전에 핼럼이 자신의 시를 칭찬했던 것을 회상하는 데서 다소간의 위로를 받는다.

So seems it in my deep regret,
　　O my forsaken heart, with thee
　　And this poor flower of poesy
Which little cared for fades not yet.

But since it[4] pleased a vanish'd eye,
　　I go to plant it on his tomb,
　　That if it can it there may bloom,
Or dying, there at least may die.

4) it: my poetic power.

9. 고운 배여[1]

고운 배여, 이탈리아의 해변으로부터[2]
세상 떠난 나의 아아써의 애틋한 유해 싣고
잔잔한 넓은 바다를 항해하는 고운 배여,
너의 날개를 한껏 펼쳐 그를 가벼이 뜨게 하라.

그렇게 그를 고향으로 모시거라, 하염없이 슬퍼하는
그 분들에게로. 재빠른 속력이여,
물에 비친 너의 돛대 흔들면서 인도하라
순조로운 물결 따라 그의 성스런 납골 단지를.

밤새도록 미끄러져 나가는 너의 용골을 거친 바람이
흔들어 놓지 마라, 우리들의 순수한 우정같이
해맑은 샛별이 여명을 헤치고
이슬이 내려앉은 갑판에 빛날 때까지.

주변과 위에 너의 모든 등불을 횃불같이 밝혀라.
잠들어라, 고요한 하늘이여, 뱃머리 앞에.
잠들어라, 잔잔한 바람아, 이제 그가 잠자듯이,
내 친구, 내 사랑하는 형제가.

나의 아아써, 친구 잃은 이 내 생애 다할 때까지
다시는 못 볼 그 사람.
다정하기론 자식에 대한 어머니요,
나에겐 친형제보다도 더하다.

---

1) 《9~17》은 트리에스테에서 핼럼의 유해를 싣고 온 배에 대해 읊은 시들이며, 《9~20》은 핼럼의 죽음에서 매장까지의 공통된 주제를 다룬다.

IX. FAIR SHIP

Fair ship, that from the Italian shore
Sailest the placid ocean-plains
With my lost Arthur's loved remains,
Spread thy full wings, and waft him o'er.

So draw him home to those that mourn
In vain; a favourable speed
Ruffle thy mirror'd mast, and lead
Thro' prosperous floods his holy urn.

All night no ruder air perplex
Thy sliding keel, till Phosphor, bright
As our pure love, thro' early light
Shall glimmer on the dewy decks.

Sphere all your lights around, above;
Sleep, gentle heavens, before the prow;
Sleep, gentle winds, as he sleeps now,
My friend, the brother of my love;

My Arthur, whom I shall not see
Till all my widow'd race be run;
Dear as the mother to the son,
More than my brothers are to me.

---

2) 헬럼의 유해를 실은 배는 오스트리아의 트리에스테에서 출항했었으므로, 이탈리아 해변이라는 말은 시적 효과를 노린 표현인 듯하다.

10. 한가한 꿈[1]

들린다, 너의 용골 주변의 시끄러운 소리,
들린다, 밤에 울리는 저 종소리,
보인다, 환한 저 선실의 유리창이,
보인다, 타륜을 잡고 있는 저 선원이.

너는 선원을 그 아내에게 데려다 주고,
이역으로부터 나그네들을 실어온다.
너는 들뜬 손에 편지를 가져다주며,
너의 슬픈 짐, 이승 떠난 목숨을 실어온다.

그렇게 그를 모셔라. 우리에겐 한가한 꿈이 있다.
이 고요한 모습이[2] 어려서부터 지녀온 꿈을[3]
이렇게 부추기니, 오 관습에 얽매인 바보인
우리에겐, 한층 더 마음에 드는구나,

햇볕을 쪼이고 비를 맞는
토끼풀 뗏장 밑에서나,
주민들이 무릎 꿇고 하느님의 포도주 잔을[4]
마시는 곳에서 잠드는 것이,

---

1) 시인은 핼럼의 유해를 실은 배가 무사히 항해하여, 그가 고향의 교회묘지에 묻히거나 교회의 납골당에 안장되었으면 좋겠다는 간절한 소망을 피력한다.

X. IDLE DREAMS

I hear the noise about thy keel;
    I hear the bell struck in the night:
    I see the cabin-window bright;
I see the sailor at the wheel.

Thou bring'st the sailor to his wife,
    And travell'd men from foreign lands;
    And letters unto trembling hands;
And, thy dark freight, a vanish'd life.

So bring him: we have idle dreams:
    This look of quiet flatters thus
    Our home-bred fancies: O to us,
The fools of habit, sweeter seems

To rest beneath the clover sod,
    That takes the sunshine and the rains,
    Or where the kneeling hamlet drains
The chalice of the grapes of God;

---

2) 이 고요한 모습(This look of quiet): 교회 무덤에 고요히 잠든 모습.

3) 어려서부터 지녀온 꿈(home-bred fancies): 죽어서 교회의 묘지에 묻히거나 교회의 납골당에 안치되었으면 하는 영국인들의 오랜 소망.

4) 하느님의 포도주 잔(The chalice of the grapes of God): 성찬의식에서 신자들이 받아 마시는 포도주.

가령 노호하는 파도가 너와 함께
　　그를 깊고 깊은 바닷물 속에 삼켜버려,
　　그리도 자주 나와 마주 잡던 그의 손들이
해초와 조개 껍질과 함께 흔들리는 것보다는.[5]

5) ll. 9-20: 죽은 뒤에 고향의 성스러운 교회묘지나 교회의 지하 납골당에서 영면하기를 바라는 영국인들의 오랜 관습을 뜻한다. 여기서 "한가한"이란 그렇게도 장래가 촉망되는 친구가 죽어 신을 원망하면서도, 그 시신을 교회의 묘지에 안장하기를 바라는 역설적인 태도를 두고 하는 말일 것이다.

Than if with thee the roaring wells
　　Should gulf him fathom-deep in brine;
　　And hands so often clasp'd in mine,
Should toss with tangle and with shells.

울창한 주목나무 아래의 교회묘지

11. 고요하고 그윽한 평온[1]

소리하나 없는 조용한 아침,
한층 더 고요한 슬픔에 어울리는 고요.
오직 시든 잎사귀 사이로
뜰에 뚝뚝 떨어지는 밤톨 소리 뿐.

고요하고 그윽한 평온, 이 고원에도,
바늘 금작화 흠뻑 적시는 이 이슬 위에도,
초록빛 금빛으로 반짝이는
모든 은빛의 잔 거미줄 위에도.

모든 가을철 휴식처와
가득 찬 농장들과 작아져가는 탑들을 쓸어가
내다보이는 대양과 맞닿게 하는
저기 넓은 평야에 깃들인 고요하고 평화로운 빛.

고요하고 그윽한 평온, 이 너른 하늘에도,
가을을 맞아 단풍드는 이 나뭇잎들에도.
그런데 내 가슴속엔, 만일 평온이 조금이라도,
눈곱만큼이라도 있다면, 그건 한 가닥 고요한 낙망.

---

1) 1833년 어느 고요한 가을에 바다가 한 눈에 내다보이는 시인의 고향 링컨셔의 언덕에 올라가, 핼럼의 유해를 싣고 오는 배를 상상으로 바라보면서 지은 시이다. 이 시에는 고요하고 평온하기만 한 가을의 아름다운

XI. CALM AND DEEP PEACE

Calm is the morn without a sound,
　　Calm as to suit a calmer grief,
　　And only thro' the faded leaf
The chestnut pattering to the ground:

Calm and deep peace on this high wold,
　　And on these dews that drench the furze,
　　And all the silvery gossamers
That twinkle into green and gold:

Calm and still light on yon great plain
　　That sweeps with all its autumn bowers,
　　And crowded farms and lessening towers,
To mingle with the bounding main:

Calm and deep peace in this wide air,
　　These leaves that redden to the fall;
　　And in my heart, if calm at all,
If any calm, a calm despair:

정경과 친구를 잃어 가슴 깊이 젖어든 슬픔으로 말 못할 "낙망적 고요(a calm despair)"에 잠긴 시인의 심정이 객관적 상관물의 수법으로 잘 묘사되어 있다.

바다 위의 정적, 그리고 은빛 잠과
　　가만히 일렁이는 파도의 정적.
　　그리고 다만 출렁이는 심해와 함께 한숨짓는
저 고귀한 가슴속의 깊은 정적.

평화로운 영국의 가을 농촌풍경

Calm on the seas, and silver sleep,
　　And waves that sway themselves in rest,
　　And dead calm in that noble breast
Which heaves but with the heaving deep.

고요하기 그지없는 바다의 정적 (역자 촬영, 2001)

12. 절벽을 떠나서[1]

보라, 하느님께 슬픈 이야기 전하려고
저 거친 날개의 박동 아래
어떤 슬픈 사연을 묶고서
날아오를 때의 전서(傳書) 비둘기처럼,

그 비둘기처럼 나도 간다. 머물러 있을 수 없다.
이 멸할 육체를 뒤로하고,
분별없는 무거운 마음을 남겨두고,
절벽을 떠나서 서둘러 간다.

광대하게 둘러 굽은 거울 같은 대양을 넘어,
남녘 하늘의 백열광에 이르러,
저 멀리 돛이 오르는 것을 본다.
그리고 수평선 위에 울면서 머물며,

뇌까린다, '이렇게 그가 오나, 내 친구가?
이것이 내 모든 근심의 끝이런가?'
그러나 공중엔 울려 퍼지는 슬픈 소리,
'이것이 끝이라고? 이것이 끝이라고?'

다시 앞 쪽으로 치달아 뱃전에서
노닐다가 내 몸뚱이가
앉아 있는 곳에 되돌아오니,
내가 한 시간 동안 헤매었던 것이구나.[2]

---

1) 링컨셔 언덕 위에서의 시인의 상상은 계속된다. 시인의 혼은 멀리 내달아 수평선에 핼럼을 실은 돛단배가 나타나는 환상에 젖는다. 그리고 이렇게 핼럼이 살아서 돌아오기라도 한다면, 그의 근심은 끝나리라고 상상한다.

2) ll. 17-20: 시인은 핼럼의 유해를 싣고 오는 배를 맞이하러 그의

XII. LEAVING THE CLIFFS

Lo, as a dove when up she springs
　　To bear thro' Heaven a tale of woe,
　　Some dolorous message knit below
The wild pulsation of her wings;

Like her I go; I cannot stay;
　　I leave this mortal ark behind,
　　A weight of nerves without a mind,
And leave the cliffs, and haste away

O'er ocean-mirrors rounded large,
　　And reach the glow of southern skies,
　　And see the sails at distance rise,
And linger weeping on the marge,

And saying; 'Comes he thus, my friend?
　　Is this the end of all my care?'
　　And circle moaning in the air:
'Is this the end? Is this the end?'

And forward dart again, and play
　　About the prow, and back return
　　To where the body sits, and learn
That I have been an hour away.

혼이 자신의 육체를 떠나 한 시간 동안 헤맨 것으로 상상한다.

13. 눈물[1)]

홀아비의 눈물, 잠들면 보이는
근래에 사별한 임의 모습 보고서,
믿어지지 않는 양팔을 움직여
임의 자리 빈 것을 알 때, 이처럼 쏟아진다,

자꾸만 새록새록 생각나는 가신 임과,
마음과 마음이 안식을 취했던 곳의 공허와,
따뜻한 손길들이 조이며 잡았던 곳에
나 또한 숨질 때까지 깃들 침묵을 슬퍼하는 눈물이.

내가 사귄 친구를 애도하는 눈물,
몸서리쳐지는 생각, 세상 떠난 한 생명,
내가 사랑했던 인간다운 마음씨 지닌 사람,
살아 있는 음성이 아니라 혼을 애도하는 눈물이.

「세월」아 오라, 나에게 가르쳐다오, 세세여.
나는 꿈속에서는 괴롭지가 않다.[2)]
지금은 이것이 너무도 이상스럽게 여겨져,
내 눈이 눈물을 흘릴 여유가 있고,

내 환상이 날개를 펴고 올라가
다가오는 범선들을 둘러볼 여유가 있다는 것이,
마치 저 배들이 실어오는 것이 유해가 아니라
상인들의 짐짝이라도 되듯이.

---

1) Cf. 「눈물, 하염없는 눈물("Tears, Idle Tears")」.

XIII. TEARS

Tears of the widower, when he sees
        A late-lost form that sleep reveals,
        And moves his doubtful arms, and feels
Her place is empty, fall like these;

Which weep a lost for ever new,
        A void where heart on heart reposed;
        And, where warm hands have prest and closed,
Silence, till I be silent too.

Which weep the comrade of my choice,
        An awful thought, a life removed,
        The human-hearted man I loved,
A Spirit, not a breathing voice.

Come Time, and teach me, many years,
        I do not suffer in a dream;
        For now so strange do these things seem,
Mine eyes have leisure for their tears;

My fancies time to rise on wing,
        And glance about the approaching sails,
        As tho' they brought but merchants' bales,
And not the burthen that they bring.

---

2) 꿈에서는 분명히 핼럼이 살아 돌아오니까.

14. 그 사람이 온다면[1]

만일 누군가가 네가 오늘 뭍에 닿았다는
이 소식을 전해주기라도 한다면,
그래서 내가 부두에 내려가
네가 항구에 정박하고 있는 것을 본다면,

그리하여 온통 슬픔에 싸여 서서,
너의 승객들이 줄을 지어서
발걸음도 가볍게 널을 내려오며,
아는 사람들에게 신호하는 것을 본다면,

그리고 반은 성인으로 여겼던 그 사람이[2]
이들과 함께 돌아와서,
재빨리 내 손을 부여잡고서
고향 얘기 온갖 것 묻는다면,

그래서 내가 그에게 내 모든 고통과
내 생활 요즈음 얼마나 쇠했는지 들려주어,
그가 내 처지를 슬퍼하고,
내 머리 사로잡은 것이 무얼까 이상히 여긴다면,

그래서 내가 아무런 변화의 기미를 못 느끼고,
그의 모습에서 아무 죽음의 기색도 느끼지 못하고
예나 제나 그가 항상 변함없는 것을 안다면,
나는 그것을 이상하게 여기지 않으리라.

---

1) 테니슨은 핼럼이 살아와 자신이 겪고 있는 슬픔과 고통을 위로해 주기라도 한다면, 그것을 평상시처럼 받아들일 것이라고 말한다.

XIV. SHOULD COME THE MAN

If one should bring me this report,
　　That thou hadst touch'd the land to-day,
　　And I went down unto the quay,
And found thee lying in the port;

And standing, muffled round with woe,
　　Should see thy passengers in rank
　　Come stepping lightly down the plank,
And beckoning unto those they know;

And if along with these should come
　　The man I held as half-divine;
　　Should strike a sudden hand in mine,
And ask a thousand things of home;

And I should tell him all my pain,
　　And how my life had droop'd of late,
　　And he should sorrow o'er my state
And marvel what possess'd my brain;

And I perceived no touch of change,
　　No hint of death in all his frame,
　　But found him all in all the same,
I should not feel it to be strange.

---

2) 테니슨은 헬럼을 세속에 물들지 않은 거의 완벽한 인간으로서 '한층 높은 종족의 전령' 내지 신성한 존대로 여겼음이 이 시의 도처에 나타난다.

15. 바람 부는 밤[1)]

오늘 밤 바람이 일기 시작하여
　　저기 지는 해로부터 포효한다.
　　마지막 단풍잎 하나 휘날려가고,
떼까마귀들 바람맞아 하늘을 누빈다.

갈라진 숲, 휘말린 파도,
　　풀밭에 뒤범벅된 소떼,
　　탑과 나무에 마구 부딪쳐
온 누리에 햇살이 길게 뻗는다.

너의 모든 움직임이
　　반짝이는 유리처럼 평평한 수면을
　　유유히 지나고 있다는 환상이 아니라면,
나는 거의 견디지 못 하리, 저 긴장감과

앙상한 가지들을 소란케 하는 동요를.
　　그러나 안 그러리라는 두려움만 아니라면,[2)]
　　슬픔에 깃든 종잡을 수 없는 불안한 마음은
저 편 구름을 미친 듯 뚫어지게 바라보련만,

높이 드높이 솟아올라
　　괴로워하는 가슴 이끌고 앞으로 나아가,
　　불로 술을 단 아련히 보이는 요새
음산한 서쪽 하늘 주변에서 무너지는 구름을.

---

1) 고요하던 날씨가 돌변해 폭풍이 일어 일순간 심한 불안감을 일으킨다. 이 시는 "고요한 낙망"을 노래한 《11》과는 아주 대조적이다.

XV. THE WINDY NIGHT

To-night the winds begin to rise
And roar from yonder dropping day:
The last red leaf is whirl'd away,
The rooks are blown about the skies;

The forest crack'd, the waters curl'd,
The cattle huddled on the lea;
And wildly dash'd on tower and tree
The sunbeam strikes along the world:

And but for fancies, which aver
That all thy motions gently pass
Athwart a plane of molten glass,
I scarce could brook the strain and stir

That makes the barren branches loud;
And but for fear it is not so,
The wild unrest that lives in woe
Would dote and pore on yonder cloud

That rises upward always higher,
And onward drags a labouring breast,
And topples round the dreary west,
A looming bastion fringed with fire.

---

2) 시인은 폭풍이 헬럼의 유해를 싣고 있는 배를 난파시킬 염려만 없다면, 그의 말 못할 슬픔에는 차라리 사나운 날씨가 나을 것이라고 여긴다.

16. 변덕쟁이 슬픔[1)]

내게서 떨어진 이건 무슨 말인가?
평온한 절망과 거친 불안이
외로운 가슴에 함께 깃들 수 있을까?
아니면 슬픔이 이토록 변덕쟁이일 수 있을까?

아니면 슬픔은, 평온이나 폭풍 속에서도
오직 변화의 기미를 띠고만 있는 것인가?
어느 하늘의 어둠 속에 끼어 있는
종달새의 그림자를 품고 있는

어떤 죽은 호수가 그러하듯이
가슴 깊이 담긴 변하기 쉬운 형상을 모르는가?[2)]
그렇지 않으면 너무도 되게 받은 충격이
나를 어지럽혔단 말인가, 밤중에

울퉁불퉁한 암초에 부딪쳐 침몰하기 전에
마구 비틀거리는 불행한 배처럼?
그리고 나의 사고력을 상실케 하여
내 자신에 관한 내 모든 지식을 잃게 하고,

나를 그의 환상이 옛것과 새것을 뭉뚱그려 놓고
거짓과 참 속으로 치달아
계획도 없이 모든 것을 섞어버리는
그런 정신착란자가 되게 한 것인가?

---

1) 시인은 종잡을 수 없는 심경의 변덕에 스스로 놀라, 단지 표면상의 변화인지 모진 슬픔으로 이성이 마비된 것인지 자문해본다.

XVI. A CHANGELING SORROW

What words are these have fall'n from me?
Can calm despair and wild unrest
Be tenants of a single breast,
Or sorrow such a changeling be?

Or doth she only seem to take
The touch of change in calm or storm;
But knows no more of transient form
In her deep self, than some dead lake

That holds the shadow of a lark
Hung in the shadow of a heaven?
Or has the shock, so harshly given,
Confused me like the unhappy bark

That strikes by night a craggy shelf,
And staggers blindly ere she sink?
And stunn'd me from my power to think
And all my knowledge of myself;

And made me that delirious man
Whose fancy fuses old and new,
And flashes into false and true,
And mingles all without a plan?

---

2) 아무리 맑고 잔잔한 호수라도 구름 속의 종달새를 보여주지 못하듯이, 슬픔으로 정신이 멍한 사람은 주위상황도 자신의 기분을 모른다고 여긴다.

17. 축복[1)]

오누나, 그토록 슬퍼한 네가. 저런 미풍이
너의 돛을 끌고, 나의 기도는
바람결의 속삭임과 같이
쓸쓸한 바다 물결 위로 너를 빨아들였구나.

나는 네가 하늘이 맞닿은 둥근 수평선을 지나
움직이는 것을 마음 속으로 보았으니,
(주일은 바뀌고 날짜가 지나간다)
빨리 오라, 내가 아끼는 모든 것 가져오는 너.

이제부터는 네가 어디를 가든
나의 축복은, 한 가닥 빛줄기와도 같이,
낮이나 밤이나 물결 위에 있어,
등대인양 너를 고향으로 인도하리라.

그래서 어떤 폭풍우가 바다 한 복판을
일그러뜨린다 해도, 너 성스런 배를 구하고,
여름철의 어둠 속에서 향기로운 물방울들이
별들의 품에서부터 미끄러져 내리리라.

그렇게도 훌륭한 일은 이루어졌건만,
네가 실어온 그렇게도 귀중한 유해,
그의 유골을 나는 보지 않으리라
친구 잃은 내 외짝 평생 다할 때까지는.[2)]

---

1) 슬픔 중에도 시인은 핼럼의 귀중한 유해를 무사히 싣고 온 배의 장차의 항해에 강복을 기원한다. 배에 관한 시는 여기서 끝난다.

XVII. BLESSING

Thou comest, much wept for: such a breeze
　　Compell'd thy canvas, and my prayer
　　Was as the whisper of an air
To breathe thee over lonely seas.

For I in spirit saw thee move
　　Thro' circles of the bounding sky,
　　Week after week: the days go by:
Come quick, thou bringest all I love.

Henceforth, wherever thou may'st roam,
　　My blessing, like a line of light,
　　Is on the waters day and night,
And like a beacon guards thee home.

So may whatever tempest mars
　　Mid-ocean, spare thee, sacred bark;
　　And balmy drops in summer dark
Slide from the bosom of the stars.

So kind an office hath been done,
　　Such precious relics brought by thee;
　　The dust of him I shall not see
Till all my widow'd race be run.

---

2) 테니슨은 여러 해가 지난 1850년 신혼여행 중에 핼럼의 무덤을 찾았다.

18. 잘된 일[1)]

잘된 일이다, 훌륭한 일이다. 영국 땅
그가 묻힌 곳에 우리가 설 수 있고,
그의 고향 땅의 한 떨기 오랑캐꽃이
그의 유해에서 빚어질 수도 있으리니.

하찮은 일이되 진정 보이는구나,
마치 유택에 귀익은 이름들 중에
그가 어린 시절을 보낸 곳에,
말없는 유골이 은총이라도 입은 듯이.

그러니 오라, 순결한 일손들이여. 시신을 모셔라,
자는 것 아니면 잠의 가면을 쓴 시신을.
오라, 울기 좋아하는 것은 무엇이나,
그리고 들어라 사자의 제식(祭式)을.

아 아직도, 지금까지도, 이것이 있을 수 있다면,
나는, 충실한 그의 가슴에 쓰러져,
그의 입술을 통해 나누어 불어주련만
내 몸에서 거의 죽어 가는 생명을,

죽지 않고 고통을 참아내어
서서히 한층 더 굳은 마음을 형성하고,
그것이 알아낼 수 있는 모습과
두 번 다시 들리지 않을 말들을 간직할 생명을.

XVIII. 'TIS WELL

'Tis well; 'tis something; we may stand
Where he in English earth is laid,
And from his ashes may be made
The violet of his native land.

'Tis little; but it looks in truth
As if the quiet bones were blest
Among familiar names to rest
And in the places of his youth.

Come then, pure hands, and bear the head
That sleeps or wears the mask of sleep,
And come, whatever loves to weep,
And hear the ritual of the dead.

Ah yet, ev'n yet, if this might be,
I, falling on his faithful heart,
Would breathing thro' his lips impart
The life that almost dies in me;

That dies not, but endures with pain,
And slowly forms the firmer mind,
Treasuring the look it cannot find,
The words that are not heard again.

---

1) 핼럼은 1834년 1월 3일 그가 어린 시절을 보냈던 외가 마을 클리브던에 있는 성 앤드루 교회에 묻혔다.

19. 즐거운 강가[1]

다뉴브강은 이젠 고동을 멈춘
　　저 침통한 사람을 쎄어번강에 주었고,[2]
　　사람들은 그를 뉘였다, 즐거운 강가
물결소리 들리는 곳에.

하루에 두 번 쎄어번강은 만조를 이루니,
　　짠 바닷물이 흘러 들어와
　　조잘대는 와이강을 반쯤 조용하게 하고
강언덕 사이에 적막을 자아낸다.

와이강은 고요해져 흐르지 않고
　　내 깊으나 깊은 슬픔도 잦아들어,
　　듣지 않는 눈물이 글썽일 때면
나는 슬픔으로써 채운다 눈물에 잠긴 노래를.

조수가 밀려나가고 물결이 다시
　　나무가 들어선 언덕 사이에서 조잘대면,
　　나의 한층 더 깊은 시름도 잦아들어
그제서야 난 말문을 좀 열 수 있다네.[3]

---

1) 이 시는 핼럼의 영면 장소인 클리브던 근처를 흐르는 와이강변에 위치한 틴턴 사원(Tintern Abbey)에서 쓴 시이다. 그의 「눈물, 하염없는 눈물」도 바로 이곳에서 지은 시이다.

2) 핼럼이 죽은 비엔나는 다뉴브강변에 있고, 그가 묻힌 클리브던은 쎄버언강변에 있는 고장이다.

3) ll. 5-16: 와이강은 클리브던 바로 위에서 쎄어번강과 합류되는데, 쎄어번강이 만조를 이루면 와이강도 이 영향을 받아 강물이 잠잠해진다.

XIX. BY THE PLEASANT SHORE

The Danube to the Severn gave
　　The darken'd heart that beat no more;
　　They laid him by the pleasant shore,
And in the hearing of the wave.

There twice a day the Severn fills;
　　The salt sea-water passes by,
　　And hushes half the babbling Wye,
And makes a silence in the hills.

The Wye is hush'd nor moved along,
　　And hush'd my deepest grief of all,
　　When fill'd with tears that cannot fall,
I brim with sorrow drowning song.

The tide flows down, the wave again
　　Is vocal in its wooded walls;
　　My deeper anguish also falls,
And I can speak a little then.

마치 강물이 밀물로 가득 차면 흐름이 멈추고 조용해지듯이 시인은 깊은 슬픔으로 말없이 눈물에 잠기고, 썰물이 되면 강물이 조잘대며 흐르듯이 시인도 감정이 누그러져야 말문을 열어 슬픔을 말할 수 있다고 한다. 테니슨은 「부서져라, 부서져라, 부서져("Break, Break, Break")」에서 말 못할 그의 슬픔을 바위에 부서지는 파도처럼 속 시원히 털어놓을 수 있었으면 하는 심정을 토로한 적이 있다.

20. 가슴 속의 슬픔[1)]

수없이 애정에 찬 맹세를 늘어놓는
　　한층 덜한 슬픔이라 할 슬픔이란
　　다만 막 세상 떠난 주인이 누워 있는
한 집안의 하인들과 같을 뿐이다.

그들은 그들의 감정을 있는 그대로 말하며,
　　한껏 슬픈 마음 눈물지며 토로하되,
　　그들은 말한다, '어려울 거야
이와 같은 다른 일자리를 찾는 것은.'

나의 한결 가벼운 기분은 이들과 같아서
　　말에서 한 가닥 위안을 얻건만,
　　가슴 속엔 또 다른 슬픔이 있고
샘에서 얼어붙는 눈물도 있다.

저 「죽음」의 분위기에 떨려
　　아이들은 난롯가에 앉아,
　　숨소리조차도 내지 못하거나
소리 없는 유령들처럼 방을 오간다.

하지만 오가는 대화는 없어도,
　　저리 많이 생생한 영혼들이 내려앉아
　　빈 의자를 보고서 생각한다,
'참 착했는데! 참 친절했는데! 돌아가셨구나.'

XX. THE GRIEFS WITHIN

The lesser griefs that may be said,
That breathe a thousand tender vows,
Are but as servants in a house
Where lies the master newly dead;

Who speak their feeling as it is,
And weep the fulness from the mind:
'It will be hard,' they say, 'to find
Another service such as this.'

My lighter moods are like to these,
That out of words a comfort win;
But there are other griefs within,
And tears that at their fountain freeze;

For by the hearth the children sit
Cold in that atmosphere of Death,
And scarce endure to draw the breath,
Or like to noiseless phantoms flit:

But open converse is there none,
So much the vital spirits sink
To see the vacant chair, and think,
'How good! how kind! and he is gone.'

---

1) 섬기던 주인이 죽었을 때 감정을 숨기지 않고 말로 슬픔을 떠벌리는 하인과 같은 슬픔도 있지만, 시인의 가슴속에는 흘릴 눈물마저 얼어붙은 깊은 슬픔이 또 있음을 빗대어 표현한 시이다.

21. 풀피리[1)]

나는 노래를 부른다 지하에 쉬고 있는 그에게,
그리고 내 주변에 풀잎이 하늘거리기에
무덤의 풀잎을 따서
그것으로 풀피리를 만들어 분다.

나그네가 때때로 내 소리 듣고서
때때로 귀에 거슬리게 말한다,
'이 친구 약한 마음 약하게 하고
연약한 인간의 마음 녹이려 드네그려.'

다른 나그네가 대꾸한다, '내버려두게,
저 사람 피리를 불어
항구적인 칭송을 얻으려고
괴로움 떠벌리기를 좋아하는 거라네.'

또 다른 한 나그네 격노한다, '지금이 사적인
슬픔의 쓸데없는 노래를 할 때인가,
갈수록 더 많은 사람들이
민권의 권좌에 왕좌에 모여드는 판에?[2)]

---

1) 이 시에서 테니슨은 핼럼이 클리브던 교회 안에 안장되어 있지만, 교회 뜰의 묘지에 묻힌 것으로 상정하고 있다. 이것은 밀턴의 『리써더스(*Lycidas*)』와 셸리의 『애도네이스(*Adonais*)』와 같은 전통적인 목가형식을 따른 만가풍을 보여주는 대목이지만, 테니슨의 시는 앞의 시인들과 다소 다른 데가 있다. 그것은, 본디 『인 메모리엄』이 만가이기는 하지만, 시인이 이 시를 17년이라는 오랜 세월 동안 많은 심경의 변화를 거치면서 쓴 까닭에 각 편의 시가 독립성을 띠고 있기 때문이기도 하다.

XXI. THE GRASS PIPES

I sing to him that rests below,
And, since the grasses round me wave,
I take the grasses of the grave,
And make them pipes whereon to blow.

The traveller hears me now and then,
And sometimes harshly will he speak:
'This fellow would make weakness weak,
And melt the waxen hearts of men.'

Another answers, 'Let him be,
He loves to make parade of pain
That with his piping he may gain
The praise that comes to constancy.'

A third is wroth: 'Is this an hour
For private sorrow's barren song,
When more and more the people throng
The chairs and thrones of civil power?

2~5연에서 테니슨은 자신과 자신의 시에 관하여 있을 법한 세인들의 비판을 지나친 감상주의(ll. 7-8), 칭송 지향성(ll. 9-12), 시대적 사건과 담을 쌓은 이기주의적 성향(ll. 13-20)으로 짚어본다. 그러나, 7~8연에서 시인은 홍방울새의 비유를 써서, 세인들의 그 같은 비판은 친구를 잃어 슬픔을 노래로 부를 수밖에 없는 자신의 심정을 모르고 하는 소리라고 일축한다.

2) 프랑스 혁명(1832), 선거법 개정법안(The Reform Bill, 1832), 그리

'병들어 쇠약해질 때란 말인가,
「과학」이 두 팔을 앞으로 뻗쳐
이 세계 저 세계를 만져보고,
최근의 달로부터 과학의 신비를 밝혀내는 판에?'[3)]

여보시오, 그대들은 속모르는 소리하는구려,
그대들은 저 신성한 유해를 알지도 못했소.
나는 노래를 불러야 하기에 노래할 뿐,
그래서 그저 홍방울새들 지저귀듯 노래를 부른다오.

새가 즐거우면, 그 노래도 즐겁소,
지금 제 어린 새끼들이 날고 있기에.
그런데 새가 슬프면, 그 노래는 변하오,
제 한 배 새끼가 도둑맞았기에.

고 국민 헌장 운동(Chartism, 1838-48)에 관한 언급인 듯하다. 1838년에 경제적 곤경의 치유와 노동자의 정치력 증대의 입법을 요구하는 "국민 헌장(The People's Charter)"이 의회에 제출된 바 있다.

3) ll. 18-20: 당대의 천문학상의 발견에 대한 언급으로서, 특히 해왕성 등의 발견을 일컫는 것으로 생각된다. 해왕성(Neptune)과 천왕성(Uranus)과 토성(Saturn)이 발견된 것은 각각 1846년, 1847년, 그리고 1848년이었다. 따라서, 이 시는 아마도 1846~47년경에 쓰인 것으로 추측하는 이가 있다. 그러나, 테니슨이 자신의 집 안 마당에 망원경을 설치해 놓고 별을 관측할 정도로 천문학에 깊은 관심을 가졌던 것을 감안한다면, 이 시는 그 이전에 쓰였을 가능성도 있다.

'A time to sicken and to swoon,
When Science reaches forth her arms[4)]
To feel from world to world, and charms
Her secret from the latest moon?'

Behold, ye speak an idle thing:
Ye never knew the sacred dust:
I do but sing because I must,
And pipe but as the linnets sing:

And one is glad; her note is gay,
For now her little ones have ranged;[5)]
And one is sad; her note is changed,
Because her brood is stol'n away.

4) her arms: telescope.

5) ranged: flown away.

22. 그림자[1]

우리 둘이서 거닐던 길,
참으로 즐겁게 해주던 곳으로 이르던 길이
즐거운 사 년에 걸쳐 솟았다간 쓰러졌소,
꽃철에서 꽃철까지, 눈철에서 눈철까지.

우리는 노래를 불러 그 길을 흥겹게 했고,
계절이 가져다주는 모든 것으로 장식하고서
사월에서 사월까지 보냈었고,
오월에서 오월까지 진심으로 즐거웠었소.

그런데 우리가 거닐던 길이
다섯 번째 가을 비탈을 기울이기 시작한 곳에,
우리가 「희망」을 따라 내려갈 때
인간이 두려워하는 「그림자」가 앉아 있었소.

그 「그림자」는 우리들의 아름다운 우정을 끊고,
그의 검고 차가운 외투자락을 펼쳐
그대를 모양 없이 겹겹으로 싸고,
그대 입술의 중얼거림을 흐리게 하고,

내가 볼 수도 쫓아갈 수도 없는 곳에
그대를 두었소, 내 비록 서둘러 걸으며
생각한다 해도, 어디엔가 황무지에
그 「그림자」가 앉아서 나를 기다릴 거라고.

XXII. THE SHADOW

The path by which we twain did go,
　　Which led by tracts that pleased us well,
　　Thro' four sweet years arose and fell,
From flower to flower, from snow to snow:

And we with singing cheer'd the way,
　　And, crown'd with all the season lent,
　　From April on to April went,
And glad at heart from May to May:

But where the path we walk'd began
　　To slant the fifth autumnal slope,
　　As we descended following Hope,
There sat the Shadow fear'd of man;

Who broke out fair companionship,
　　And spread his mantle dark and cold,
　　And wrapt thee formless in the fold,
And dull'd the murmur on thy lip,

And bore thee where I could not see
　　Nor follow, tho' I walk in haste,
　　And think, that somewhere in the waste
The Shadow sits and waits for me.

---

1) 테니슨이 케임브리지 대학에서 핼럼을 처음 만난 것은 1829년이었는데, 1833년 가을 핼럼의 요절로 그들의 이승의 우정은 짧게 끝나고 만다.

23. 즐거웠던 시절

이제, 때때로 나의 슬픔 속에 갇혀 있거나
　　발작적으로 노래를 불러대며,
　　외로이 혼자서 나는 헤맨다,
머리부터 발끝까지 외투로 감싼 「그림자」

모든 신앙의 관건을 지닌 그 「그림자」[1] 가
　　앉아 있는 곳으로, 종종 절름발이가 되어
　　내가 온 곳을 뒤돌아보거나
작은 길이 뻗어 가는 곳을 바라보면서,[2]

또 외치면서, 잎새마다 소리를 내던 땅을 지나
　　내닫던 곳에서 그 길이 얼마나 변했는가를.
　　그러나 모든 풍요로운 언덕들은 흥얼거렸다
즐거운 목양신의 속삭임을.

그때는 각자가 번갈아 각자의 안내자가 되었고,
　　「환상」은 「환상」으로부터 빛을 받았고,
　　「사색」은 「언어」와 결합할 수 있기 전에
「사색」과 인연을 맺으려 뛰어나왔었다.[3]

---

1) 도처에서 죽음의 그림자가 불시에 나타나 만물의 목숨을 앗아간다. 기독교의 가르침대로 영원한 생명은 없고 죽음이 끝이라면, 매달려야 할 곳은 신이 아니라 오히려 생명을 좌지우지하는 것 같은 죽음의 그림자가 아닌가?

2) ll. 6-8: 험난한 인생길에 훌륭한 동반자를 잃었기에 자신의 인생은 불완전하고 앞날은 불안하기만 하다.

XXIII. THE HAPPY DAYS

Now, sometimes in my sorrow shut
        Or breaking into song by fits,
        Alone, alone, to where he sits,
The Shadow cloak'd from head to foot,

Who keeps the keys of all the creeds,
        I wander, often falling lame,
        And looking back to whence I came,
Or on to where the pathway leads;

And crying, How changed from where it ran
        Thro' lands where not a leaf was dumb;
        But all the lavish hills would hum
The murmur of a happy Pan:

When each by turns was guide to each,
        And Fancy light from Fancy caught,
        And Thought leapt out to wed with Thought
Ere Thought could wed itself with Speech;

---

3) 케임브리지 재학시절 테니슨은 핼럼과 함께 후일 많은 지도자를 배출한 바있는 "사도회(The Apostles)"라는 학생 토론단체에서 활동했다. 비록 핼럼은 테니슨보다 2살 아래였지만 다재다능하여 서로에게 좋은 안내자겸 비판자 노릇을 했다. 순수하고 행복했던 시절, 그들은 함께 환상에 빠지기도 하고 철학과 시를 읽으며 사색의 깊이를 더하기도 했었다.

그리고 우리가 대한 모든 것은 아름답고 좋았다.
　　「시간」이 가져올 수 있는 것도 모두 좋았다.
　　그리고 모든 봄의 신비는
생명의 방들에서 움직였었다.

또 많은 옛 철학서들은
　　그리스의 한창때를 성스럽게 노래하고,
　　우리들 주변에선 많은 아케이디어의
피리에 맞춰 모든 수풀이 울려 퍼졌었다.[4]

4) ll. 21-24: 케임브리지 시절 테니슨은 핼럼과 더불어 많은 관심을 가지고 그리스의 플라톤의 철학서와 씨오크리투스의 전원시를 읽었었다.

And all we met was fair and good,
        And all was good that Time could bring,
        And all the secret of the Spring
Moved in the chambers of the blood;

And many an old philosophy
        On Argive[5] heights divinely sang,
        And round us all the thicket rang
To many a flute of Arcady.[6]

---

5) Argive[ɑ́ərʤaiv | ɑ́:gaiv]: 아르고스(Argos)의, 그리스의(Greek).

6) Arcady: Arcadia (고대 그리스의 펠로폰네소스 반도 내륙에 위치한 경치 좋은 이상향).

24. 슬픔의 안개[1)]

그러면 나의 즐거운 시절은
내가 말하듯 순수하고 완벽했던가?
바로 저 낮의 원천과 줄기가
방랑하는 밤의 섬들과[2)] 뒤섞여 있다.

비록 우리가 대한 모든 것이 좋고 아름다웠다 해도,
이 땅이 낙원이었으리라는 것
우리의 첫 「태양」이 뜨고 진 이후[3)]
인간의 눈에는 결코 그렇게 보이질 않았다.

그러니 슬픔의 안개인가,
옛날의 즐거움이 이리 커 보이게 하는 것은?[4)]
현재의 처지의 미약함인가,
지난날을 이런 위안 속에 놓이게 하는 것은?

아니 지나간 날이 항상
먼 곳에서 광명을 얻으려 하며,
우리가 그 속에서 살기는 했어도
보지 못했던 완벽한 별로 들어가려 하는 것은?

---

1) 사랑하는 벗 핼럼이 죽은 뒤로 생각해 보건대, 천지창조이래 이 땅이 낙원으로 보인 적이 없는데도 핼럼과 함께 한 지난 시절이 그토록 즐겁고 순수하고 완벽하게 보이는 것은 무슨 까닭인가? 그것은 아마도 지금 나를 뒤덮고 있는 슬픔의 안개이거나, 보지도 못한 먼 완벽한 상상의 세계가 그리워서일 것이다.

2) 방랑하는 밤의 섬들(wandering isle of night): 태양의 흑점(sunspots).

XXIV. THE HAZE OF GRIEF

And was the day of my delight
　　As pure and perfect as I say?
　　The very source and fount of Day
Is dash'd with wandering isles of night.

If all was good and fair we met,
　　This earth had been the Paradise
　　It never look'd to human eyes
Since our first Sun arose and set.

And is it that the haze of grief
　　Makes former gladness loom so great?
　　The lowness of the present state,
That sets the past in this relief?

Or that the past will always win
　　A glory from its being far;
　　And orb into the perfect star
We saw not, when we moved therein?

---

3) 우리의 첫 「태양」이 뜨고 진 이후(Since our first Sun arose and set): 천지창조 이후(Since the Creation).

4) ll. 9-10: 안개 속에서는 모든 사물이 한층 크게 부풀어 보인다.

25. 인생과 사랑[1)]

나는 안다 이것이 「인생」이었음을,—우리들이
동등한 발길로 걸음을 옮겼던 자취.
그런데 그때도 지금처럼 나날은 마련했었다
등에 짊어질 일상의 짐을.

그러나 바로 이것이었다, 나를 가볍게 나는
전서 비둘기처럼 움직이게 한 것은.
견뎌야 할 무게를 나는 좋아했다,
그 무게는 「사랑」의 도움이 있어야 했으니.

나는 정신이나 육체적으로 지칠 수도 없었다,
힘센 「사랑」이 짐과 같은
나 혼자만의 고통을 둘로 쪼개고
그것을 갈라 반은 그에게 주곤 했던 그때는.

---

1) 이 시는 인생에 있어서 사랑과 우정의 소중함을 노래한 것이다. 인생이란 하루하루 살아가는 가운데 때로는 감내하기 힘든 책임과 의무가 따르기 마련이다. 그러나, 정신적으로나 육체적으로 고통스런 짐을 진 인생도 그것을 덜어주는 사랑이 있었기에, 고달픈 인생도 오히려 즐겁게 지낼 수 있었다고 시인은 말한다. 여기서 「사랑」이란 핼럼의 「우정」인 동시에, "짐진 자 다 내게로 오라" 하는 하느님의 「사랑」이기도 하다.

XXV. LIFE AND LOVE

I know that this was Life,—the track
Whereon with equal feet we fared;
And then, as now, the day prepared
The daily burden for the back.

But this it was that made me move
As light as carrier-birds[2] in air;
I loved the weight I had to bear,
Because it needed help of Love:

Nor could I weary, heart or limb,
When mighty Love would cleave in twain
The lading[3] of a single pain,
And part it, giving half to him.

---

2) carrier-birds: 전서(傳書) 비둘기.

3) lading: load; the heavy burden.

26. 신의 눈[1]

여전히 따분한 생활은 꼬여도,
나는 그것과 함께이다. 나 밝히기를 원하기에
세월이 아무리 흘러도 「사랑」을 깨진 못할 거라고,
요사스런 자들이 그 무어라 말한다 해도.

그리고 만일 그 눈, 죄와 선행을 지켜보며,
푸르름 속에서 썩은 나무를 알아보고[2]
짓자마자 쓰러질 탑들을
알아볼 수 있는 힘을 가진 그 눈—

오, 만일 진정 그 눈이 예견하거나
안다면 (그 분에게 전엔 없었다)
앞으로의 생에서 진정한 삶은 없고
「사랑」에는 무관심이 깃들게 되리라고,

그러면 나는 찾으리라, 아직 아침이
인도양 위 이곳으로 밝기도 전에,
열쇠를 가지고 기다리는 그 어두운 「그림자」를,
내 자신의 냉소로부터 나를 수의로 감싸기 위해.

---

1) 따분한 삶 속에서도 목숨을 이어가는 것은 변치 않을 우정이 있기 때문이다. 우정을 헌 신짝처럼 버리는 사람들이 그 무어라 말한다 해도, 우리의 사랑은 영원할 것이다. 그렇지만, 푸름 속에도 썩은 나무를 알아내는 신의 눈이 우리의 우정이 무관심으로 바뀌리라고 예견한다면, 나는 차라리 내일이 밝기 전에 죽음을 택하리라.

2) Cf. 딜런 토머스(Dylan Thomas), 「펀 힐(“Fern Hill”)」, vi, ll. 7-9:

XXVI. GOD'S EYE

Still onward winds the dreary way;
　　I with it; for I long to prove
　　No lapse of moons can canker Love,
Whatever fickle tongues may say.

And if that eye[3] which watches guilt
　　And goodness, and hath power to see
　　Within the green the moulder'd tree,
And towers fall'n as soon as built—

Oh, if indeed that eye foresee
　　Or see (in Him is no before)
　　In more of life true life no more
And Love the indifference to be,[4]

Then might I find, ere yet the morn
　　Breaks hither over Indian seas,
　　That Shadow waiting with the keys,
To shroud me from my proper scorn.

오 내가 어려서 시간의 풍족한 자비 속에 태평스러웠을 때,
시간은 나를 푸르게 죽게 하고 있었다,
비록 내가 사슬에 매인 채로 바다같이 노래했었건만.

3) that eye: the eye of God. "The Eternal Now. I AM"—Tennyson.

4) And Love the indifference to be: And that Love will become indifference; *or* And in Love the indifference to be.

27. 나는 부러워하지 않는다[1)]

나는 조금도 부러워하지 않는다,
　　의분이 없는 포로를,
　　새장 안에서 태어나
여름 숲을 전혀 모르는 홍방울새를.

나는 부러워하지 않는다,
　　죄의식에 속박 받지 않으며
　　시간의 들녘에서 멋대로 뛰노는
양심이라는 건 눈도 뜨지 않는 짐승을.

스스로 은총을 입은 척하는 것도,
　　결코 충성을 맹세한 일도 없이
　　나태의 잡초 속에서 썩고 있는 마음도,
결핍에서 비롯된 여하한 휴식도.

나는 진리로 여긴다, 무슨 일이 있다 해도,
　　나는 느낀다, 내가 몹시 슬퍼할 때에도,
　　전혀 사랑을 못해본 것보다는
사랑하다 잃는 것이 한층 낫다는 것을.

---

1) 시인은 자유와 양심과 사랑이 결여된 삶을 결코 부러워하지 않는다고 단언한다. 시인은 또, 지금 비록 깊은 슬픔에 빠져 있으나, 사랑을 전혀 못해 본 것보다는 사랑을 해보고 잃는 것이 한층 나은 것임을 강조한다. 마침내 시인의 오랜 슬픔에 젖은 삶이 전환점을 맞아 다소 긍정적인 측면으로 들어서기 시작한 것이다.

XXVII. I ENVY NOT

I envy not in any moods
The captive void of noble rage,[2)]
The linnet born within the cage,
That never knew the summer woods:

I envy not the beast that takes
His license[3)] in the field of time,
Unfetter'd by the sense of crime,
To whom a conscience never wakes;

Nor, what may count itself as blest,
The heart that never plighted troth
But stagnates in the weeds of sloth;
Nor any want-begotten rest.[4)]

I hold it true, whate'er befall;
I feel it, when I sorrow most;
'Tis better to have loved and lost
Than never to have loved at all.[5)]

---

2) noble rage: fierce love of freedom.

3) the beast that takes His license: he who lives without self-restraint, 즉 자제하지 않고 제멋대로 사는 자.

4) want-begotten rest: undeserved rest, not earned by emotional commitment, struggle, or sorrow.

5) ll. 14-16: 이 구절은 《85. 새로운 우정》, ll. 2-4에서도 똑같이 반복되어 나온다. 다만 《85》에서는 feel과 sorrow의 시제가 과거로 바뀌어 felt와 sorrow'd 로 되어 있다.

제 2 부

희망의 노래

《28 - 77》

Part Two

Songs of Hope

《XXVIII - LXXVII》

28. 성탄절 종소리[1]

시간은 그리스도의 탄신에 가까워 오고,
달은 모습을 감춰 밤은 그윽한데,
성탄절 종소리들 이 언덕 저 언덕에서
안개 속에 서로 화답한다.

이웃 네 마을의 네 가지 종소리가,
멀리서 가까이서, 초원과 광야에서,
높아졌다 작아졌다 한다, 마치 나와
종소리 사이에 문이 닫혀 있기라도 하듯이.

각각 바람결을 타고 네 가지 다른 소리를 낸다,
막 커졌다가 작아졌다 하는 종소리가,
평화와 선의, 선의와 평화,
평화와 선의, 모든 사람들에게.

금년 나는 자고 일어나기를 슬픔과 함께 하여,
나는 바랄 지경이었다, 더는 깨어나지 않기를,
그리고 내가 저 종소리를 또 다시 듣기 전에
나의 삶에 대한 집착이 깨어지기를.

그러나 저 종소리들은 나의 괴로운 혼을 다스린다,
종소리는 소년이었을 적에 나를 통제했었기에.
종소리는 나에게 기쁨 섞인 슬픔을 가져온다,
저 즐겁고 즐거운 성탄절 종소리들은.[2]

---

1) 《28~30》은 1834년 성탄절을 배경으로 한 시로 추정된다.

XXVIII. CHRISTMAS BELLS

The time draws near the birth of Christ:
The moon is hid; the night is still;
The Christmas bells from hill to hill
Answer each other in the mist.

Four voices of four hamlets round,
From far and near, on mead and moor,
Swell out and fail, as if a door
Were shut between me and the sound:

Each voice four changes on the wind,
That now dilate, and now decrease,
Peace and goodwill, goodwill and peace,
Peace and goodwill, to all mankind.

This year I slept and woke with pain,
I almost wish'd no more to wake,
And that my hold on life would break
Before I heard those bells again:

But they my troubled spirit rule,
For they controll'd me when a boy;
They bring me sorrow touch'd with joy,
The merry merry bells of Yule.

---

2) 핼럼의 사망 소식을 접한 이후에는 슬픔에 젖어 목숨을 끊고 싶은 생각뿐이었지만, 성탄절 종소리는 "기쁨 섞인 슬픔"을 가져온다.

29. 반가운 손님[1)]

이렇게 매일 집안의 평화를 괴롭히고
　　그의 죽음에 슬픔을 뿌리치지 못하게 하는
　　어쩔 수 없는 슬퍼할 까닭이 있는데
우리 어찌 감히 성탄 전야를 경축하랴?

더 이상 반가운 손님을 데려오지 않는데,
　　물씬 풍기는 즐거움의 아량으로
　　춤이나 노래나 놀이나 농담에서
집안의 밤을 풍성하게 해주는 반가운 손님을.

그러나 가서 호랑가시나무 가지들이
　　차가운 세례반을 휘감는 동안,
　　「관습」을 위해 집의 정문을 지켜주는
화환을 하나 더 만들어라.

지나간 하루의 늙은 자매들,
　　새로운 것이라면 좋아하지 않는 노유모들,
　　어째서 그들은 때도 되기 전에
새경(私耕)을 아쉬워하나? 그들 또한 죽을 것을.

---

1) 성탄절이라도 반가운 손님 핼럼이 더 이상 오지 못하니 즐겁고 기쁜 마음으로 경축할 수는 없지만, 시인은 그래도 오랜 관습에 따라 성탄을 맞을 장식을 하라고 가족들에게 부탁한다.

XXIX. A WELCOME GUEST

With such compelling cause to grieve
As daily vexes household peace,
And chains regret to his decease,
How dare we keep our Christmas-eve;

Which brings no more a welcome guest
To enrich the threshold of the night
With shower'd largess of delight
In dance and song and game and jest?

Yet go, and while the holly boughs
Entwine the cold baptismal font,
Make one wreath more for Use and Wont,
That guard the portals of the house;[2)]

Old sisters[3)] of a day gone by,
Gray nurses, loving nothing new;
Why should they miss their yearly due[4)]
Before their time?[5)] They too will die.

---

2) ll. 9-12: While the Church celebrates Christmas in public, let us celebrate it in private, as tradition requires. (Davis 111)

3) Old sisters: 전통적인 오랜 관습(Use and Wont).

4) yearly due: 새경(私耕). 농가에서 머슴에게 주는 연봉(年俸).

5) their time: 그들이 죽을 때(when they cease to be).

30. 슬픈 성탄전야[1)]

떨리는 손가락으로 우리는 엮었다
성탄 난로 둘레에서 호랑가시나무 가지를.
비머금은 구름 한 점이 땅을 뒤덮고,
우리의 성탄전야는 슬프게 다가왔다.

대청에서 예로부터의 오락에 따라
우리는 뛰놀았다, 공연히
기쁜 척하면서, 한 말없는 그림자가
모두를 지켜보리라는 두려운 생각을 품고서.

우리는 멈췄다. 너도밤나무에 바람결이 일고,
바람이 겨울 땅을 휩쓰는 소리가 들렸다.
우리는 둥그렇게 손에 손을 맞잡고
말없이 앉아있었다, 서로서로 쳐다보면서.

이윽고 메아리처럼 우리들의 음성이 울려 퍼졌다.
비록 모든 눈들은 눈물로 흐렸지만,
지난 해 그와 함께 불렀던 즐거운 노래를
우리는 불렀다, 요란스럽게 불렀다.

---

1) 핼럼 없이 지내는 슬픈 1834년 성탄전야. 슬픔 속에서도 테니슨 가족은 공연히 기쁜 척 하면서 오락을 하거나, 핼럼의 생시에 그와 함께 불렀던 노래도 부른다. 잠시 노래를 멈추고 눈물을 글썽이며 차분한 마음으로 돌아가, 핼럼은 죽은 것이 아니라 달콤한 잠을 자며 쉬고 있다는 느낌을 얻는다. 나아가 핼럼은 무덤에서 일어나 자유로운 영혼이 되어 이 세상 온갖 것을 꿰뚫어보는 존재가 되었으리라는 행복한 느낌을 갖기에 이

XXX. SAD CHRISTMAS EVE

With trembling fingers did we weave
The holly round the Christmas hearth;
A rainy cloud possess'd the earth,
And sadly fell our Christmas-eve.

At our old pastimes in the hall
We gambol'd, making vain pretence
Of gladness, with an awful sense
Of one mute Shadow[2] watching all.

We paused: the winds were in the beech:
We heard them sweep the winter land;
And in a circle hand-in-hand
Sat silent, looking each at each.

Then echo-like our voices rang;
We sung, tho' every eye was dim,
A merry song we sang with him
Last year: impetuously we sang:

른다. 이로써 "슬프게" 다가온 성탄전야는 행복한 느낌을 안겨주고, 테니슨 가족은 "희망"이 태어난 성탄 아침을 맞을 준비를 한다. 테니슨의 오랜 세월에 걸친 심경 변화의 일단을 성탄전야를 수식하는 부사에서 엿볼 수 있다. 즉, 이 시에서는 성탄전야가 "슬프게(sadly)" 다가온다 하고, 《78》에서는 두 번째 성탄전야가 "고요히(calmly)" 다가왔다고 하고, 《105》에서는 세 번째 성탄전야가 "낯설게(strangely)" 다가온다고 한다.

2) one mute Shadow: 죽은 핼럼의 말없는 혼령.

우리는 그쳤다. 보다 차분한 느낌이 떠올랐다,
분명 수면이란 말이 맞는다는 느낌이.
우리는 말했다, '그들은 잔다. 그 잠은 달콤하다.'
침묵이 뒤따르고, 우리는 울었다.

목청을 한층 높이 돋우어
한 번 더 노래했다, '그들은 죽지 않고,
산 사람에 대한 인정도 잃지 않으며,
우리들에겐 변함이 없다, 비록 그들은 변한다 해도,

'변덕스러운 것 약한 것에 쏠려 있기는 해도
북돋아진 힘을 지니고서, 여전히,
저 예리하고 거룩한 불꽃은 꿰뚫고 있다
이 눈에서 저 눈으로, 이 너울에서 저 너울로.'[3)]

일어나라, 복된 아침이여, 일어나라, 거룩한 아침이여.
밤으로부터 즐거운 낮을 끌어내어라.
오, 아버지, 동쪽을 건드려 밝히소서
「희망」이 태어났을 때 비쳤던 그 빛을.

3) ll. 25-28: 영혼은, 비록 그 본질은 변함이 없지만, 변덕스럽고 약한 세속의 육신에서 벗어나 이 세상 저 세상을 마음대로 다니며 꿰뚫어 볼 수 있는 화신이 된다.

We ceased: a gentler feeling crept
Upon us: surely rest is meet:[4]
'They rest,' we said, 'their sleep is sweet,'
And silence follow'd, and we wept.

Our voices took a higher range;
Once more we sang: 'They do not die
Nor lose their mortal sympathy,
Nor change to us, although they change;

'Rapt from the fickle and the frail
With gather'd power, yet the same,
Pierces the keen seraphic flame
From orb to orb, from veil to veil.'

Rise, happy morn, rise, holy morn,
Draw forth the cheerful day from night:
O Father, touch the east, and light
The light that shone when Hope was born.

---

4) meet: fitting or appropriate.

31. 나사로[1]

나사로가 그의 납골 동굴무덤을 떠나,
귀가하여 마리아의 집에 돌아왔을 때,
이런 물음을 받았을까?—제 무덤 곁에서
여동생이 흐느끼는 것을 듣기 바랐었느냐고.

'어디 있었어요, 오라버니, 지난 나흘 동안?'
그 대답은 기록으로 남아 있지 않아도,
죽는 것이 무엇인가를 알려주는 그 기록은
분명 찬양에 찬양을 더했었다.[2]

집집마다 이웃 사람들 나와 모이고,
거리는 기쁨에 찬 소리로 가득하며,
한 가닥 근엄한 기쁨이 올리브 동산의
보랏빛 꼭대기에도 서려있었다.[3]

보라, 그리스도에 의해 일으켜진 사람을!
그 뒷이야기는 밝혀져 있지 않다—
그가 그걸 말하지 않았거나, 무언가가
그 복음전도자의 입술을 봉해버렸던 거다.

---

1) 《31~32》는 『요한복음』, 11:32-44에 나오는 그리스도가 마리아의 오빠 래저러스(나사로)를 죽은 뒤 나흘만에 살려낸 기적을 다룬 시로서, 그 직접적인 주제는 사랑과 개인의 영생불멸이다. 그리고 이 주제는 후속되는 4편의 시 《33~36》으로 이어진다.

2) 죽음의 신비를 알게 된 것에 대한 찬양과 죽음에서 다시 살아나게

XXXI. LAZARUS

When Lazarus left his charnel-cave,
And home to Mary's home return'd,
Was this demanded—if he yearn'd
To hear her weeping by his grave?

'Where wert thou, brother, those fours days?'
There lives no record of reply,
Which telling what it is to die
Had surely added praise to praise.

From every house the neighbours met,
The streets were fill'd with joyful sound,
A solemn gladness even crown'd
The purple brows of Olivet.

Behold a man raised up by Christ!
The rest remaineth unreveal'd;
He[4] told it not; or something seal'd
The lips of that Evangelist.[5]

된 것에 대한 찬양이 겹친 것을 말함. 그리스도에 의한 나사로의 다시 살아남은 죽음이 모든 것의 종지부가 아니라 죽음을 딛고 다시 살아날 수 있다는 믿음을 보여주는 기적이었기에.

3) ll. 11-12: 근엄한 하느님까지도 이 일을 기뻐하였다는 뜻.
Olivet: the Mount of Olives, a hill near Jerusalem.

4) He: Lazarus.

5) that Evangelist: 나사로의 기적을 유일하게 기록한 성 요한.

32. 말없는 기도

마리아의 두 눈은 말없는 기도의 집.
그녀의 마음속엔 다른 생각은 없다,
나사로는 죽었었는데, 거기 앉아 있고,
그를 되살려온 그분이 거기 있다는 것밖에는.

그리고는 한 깊은 사랑[1]이 다른 모든 사랑을
대신한다, 마리아의 열렬한 눈길이
살아 있는 오라비의 얼굴을 떠나
진정 「생명」[2]에 머물고 있을 때에.

모든 기묘한 생각, 모든 야릇한 두려움[3]
그렇게도 완벽한 기쁨으로 가라앉고,
마리아는 몸 굽혀 값진 감송향(甘松香)과
눈물로 구세주의 발을 씻는다.[4]

매우 축복받은 자들이어라, 생활이 충실한 기도인 자들,
그 사랑이 한층 숭고한 사랑 속에 참는 자들은.
어떤 사람들이 이토록 순수한 자아를 지니며,
그들의 행복과 같은 축복이 또 있을까?

---

1) 한 깊은 사랑: 오빠를 살려낸 그리스도에 대한 사랑.

2) 「생명(the Life)」: Cf. 『요한복음』, 11:25, "예수가 마리아에게 말했다, '나는 부활이요 생명이니, 나를 믿는 자는 죽어도 살 것이다.'"

3) 죽음에 대한 두려움이나 소위 신학자들이 말하는 죽음과 부활에 대한 현학적이고 복잡한 이야기 따위들.

XXXII. SILENT PRAYER

Her eyes are homes of silent prayer,
No other thought her mind admits
But, he was dead, and there he sits,
And he that brought him back is there.

Then one deep love doth supersede
All other, when her ardent gaze
Roves from the living brother's face,
And rests upon the Life indeed.

All subtle thought, all curious fears,
Borne down by gladness so complete,
She bows, she bathes the Saviour's feet
With costly spikenard and with tears.

Thrice blest whose lives are faithful prayers,
Whose loves in higher love[5] endure;
What souls possess themselves so pure,
Or is there blessedness like theirs?

---

4) ll. 11-12: 그리스도가 나사로를 죽음에서 살려내는 기적을 베푼 후 그의 집에 들렀을 때, 그의 여동생 마리아는 그리스도에 대한 온전한 사랑과 감사의 마음으로 그의 발을 향유로 씻고 머리카락으로 닦아 주었다. (『요한복음』, 12장 참조)

5) higher love: the love of God.

33. 형식을 통한 믿음[1)]

오, 신고와 파란을 겪고서
　　보다 더 순결한 대기에 접한 듯한 그대여,
　　그 믿음이 도처에 중심이 있으되,
그것을 형식에 얽매려 하지 않는 그대여,

두시오 그대여, 기도드릴 때 그대의 자매를,
　　그녀의 어릴 적 천국을, 즐거운 생각을.
　　결코 혼동치 마시오 그대여, 가려진 암시와
즐거운 세월을 영위하는 삶을.

형식을 통한 그녀의 믿음은 그대 믿음처럼 순수하고,
　　그녀의 손길은 선에 한결 민감하니,
　　오, 신성하여라, 그녀가
신성한 진리를 연결짓는 살과 피는!

보시오 그대여, 마음속의 법칙을 간직하여
　　이성이 여문 것으로 여기는 그대여,
　　그대는 죄악의 세상에서 쇠하지 않으리라,
그런 전형의 인물은 없다고 해도.[2)]

---

1) 마리아처럼 감사하는 마음을 행동과 형식으로 드러내는 것은 지극히 직관적이고 무비판적이고 단순한 신앙고백이라 할 수 있다. 그러나 이런 형식을 통한 신앙심이 이성과 합리주의를 내세우고 회의에 빠지기 쉬운 남성적 신앙심보다 훨씬 순수하다고 테니슨은 생각하고 있다. 그것은 나사로를 되살려낸 그리스도의 기적을 믿으며 마리아의 감사하는 태도를 칭송하면서도, 핼럼의 죽음을 겪은 테니슨의 마음속에는 아직까지도 가

XXXIII. FAITH THRO' FORM

O thou that after toil and storm
　　Mayst seem to have reach'd a purer air,
　　Whose faith has centre everywhere,
Nor cares to fix itself to form,

Leave thou they sister when she prays,
　　Her early Heaven, her happy views;
　　Nor thou with shadow'd hint confuse
A life that leads melodious days.

Her faith thro' from is pure as thine,
　　Her hands are quicker unto good:
　　Oh, sacred be the flesh and blood[3)]
To which she links a truth divine![4)]

See thou, that countest reason ripe
　　In holding by the law within,
　　Thou fail not in a world of sin,
And ev'n for want of such a type.

시지 않는 회의가 있음을 드러낸 것이다. 그러나, 테니슨은 《96》, ll. 11-12에서는 반대로 후자의 태도를 견지하여, 어중된 교리보다는 오히려 "숨김없는 의심(honest doubt)" 속에 믿음이 더 깃들인다고 강조한다.

2) 양심에 따르는 올곧은 이성을 지닌 사람이라면, 하느님의 신성한 손길의 안내를 받지 않고도, 죄악에 빠지지는 않겠지만, 세상에 그런 경지에 이른 사람은 드물다는 사실을 명심하라는 의미.

3) the flesh and blood: 그리스도의 살과 피.

4) a truth divine: 부활.

34. 가냘픈 목숨[1)]

내 가냘픈 목숨이 분명 이렇게 가르쳐준다,
삶이 영구히 목숨을 부지할 것이라고.
그렇지 않으면 땅덩이는 속속들이 어둠이고,
있는 것이라곤 먼지와 재뿐이라고.

이 초록빛 지구도, 이 불꽃의 태양도,
한낱 환상적인 미일 뿐, 이를테면
일말의 양심이나 목표도 없이 시를 지을 때
어느 미치광이 시인의 마음속에 숨어든 것처럼.

그러면 나 같은 자에게 하느님이란 무엇인가?
거의 무가치한 일이다, 모두 멸할 사물 중에
무엇을 택하거나, 내가 죽기 전에
조금 인내를 한다는 것은.

상책이려나, 당장 쓰러져 평안을 찾는 것이,
주술을 거는 독사가 유인하는 새들같이,
텅 빈 어둠의 좁은 주둥아리에
거꾸로 떨어져 죽어버리는 것이.[2)]

1) 시인은 나사로의 기적을 통해서 부활과 영생에 대한 한 가닥 희망을 갖게 된다. 그러나, 그는 만일 개개인에게 그런 영원한 생명이 없다면, 인생의 궁극적인 목적도 의미도 없다고 생각한다. 그는 또, 만일 그것이 사실이라면 당장에 목숨을 끊고 평안을 찾는 것이 상책일 것이라고 여긴다.

2) ll. 13-16: T. S. 엘리엇의 『황무지(*The Waste Land*)』의 제사로 인

XXXIV. DIM LIFE

My own dim life should teach me this,
        That life shall live for evermore,
        Else earth is darkness at the core,
And dust and ashes all that is;

This round of green, this orb of flame,[3]
        Fantastic beauty; such as lurks
        In some wild Poet, when he works
Without a conscience or an aim.

What then were God to such as I?
        'Twere hardly worth my while to choose
        Of things all mortal, or to use
A little patience ere I die;

'Twere best at once to sink to peace,
        Like birds the charming serpent draws,
        To drop head-foremost in the jaws
Of vacant darkness and to cease.

용된 페트로니우스(Petronius)의 『쌔티리콘(*Satyricon*)』에 나오는 쿠미(Cumae)의 무당 씨빌(Sibyl)의 처지를 연상시키는 구절이다. 독사가 득실거리는 항아리에 매달려 목숨만 붙어있는 씨빌에게 아이들이 무엇을 원하느냐고 묻자, 그녀는 "나는 죽고 싶다(I want to die)"고 대답한다.

3) This round of green, this orb of flame: 지구와 태양.

35. 오 사랑아[1)]

그러나 인간이 믿을 수 있는 어떤 목소리가
　　좁은 집에서[2)] '두 볼의 열기는 식고,
　　몸뚱이는 구부러져 사람이 죽는다.
흙 속엔 희망이라곤 없다.'고 속삭인다면,

나는 말해야 하지 않을까? '아직 여기서까지도,
　　단 한 시간만이라도, 오 「사랑」아, 나는 애쓴다
　　그렇게도 다정한 사람을 살리려고.'
그러나 나는 귀를 돌려 들어야만 한다

집 없는 바다의 저 신음소리를,
　　빨리 혹은 천천히 영겁의 언덕으로 흘러가
　　씨뿌려 대륙의 땅을 있게 하는
저 시냇물 소리를 들어야만 한다.[3)]

그러면 「사랑」은 한숨 섞인 말로 대답하리,
　　'저 망각의 물가[4)] 소리는
　　나의 즐거움을 점점 더 변화시키고,
내가 죽으리라는 것을 알고 반감시키리.'라고.

---

1) 만일 죽음이 처음부터 죽음으로 보여 우리에게 영원한 생명은 없고, 또 우리에게 영생을 보장해줄 사랑이 없었다면, 그것은 인간의 세상이 아니라 바로 나태하고 추잡한 동물의 세상이었을 것이라고 한다.

2) 좁은 집: 무덤.

3) ll. 9-12: 침식과 퇴적작용에 대한 생각의 일단으로, 시인이 차알즈 리얼 경(Sir Charles Lyell, 1797-1875)의 『지질학 원리(*Principles of Geology*)』(1830-33)를 읽고 영향을 받아 쓴 시들 가운데 하나이다. 리얼

XXXV. O LOVE

Yet if some voice that man could trust
　　Should murmur from the narrow house,
　　'The cheeks drop in; the body bows;
Man dies: nor is there hope in dust:'

Might I not say? 'Yet even here,
　　But for one hour, O Love, I strive
　　To keep so sweet a thing alive:'
But I should turn mine ears and hear

The moanings of the homeless sea,
　　The sound of streams that swift or slow
　　Draw down Æonian hills, and sow
The dust of continents to be;

And Love would answer with a sigh,
　　'The sound of that forgetful shore
　　Will change my sweetness more and more,
Half-dead to know that I shall die.'

경은 이 책에서 "지각 변동설(catatrophism)"에 반하는 라마르크(Lamarck)의 "균일설(uniformitism)"을 받아들여, 지구의 전표면은 지각 대변동에 의해 갑자기 변하는 것이 아니라 자연의 법칙에 따라 점차적으로 변하는 것이라고 설명하였다.

4) 저 망각의 물가(That forgetful shore): 사자가 건너면 이 세상의 온갖 것을 잊어버리게 된다는 하계에 있는 망각천(the river Lethe)의 물가.

아 아, 이런 부질없는 사실을 늘어놓는 것이
무슨 소용 있으리? 만일 「죽음」이 처음부터
「죽음」으로 보인다면, 「사랑」은 있지도 않았거나,
닫혀버린 좁디좁은 갱도 속에 있었거나,

나태한 분위기의 보잘것없는 우정이었거나,
아니면 몹시도 추잡한 사티로스[4] 꼴을 하고,
목초를 짓이겨버리고 포도를 으깨버리거나,
숲 속에서 햇볕을 쪼이며 게걸스럽게 먹어댔으리.[5]

---

4) 사티로스(Satyr): 《그리스 신화》 주신 바커스(Bacchus)를 섬기는 반인반수(半人半獸)의 술과 여자를 좋아하는 숲의 신.

5) ll. 21-24: Cf. 《27》, ll. 1-12.

O me, what profits it to put
An idle case? If Death were seen
At first as Death, Love had not been,
Or been in narrowest working shut,

Mere fellowship of sluggish moods,
Or in his coarsest Satyr-shape
Had bruised the herb and crush'd the grape,
And bask'd and batten'd in the woods.[6)]

6) ll. 18-24: 조건절은 가정법 과거이고 귀결절은 가정법 과거완료로 된 혼합 가정법 구문이다.

36. 인간 속의 진리[1]

진리가 우리네 신비로운 조직 속에 깊숙이 자리잡아
인간에게는 희미하게 드러난다 하여도,
우리는 진리를 통화로[2] 만드신
「그분」의 이름에 모든 축복을 돌린다.

멸할 인간의 능력을 상대했던 「지혜」가,
진리가 직접적인 말로는 드러날 수 없는 곳에,
진리가 하나의 이야기로 구체화될 때,
낮은 문턱으로 들어오실 것이니.[3]

그리하여 「말씀」이 숨결을 갖고,[4] 인간의 손으로
교리 중의 교리를 새기셨다,
모든 시적 사상보다도 한층 강한
완벽한 행적의 아름다움을 지니시고.[5]

이것을 인간은 읽으리라, 곡식 단을 짓는 사람이나,
집을 짓는 사람이나, 무덤을 파는 사람이나.
그리고 산호초 주변에서 포효하는
파도를 지켜보는 저 거친 눈들도 읽으리라.[6]

---

1) 하느님의 말씀에 따라 하느님의 모습으로 빚어진 인간이기에 그 말씀이 담고 있는 진리가 인간 속에 깃들여 있지만, 인간은 그 진리를 잘 알지 못한다. 그러나 인간의 모습으로 세상에 나타난 그리스도의 복음을 통해서 인간은 비천한 자에 이르기까지 그 진리를 확실히 깨닫게 되었다.

2) 통화(current coin): 모두가 알기 쉬운.

3) ll. 5-8: "신성한 「지혜」는 인간의 한정된 지력을 상대해야만 했기 때문에, 그「지혜」에게는 논리적으로 따지는 진리는 무용지물일 것이지만,

XXXVI. TRUTHS IN MANHOOD

Tho' truths in manhood darkly join,
Deep-seated in our mystic frame,
We yield all blessing to the name
Of Him that made them current coin;

For Wisdom dealt with mortal powers,
Where truth in closest words shall fail,
When truth embodied in a tale
Shall enter in at lowly doors.

And so the Word had breath, and wrought
With human hands the creed of creeds
In loveliness of perfect deeds,
More strong than all poetic thought;

Which he may read that binds the sheaf,
Or builds the house, or digs the grave,
And those wild eyes that watch the wave
In roarings round the coral reef.

복음서의 이야기에 나오는 진리는 가장 가난한 사람에게까지도 영향을 미칠 수 있다."—테니슨.

4) 『요한복음』, 1:1-3, 14 참조.

5) ll. 9-12: 그리스도의 삶과 행적.

6) ll. 15-16: 테니슨에 따르면 남태평양 제도에 사는 야만인들을 뜻하는데, 이것은 복음서에 기록된 진리의 말씀은 저 먼 곳의 야만인들에게까지도 전파되고 있음을 비유한 것이다.

37. 나의 뮤즈[1]

유레이니어는[2] 침울한 얼굴로 말한다.
　　'그대는 지껄여대는구나 가장 약한 이곳에.
　　이런 믿음에는 보다 순결한 성직자가 많고,
그대보다 유능한 음성이 많이 있는데.

'그대의 타고난 실개천가로 내려가,
　　그대의 파내써스에[3] 발을 딛고서,
　　들어라 불쑥 솟은 언덕 주위에서
그대의 월계수의 달콤한 속삭임을.'[4]

나의 멜포미니는[5] 대답한다,
　　부끄러운 기미 볼에 띠고서,
　　'나는 그대의 뛰어난 신비를
말조차 할 가치도 없습니다,

'나는 다만 일개 지상의 시신,
　　노래로 아픈 가슴을 달래고,
　　인간의 사랑에 당연한 권리를 부여할
단지 사소한 기교밖에 없기에.

---

1) 천상의 시신 유레이니어는 자신의 아들들만이 내생의 신비를 벗길 수 있는데도, 테니슨의 지상의 시신 멜포미니가 그런 신비를 캐려한다고 책망한다. 이에 멜포미니는 일개 지상의 시신으로 다만 자신이 사랑하던 죽은 이에 대한 생각으로 아픈 마음을 달랠 궁리를 하고 있을 뿐이라고 응수한다.

2) 유레이니어(Urania): 원래 그리스 신화에서는 천문의 여신이었지만, 테니슨은 밀턴이 그의 『실낙원(*Paradise Lost*)』, Bk. VII, ll. 1-20에서 쓴 것처럼 천상의 시신(Muse of heavenly poetry)이란 의미로 쓰고 있다.

XXXVII. MY MELPOMENE

Urania speaks with darken'd brow:
　　'Thou pratest here where thou art least;
　　This faith has many a purer priest,
And many an abler voice than thou.

'Go down beside thy native rill,
　　On thy Parnassus set thy feet,
　　And hear thy laurel whisper sweet
About the ledges of the hill.

And my Melpomene replies,
　　A touch of shame upon her cheek:
　　'I am not worthy ev'n to speak
Of thy prevailing mysteries;

'For I am but an earthly Muse,
　　And owning but a little art
　　To lull with song an aching heart,
And render human love his dues;

---

3) 파내써스(Parnassus): 아폴로와 뮤즈들에게 바친 그리스의 산.

4) 월계수의 달콤한 속삭임: 파내써스 산자락에는 월계수가 자라고 있는데, 전통적으로 시인들은 그것으로 만든 월계관을 쓰는 것이 최고의 영예이다. 여기서는 죽은 친구를 애도하는 시나 잘 써서 칭찬받을 궁리나 하라는 의미를 나타낸다.

5) 멜포미니(Melpomene): 원래는 비극의 여신이지만 여기서는 『인 메모리엄』과 같은 슬픈 만가의 시신(詩神)을 나타낸다.

'그러나 다정했던 죽은 사람과
그가 말한 모든 신성한 것들을 생각하면서,
(그리고 나에겐 그가 말한 모든 것은
임종의 입술에 성스런 포도주[6] 같이 소중했다),

'나는 이리로 오면서 중얼거렸습니다,
드러난 진리 속에 싸인 위안에 대하여.
그리고는 주님의 들판에서 서성이며,
노래로 신성한 것들을 어둡게 했습니다.'

6) 임종의 입술에 성스런 포도주: 종부성사(the Last Sacrament).

'But brooding on the dear one dead,
　　And all he said of things divine,
　　(And dear to me as sacred wine
To dying lips is all he said),

'I murmur'd, as I came along,
　　Of comfort clasp'd in truth reveal'd;
　　And loiter'd in the master's field,
And darken'd sanctities with song.'

그리스 신화에 나오는 9명의 음악과 시의 신들

38. 1834년 봄[1)]

지친 걸음으로 나는 계속 거닐었다,
비록 언제나 변한 하늘 아래
진홍색 저 멀리서 사라져 가고,
나의 조망과 시계(視界)는 사라졌어도.

꽃피는 철, 봄의 사자 선율은
아무런 즐거움도 가져오지 않는다.
그러나 그 봄노래 속에 나는 즐겨 노래한다,
한 가닥 위안받는 생활의 의아한 빛을.

만일 여기 있는 것에 대한 일말의 관심이라도
자유를 부여받은 영혼 속에 살아 있다면,
그대에 대해 내가 부르는 이 노래들
그대 귓전에 불유쾌한 것만은 아니리.

---

1) 핼럼이 죽은 뒤 첫 번째로 맞이하는 봄. 봄은 왔으되 내겐 아무런 즐거움도 주지 못하지만, 이 소박한 슬픔의 노래가 내게 다소 위안을 주고 어쩌면 그를 즐겁게 해주리라고 시인은 생각한다.

XXXVIII. SPRING 1834

With weary steps I loiter on,
Tho' always under alter'd[2] skies
The purple from the distance dies,
My prospect and horizon gone.

No joy the blowing[3] season gives,
The herald melodies of spring,
But in the songs I love to sing
A doubtful gleam of solace lives.

If any care for what is here
Survive in spirits render'd free,
Then are these songs I sing of thee
Not all ungrateful to thine ear.[4]

---

2) alter'd: changed, since Hallam's death.

3) blowing: blossoming.

4) thine ear: thy ear; your ear.

39. 칙칙한 주목이여[1]

이 묻혀 있는 유골의 늙은 감시자여,
이제 내가 막 건드리기라도 하면
풍성한 구름과 살아 있는 연기로 대꾸하는[2]
칙칙한 주목이여, 비석을 움켜쥐며

꿈꿀 줄 모르는 머리를 향해 내려가는 주목이여,
꽃이 꽃을 더듬어 찾을 때면,
너에게도 역시 황금시간은[3] 오는구나.
그런데 「슬픔」은—시체에 꽉 들어붙어

침울한 인간의 무덤을 어둡게 하는 「슬픔」은,—
그 거짓된 입술로 무어라 속삭였느냐?
너의 어둠은 끝에서 환하게 빛나다가,
다시 어둠으로 잠겨버리는구나.[4]

---

1) 이 시가 묘사하고 있는 것은 1835년 봄이지만, 이 시는 1868년에 씌어서 1870년에 삽입되었다. 무덤가에 심어 놓은 주목도 봄철이면 꽃이 피건만, 꽃이 지고 나면 역시 슬픔을 머금은 칙칙한 주목으로 돌아간다. 이와 같이 꽃피는 봄은 와도 시인의 슬픔을 덜어주는 것은 아직도 찾아보기가 어렵다. Cf. 《2. 해묵은 주목》.

2) 주목이 꽃피었을 때, 바람이 불거나 건드리면 연기와 같은 꽃가루를 날린다—테니슨.

3) 황금시간(the golden hour): 꽃이 피는 봄철(springtime).

4) 주목은 꼭대기에서 노란 꽃이 피어 잠시 밝은 색을 띠지만, 꽃이 지면 곧 본래의 침울하고 칙칙한 색을 띤다. Cf. 《2》, ll. 9-12.

XXXIX. DARK YEW

Old warder of these buried bones,
　　And answering now my random stroke
　　With fruitful cloud and living smoke,
Dark yew, that graspest at the stones

And dippest toward the dreamless head,
　　To thee too comes the golden hour
　　When flower is feeling after flower;
But Sorrow—fixt upon the dead,

And darkening the dark graves of men,—
　　What whisper'd from her lying lips?
　　Thy gloom is kindled at the tips,[5]
And passes into gloom again.

---

5) l. 11: The darkness of the yew is relieved by its flowers.

40. 결혼[1)]

우리 어찌 이별의 순간을 잊고서,
처음으로 밀감 꽃을 다는 날
한 새색시를 구경이라도 하듯
숨 거둔 「영혼들」을 구경할 수 있으리!

그날은 새색시가 축복으로 몸치장하고 일어나
친정에 마지막 작별을 고하고,
다가오는 희망과 가벼운 회한이
새색시의 부드러운 눈길을 사월 되게 한다.

그날은 막연한 즐거움이 아버지를 흥분시키고,
어머니의 얼굴엔 눈물이 흐른다,
긴 포옹으로 작별하여
새색시가 다른 사랑의 영역으로 들어가기에.

거기서 새색시가 할 일은 기르고 가르치며,
세월 속에 연결하는 사람으로
합당하고 적절하게 되어서,
세대와 세대를 서로 맺어주는 것.

---

1) 《40~47》은 《31~36》에서 다룬 주제로 다시 돌아간다. 시인은 핼럼과의 궁극적인 영적 재회에 대하여 더 깊이 생각해본다. 이 시는 핼럼의 죽음이 천국과의 결합이라는 것을 이승에서의 결혼에 비유하여 서술해 놓은 것이다. 시인은 자신의 동생 에밀리가 핼럼과 결혼했더라면,

XL. MARRIAGE

Could we forget the widow'd hour
And look on Spirits breathed away,
As on a maiden in the day
When first she wears her orange-flower!

When crown'd with blessing she doth rise
To take her latest leave of home,
And hopes and light regrets that come
Make April of her tender eyes;

And doubtful joys the father move,
And tears are on the mother's face,
As parting with a long embrace
She enters other realms of love;

Her office there to rear, to teach,
Becoming as is meet and fit
A link among the days, to knit
The generations each with each;

그녀가 직분을 성실히 수행하여 양가문에 기쁨을 주고, 자녀를 가문에 합당하게 교육시켜 세대를 이어주는 역할을 얼마나 잘 했을까 하고 생각한다. 그렇지만, 딸을 시집보내는 부모의 마음은 행복하면서도 섭섭하듯이, 시인은 헬럼의 죽음이 천국과의 결합이라 해도 마음은 슬퍼 이승에서의 결혼식처럼 기쁘게 구경할 수 없다고 한다.

그러면, 의심할 여지없이 그대에게[2] 안긴다,
한껏 자란 하늘의 힘에 어울리는
저 위대한 집안에서
불멸의 열매 맺는 한 생명이.

아 슬프다, 다른 점을 알겠구나!
그 얼마나 그녀의 정든 화롯가가
신부의 이야기로 흥을 돋우랴,
그 얼마나 자주 친정에 돌아와

가족들이 듣고 싶어 하는 것을 모두 들려주며,
젖먹이를 데려와 뽐내랴,
그녀가 없음을 몹시 허전해 했던 가족들까지도
새로 태어난 애들을 구면인 듯 귀엽게 여길 때까지.

그러나 그대와 나는 악수했다,
깊어 가는 겨울들이 나를 낮게 눕힐 때까지.[3]
내가 갈 길이 들판에 있음을 알건만,
그대가 갈 길은 미지의 땅에 있구려.

(1868년 4월)

---

2) 그대에게(unto thee): 헬럼에게.

3) 몇 번의 겨울이 지나 내가 죽을 때까지.

And doubtless, unto thee is given
    A life that bears immortal fruit
    In those great offices that suit
The full-grown energies of heaven.

Ay me, the difference I discern!
    How often shall her old fireside
    Be cheer'd with tidings of the bride,
How often she herself return,

And tell them all they would have told,
    And bring her babe, and make her boast,
    Till even those that miss'd her most
Shall count new things as dear as old:

But thou and I have shaken hands,
    Till growing winters lay me low;
    My paths are in the fields I know,
And thine in undiscover'd lands.

(April 1868)

41. 숙명적인 사별[1)]

그대의 혼은 우리의 숙명적인 사별 전에
높은 데서 한층 더 높이 솟아올랐소,
제단의 불꽃이 하늘을 향해 치솟듯,
거룻배가 짙은 안개 속을 달려가듯.

그러나 그대는 무언가 이상한 것으로 변했고,
나는 그대의 변화를 묶는 고리를
잃어버렸으니, 여기 이 땅에서
더 이상 변한 그대의 동반자일 수는 없소.

심한 어리석음이여! 그러나 이런 일도 있으련만—
삶과 빛의 계단을 뛰어넘을 수 있는
힘으로 내 의지에 날개 달아
나의 벗 그대에게 당장 날아가는 것이.

비록 내 천성이 죽음에 깃들인
저 막연한 두려움에 굴복하는 일 거의 없고,
지옥의 심연에도, 망각의 들판에서 들려오는
울부짖음에도 떨지는 아니하건만,

종종 지는 해가 광야를 드리울 때
한 가닥의 내적 근심을 나는 본다오,
나를 오싹하게 만드는, 내가 더 이상
그대의 벗이 아니라는 무서운 의아심을,

XLI. FATAL LOSS

Thy spirit ere our fatal loss
        Did ever rise from high to higher;
        As mounts the heavenward altar-fire,
As flies the lighter thro' the gross.

But thou art turn'd to something strange,
        And I have lost the links that bound
        Thy changes; her upon the ground,
No more partaker of thy change.

Deep folly! yet that this could be—
        That I could wing my will with might
        To leap the grades of life and light,
And flash at once, my friend, to thee.

For tho' my nature rarely yields
        To that vague fear implied in death;
        Nor shudders at the gulfs beneath,
The howlings from forgotten fields;

Yet oft when sundown skirts the moor
        An inner trouble I behold,
        A spectral doubt which makes me cold,
That I shall be thy mate no more,

---

1) 테니슨은 핼럼이 살아 있을 때도 그의 훌륭함을 따를 수가 없었지만, 내세에서도 낯설게 변한 그는 자신을 앞서 갈 것이기에 그와 같아질 수 없을 것이라고 여긴다.

나 비록 위로 향한 마음가짐으로,
영원히 내생은 있겠지만,
앞으로 다가올 온 세속 생활 동안
그대에게 닥친 경이를 따르긴 해도.

Tho' following with an upward mind
　　The wonders that have come to thee,
　　Thro' all the secular to-be,
But evermore a life behind.

42. 장소의 일치[1]

나는 몽롱한 환상으로 가슴을 애태운다.
그는 항상 인간됨에서 나를 능가했으니,
다만 장소가 일치된 것뿐이었다,
내가 그와 동등하다고 생각 들게 한 것은.

그러니 「장소」가 우리를 함께 있게 해다오.
많은 사랑을 받았던 그 사람,
원대한 경험의 대가(大家)가 마음과 의지를
보다 성숙한 성장으로 다시 이끌어가게 해다오.

어떤 즐거움이 영혼의 내적 심연을
휘젓는 즐거움과 같을 수 있으랴?
사랑은 해도 알지 못하는 사람이
알며 사랑하는 사람에게서 진리를 터득할 때에.

---

1) 테니슨은 자기가 핼럼과 동등하다고 여긴 것은 같은 곳에 살았었다는 것뿐이고, 핼럼은 모든 면에서 자신을 능가했다고 생각한다. 그래서 시인은 저승에서도 같은 곳에 살았던 친구의 정을 간직하고서, 핼럼의 더욱 큰 경험의 결실을 자신도 나누어 가질 수 있는 즐거움이 허락되기를 기원한다.

XLII. UNITY OF PLACE

I vex my heart with fancies dim:
He still outstript me in the race;
It was but unity of place
That made me dream I rank'd with him.

And so may Place retain us still,
And he the much-beloved again,
A lord of large experience, train
To riper growth the mind and will:

And what delights can equal those
That stir the spirit's inner deeps,
When one[2] that loves but knows not, reaps
A truth[3] from one[4] that loves and knows?

---

2) one: 테니슨 자신.

3) A truth: 내생에 관한 사실.

4) one: 핼럼.

43. 수면과 죽음[1)]

만일 「수면」과 「죽음」이 진정 하나이며,
　　모든 영혼의 오므라진 꽃들이
　　중간 생명이[2)] 있는 밤 내내
어떤 긴 몽환 속에 잠드는 것이라면,

그리하여 흐르는 시간을 의식 못하고
　　육체의 옷을 벗은 채, 수면은 지속되고,
　　말없는 지난날의 발자취가
온통 꽃 빛으로 된다면,

그렇게 된다면, 인간에게는 아무런 손실이 없고,
　　저 그윽한 영혼들의 정원은
　　많은 무늬가 진 잎사귀에[3)]
생명이 시작된 이래 온 세상을 새겨놓으리.

그리고 우정은 그가 이승에서 「시간」 속에
　　나를 아껴주던 때만큼 순수하고 온전하게
　　지속되어, 영적 재생의 새벽녘에
밝아오는 영혼과 더불어 다시 깨어나리.

---

1) 만일 죽음이 잠과 같은 것이라면, 밤에 오므라드는 꽃이 이튿날 아침 그 향기를 그대로 간직한 채 피어나듯이, 우리도 내세에서 깨어날 때는 이승에서의 우정의 기억을 고스란히 간직한 채 순수하고 온전한 영적 삶을 누릴 것이 아닌가.

2) 중간 생명(intervital): 이승에서의 삶과 내세의 삶 사이에 있는 생명.

3) 무늬가 진 잎사귀(figured leaf): 과거의 흔적을 보여주는 꽃잎.

XLIII. SLEEP AND DEATH

If Sleep and Death be truly one,
　　And every spirit's folded bloom
　　Thro' all its intervital gloom
In some long trance should slumber on;

Unconscious of the sliding hour,
　　Bare of the body, might it last,
　　And silent traces of the past
Be all the colour of the flower;

So then were nothing lost to man;
　　So that still garden of the souls
　　In many a figured leaf enrolls
The total world since life began;

And love will last as pure and whole
　　As when he loved me here in Time,[4)]
　　And at the spiritual prime[5)]
Rewaken with the dawning soul.

---

4) Time: 내세의 영원과는 대조되는 이승에서의 한정된 시간.

5) the spiritual prime: 내세의 영적 삶이 시작되는 새벽(dawn of the spiritual life hereafter)—테니슨.

44. 신비한 암시[1)]

여기 이승 사람은 점점 성장하고 있는데,
　　저 행복한 망인은 어떻게 지내고 있을까?
　　그러나 사람은 하느님이 머리의 봉합선을
닫기 전의 시절을 잊어버린다.

음조며 색조 등 옛날은 사라졌어도,
　　가슴에 간직된 느낌이 아마도 때때로
　　한 줄기 조그만 빛, 신비한 암시를
보여주리라 (사람은 그 근원을 모른다).[2)]

또 기나긴 조화로운 세월 속에
　　(만일 「죽음」이 그렇게 망각천을 맛본다면),
　　속세의 것들에 대한 어떤 희미한 감촉이
동료들과 거니는 그대를 놀라게 할 법도 하련만.

만일 그런 한 줄기 꿈같은 감촉이 내려와,
　　오, 그대를 돌이켜 세우고, 의심을 풀어준다면,
　　나의 수호천사는 저 높은 곳에서 큰 소리로
그대에게 모든 것을 들려주련만.

---

1) 인간은 세월과 함께 정신과 육체가 성장하지만, 어린 시절을 거의 망각하고 간혹 희미하게 기억할 뿐이다. 그러면 내세에서 영적으로 성장할 사람이 이승의 기억을 희미하게나마 기억할 것인가? 만일 그렇다면, 내가 이승에서 그를 기억하고 있듯이, 그도 저승에서 나를 기억할 수 있지 않을까?

2) ll. 3-8: Cf. 워즈워쓰, 「영생의 노래("Immortality Ode")」, v. ll. 1-9:

　　우리의 출생은 수면과 망각일 뿐이다.

XLIV. A MYSTIC HINT

How fares it with the happy dead?
For here the man is more and more;
But he forgets the days before
God shut the doorways of his head.

The days have vanish'd, tone and tint,
And yet perhaps the hoarding sense
Gives out at times (he knows not whence)
A little flash, a mystic hint;

And in the long harmonious years
(If Death so taste Lethean springs),
May some dim touch of earthly things
Surprise thee ranging with thy peers.

If such a dreamy touch should fall,
O turn thee round, resolve the doubt;
My guardian angel will speak out
In that high place, and tell thee all.

우리와 함께 떠오르는 영혼, 우리의 생애의 별은
다른 곳에서 졌다가,
멀리서 온다.
완전한 망각으로도 아니고,
완전한 나체로도 아니고,
영광의 구름을 이끌면서 우리는 온다,
우리의 본향인 하느님으로부터.
우리 어린 시절엔 천국이 우리 주변에 있다!

45. 젖먹이의 배움[1)]

땅과 하늘에 낯설은 젖먹이는,
　　그의 고사리 같은 손바닥이
　　고동치는 가슴에 놓일 때,
'이것이 나구나'라고 생각해 본 일 결코 없다.

그러나 그는 자람에 따라 많은 것 알게 되고,
　　'나'와 '나를'이란 말의 쓰임을 익히며,
　　'나는 내가 보고 있는 내가 아니고,
내가 만져보는 것과는 다른 딴 것'임을 안다.

그렇게 젖먹이는 생생한 기억이 비롯될 때부터
　　독자적인 마음으로 나아간다,
　　마치 그를 매어두는 육체를 통하여
그의 개성이 뚜렷해지듯이.

이런 관용(慣用)은 피와 숨결에 밸 것이니,
　　그렇지 않으면 그것들은 응당 쓸모가 없다,
　　만일 사람이 죽어서 다시 태어난 뒤에
제 자신을 새삼스레 익혀야 한다면.

1) 젖먹이는 자라나면서 자신의 정체성을 익히게 되고, 자신만의 독자적인 의식을 가지게 된다. 그리고 이렇게 각자가 어릴 적부터 익힌 것은 죽은 뒤 내세에서도 유지될 것이다. 만일 그렇지 않다면, 지상에서의 인간의 학습은 아무런 쓸모가 없을 것이다.

XLV. BABY'S LEARNING

The baby new to earth and sky,
What time his tender palm is prest
Against the circle of the breast,
Has never thought that 'this is I:'

But as he grows he gathers much,
And learns the use of 'I,' and 'me,'
And finds 'I am not what I see,
And other than the things I touch.'

So rounds he to a separate mind
From whence clear memory may begin,
As thro' the frame that binds him in
His isolation[2] grows defined.

This use may lie in blood and breath,[3]
Which else were fruitless of their due,[4]
Had man to learn himself anew
Beyond the second birth of Death.[5]

---

2) isolation: 남과 구별되는 자기만의 성격, 즉 개성(individuality).

3) blood and breath: life in the body.

4) their due: the task they were made for.

5) After he has been born into the new life after death.

46. 그윽한 새벽[1)]

우리는 한층 낮은 이 길을 걷는데,
우리가 지나온 가시와 꽃길은
인생이 뒤돌아보고서 낙망하지 않도록
흐르는 세월로 그늘져 있다.

그건 그렇지만, 무덤 뒤의 그 그윽한 새벽엔
어떤 그늘도 견뎌내지 못하고,
이 끝에서 저 끝까지[2)] 지난날의
영원한 풍경이 선명하게 활짝 피어나리라.

드러난 기나긴 세월도,
소리 없이 흘러간 결실의 세월도,
풍요로운 평화 속에 가지런했던 시절도,
기름진 들판에 펼쳐졌던 저 다섯 해도.[3)]

오 「사랑」이여, 그대의 영역은 크지 않았으니,
막힌 들녘이요, 멀리 뻗치지도 않았다.
아아, 명상의 별떨기인 「사랑」이여,
이 끝에서 저 끝까지 걸친 장밋빛 따사로움이여.[4)]

---

1) 이승에서 우리가 걸어온 길은 세월이 흐르면 희미해지고 언젠가는 기억에서 사라진다. 그러나 우정의 별이 우리의 이승과 저승의 생애를 품안기에, 저승에서는 이승에서의 삶의 기억이 풍경화처럼 생생하게 되살아난다.

2) 이 끝에서 저 끝까지(marge to marge): 이승에서 낳아서 죽을 때까지.

3) 테니슨은 일생 중 핼럼과 우정을 나눴던 5도 채 못되는 그 기간이

XLVI. DEEP DAWN

We ranging down this lower track,
        The path we came by, thorn and flower,
        Is shadow'd by the growing hour,
Lest life should fail in looking back.

So be it: there no shade can last
        In that deep dawn behind the tomb,
        But clear from marge to marge shall bloom
The eternal landscape of the past;

A lifelong tract of time reveal'd;
        The fruitful hours of still increase;
        Days order'd in a wealthy peace,
And those five years its richest field.

O Love, thy province were not large,
        A bounded field, nor stretching far;
        Look also, Love, a brooding star,
A rosy warmth from marge to marge.[5)]

가장 풍요로운 시절이라고 생각한다.

4) ll. 13-16: 비록 둘 사이의 이승에서의 우정은 한정적이고 짧았지만, 우정의 시작에서부터 영원으로 이끌어준다.

5) from marge to marge: from the beginning of earthly friendship to eternity in the afterlife.

47. 나는 그를 알리라[1]

하나의 독립된 완전체로 보이는 각자가
전생(轉生)하여, 다시 자아의
옷자락을 모두 녹여버리고,
또 다시 대령(大靈)에 잠겨야 한다는 것은

무척이나 씁쓸하고도 몽롱한 믿음이다.
영원한 형체가 주변의 온갖 것으로부터
저 영원한 혼을 갈라놓는다 해도,
우리가 서로 만날 때 나는 그를 알리라.[2]

우리는 끝날 줄 모르는 잔칫상에 앉아
각자 서로의 행복을 맛보리니,
도대체 어떤 큰 꿈인들 이를 수 있으랴
그 「사랑」의 분위기에? 적어도 그는 찾으리라,

혼들이 사라져버리기 전에,
최후의 가장 뾰족한 높은 곳에서
착지할 지점을. 그리고 악수하며 말하리라,
'안녕! 우리는 광명 속에 사라진다오.'

---

1) 테니슨은 죽은 뒤 우리의 개성이 완전히 소멸된다는 생각을 근본적으로 거부한다. 이에 관련하여 그는 이렇게 말한 적이 있다: "개성은 사후에도 지속된다. 그리고 우리는 하느님께 완전히 흡수되지는 않는다. 만일 우리가 궁극적으로 대령(the Universal Soul)에 융합되어야 한다면, 「사랑」은 적어도 우리의 자신이 소멸되기 전에 한 번 더 작별을 요청한다."

2) ll. 1-8: 중세의 이론에서는 개인의 영생을 부인하고, 사람이 죽으면 그가 나왔던 대령에 다시 융합된다고 주장하였다. 만일 이것이 틀림없는

XLVII. I SHALL KNOW HIM

That each, who seems a separate whole,
Should move his rounds, and fusing all
The skirts of self again, should fall
Remerging in the general Soul,

Is faith as vague as all unsweet:
Eternal form shall still divide
The eternal soul from all beside;
And I shall know him when we meet:

And we shall sit at endless feast,
Enjoying each the other's good:
What vaster dream can hit the mood
Of Love on earth? He seeks at least

Upon the last and sharpest height,
Before the spirits fade away,
Some landing-place, to clasp and say,
'Farewell! We lose ourselves in light.'

사실이어서 우리가 각자의 우정을 영원히 나눌 수 없다면, 우리 영혼이 대령에 흡수되어 빛 속에 소멸되기 전에 적어도 잠시 서로를 알아보고 작별을 나눌 여유라도 주어야 마땅하지 않은가. 이에 관련하여 테니슨은 이렇게 말한 일이 있다: "내생에서 신성에 흡수된다는 것이 몇몇 사람들의 신념이라면, 좌우간 그들로 하여금 이런 흡수가 있기 전에 우리에게 많은 개성적 삶을 누릴 수 있도록 허락하게 하시오, 이 짧은 생애의 개체가 그렇게 막중한 결합을 준비하기에는 너무나도 짧으니까"(『회고록』, I, 319).

48. 슬픔이 낳은 짧은 시들[1)]

만일 「슬픔」이 낳은 이 짧은 시들이
까닭을 알 수 없는 중대한 의심과
여기에 제안된 해답으로 여겨진다면,
이 시들은 세인들이 비난할 것들이었으리라.

「슬픔」의 근심은 분석하여 증명되는 것이 아니다.
슬픔은 한층 된 슬픔이 잦아들 때,
가냘픈 의심의 그림자가 스치는 모습을 취하여,
그것을 사랑의 배신(陪臣)으로 삼는다.[2)]

그러므로, 진정, 슬픔은 말과 유희하지만,
건전한 법칙을 보다 더 잘 섬기며,
죄스럽고 부끄럽게 여긴다,
심금으로부터 슬프고 슬픈 곡조 끌어내는 것을.

「슬픔」은 감히 보다 원대한 시를 기대하진 않아도,
입술에서 얼마간은 풀어낸다,
눈물에 날개를 적시고서 사라지는
제비의 비상과도 같은 짧은 시가를.

---

1) 《48~49》는 이 추모시의 본질에 대하여 언급하고 있다. Cf. 《7》, 《8》, 《21》, 《37》, 《38》. 시인은 이 슬픔에서 짜낸 시들은 앞서의 심오하고 원대한 문제에 대한 해답을 제시하는 것이 아니라, 다만 자신의 슬픔을 털어놓은 짧은 서정시에 지나지 않는다고 말한다.

2) ll. 6-8: 슬픔이 가져오는 의심이 사랑에 도움이 된다는 뜻.

XLVIII. SORROW-BORN BRIEF LAYS

If these brief lays, of Sorrow born,
Were taken to be such as closed
Grave doubts and answers here proposed,
Then these were such as men might scorn:

Her care is not to part[3] and prove;
She takes, when harsher moods remit,
What slender shade of doubt may flit,
And makes it vassal unto love:

And hence, indeed, she sports with words,
But better[4] serves a wholesome law,[5]
And holds it sin and shame to draw
The deepest measure[6] from the chords:

Nor dare she trust a larger lay,
But rather loosens from the lip
Short swallow-flights of song, that dip
Their wings in tears, and skim away.

---

3) part: 분석하다(analyse).

4) better: than by analysis.

5) 건전한 법칙(a wholesome law): 한낱 시로서는 풀어낼 수 없고 다만 깊은 슬픔으로 깨달을 수 있는 진리.

6) deepest measure: fullest answer.

49. 깊어가는 슬픔[1]

예술로부터, 자연으로부터, 학파들로부터,
멋대로[2] 영향이 번득이게 하라,
마치 일그러진 연못가에 부서지는
많은 흔들리는 창살의 빛처럼.

가볍디가벼운 사색의 물결은 일렁이고,
유연하기만 한 환상의 회오리는 소용돌이치고,
가볍기만 한 노래 가락은 숨쉬어
침울한 수면이 잔물결 일게 하리라.[3]

그러니 그대의 모습을 보고 그대[4] 갈 길을 가라,
그러나 그대 저 바람을 책하진 말라,
겉보기엔 변덕스런 잔물결 부서지게 하고
연한 연필 칠한 듯한 그림자를 놀리는 저 바람을.

온갖 공상의 희망과 두려움 아래서,
아 슬프다, 슬픔은 깊어만 가고,
외투로 감싼 슬픔의 동작은 제멋대로
눈물 속에 내 생의 바닥을 빠뜨리누나.

---

1) 시도, 자연도, 철학이나 신학도 점점 더 깊어만 가는 시인의 슬픔의 표면보다 더 깊게 이르지는 못한다. 그러니 이 시인의 종잡을 수 없는 슬픈 심정의 표출을 책망치 말라고 테니슨은 말한다.

2) 멋대로: 원문의 형용사 "random"을 어감상 부사로 새겨놓았다.

3) ll. 4-8: 여러 가지 형태로 슬픔을 흔들어 놓는 시의 특징들.

XLIX. DEEPENING SORROW

From art, from nature, from the schools,
Let random influences glance,
Like light in many a shiver'd lance
That breaks about the dappled pools:

The lightest wave of thought shall lisp,
The fancy's tenderest eddy wreathe,
The slightest air of song shall breathe
To make the sullen surface crisp.[5)]

And look thy look, and go thy way,
But blame not thou the winds that make
The seeming-wanton ripple break,
The tender-pencil'd shadow play.

Beneath all fancied hopes and fears
Ay me, the sorrow deepens down,
Whose muffled motions blindly drown
The bases of my life in tears.

---

4) 《21》에 나오는 나그네와 같이 사연도 모르고 시인의 슬픈 노래를 이러쿵저러쿵 비판하는 일반 청자나 독자.

5) To make the surface of grief's dark pool ripple.

50. 내 곁에 있어다오[1]

내 곁에 있어다오, 내 빛이 잦아들 때,
피가 천천히 흐르고, 신경이 쑤시며
따끔거릴 때, 가슴이 아프고
모든 「존재」의 바퀴들이 느려질 때.

내 곁에 있어다오, 감각적인 육체가
믿음을 물리치는 번민으로 괴로워할 때,
그리고 먼지를 뿌리는 미치광이 「시간」과
불꽃 튀기는 「격정」인 「삶」으로 괴로워할 때.

내 곁에 있어다오, 내 믿음이 시들고,
알을 낳고 꽁무니로 쏘며 노래하고
조그만 집을 짓고 죽어 가는
늦봄의 벌 꼴인 인간이 시들 때.

내가 죽을 때 내 곁에 있어
인생의 고통의 종말을 가리키고,
낮고 어두운 생의 끝에
영원한 날의 박명(薄明)을 가리켜다오.

---

1) 보이지 않는 핼럼의 혼령만이 슬픔에서 자신을 구해줄 수 있다고 여겨, 그의 혼령에게 간절히 호소하는 내용이다. 《50~56》은 리얼 경의 『지질학 원리』에서 얻은 지식(《35》의 주 3참조)과 후일 차알즈 다아윈의 『종의 기원(*The Origin of Species*)』(1859)에서 정리 · 소개되는 자연도태설(natural selection)과 깊은 관련이 있는 시편들인데, 여기서 시인은

L. BE NEAR ME

Be near me when my light is low,
When the blood creeps, and the nerves prick
And tingle; and the heart is sick,
And all the wheels of Being slow.

Be near me when the sensuous frame
Is rack'd with pangs that conquer trust;
And Time, a maniac scattering dust,
And Life, a Fury slinging flame.

Be near me when my faith is dry,
And men the flies of latter spring,
That lay their eggs, and sting and sing
And weave their petty cells and die.

Be near me when I fade away,
To point the term of human strife,
And on the low dark verge of life
The twilight of eternal day.

이 같은 자연과학의 지식에서 생긴 영생불멸에 대한 회의로 인해 이제까지 미약하게나마 품고 있었던 믿음마저도 크게 흔들리고 있음을 비친다. 하지만 그는 《50~52》에서는 사자가 산 사람이 회의를 물리치고 선의 궁극적인 승리에 대한 믿음을 가지도록 도와주리라는 희망을 피력한다.

51. 사자의 밝은 눈[1]

우리는 진정으로 바라는가, 죽은 사람이
아직도 우리 곁에 가까이 있어주기를?
우리에게 숨기고자 하는 비천함은 없는가?
우리가 두려워하는 내적인 수치는 없는가?

내가 그의 칭찬을 받으려고 애쓰며,
그의 책망에도 내가 존경심을 가졌던 그는
밝은 눈으로 어떤 감춰진 부끄러움을 알아내고,
나는 그의 사랑 속에서 움츠러들고 말 것인가?

나는 옳지 못한 두려움으로 무덤을 더럽힌다.
믿음이 없다고 사랑이 책망받을 것인가?
위대한 「죽음」에는 반드시 지혜가 있어,
사자는 나를 속속들이 들여다보리라.

우리 곁에 있어다오, 우리가 오르거나 떨어질 때.[2]
그대는 우리 눈과는 다른 보다 큰 눈으로,
우리 모두를 참작하기 위하여,
하느님처럼 흘러가는 세월을 지켜보누나.[3]

---

1) 유일하게 나를 슬픔에서 구해줄 수 있는 것이 죽은 헬럼의 혼령인데, 그는 하느님과 같은 지혜롭고 밝은 눈으로 인간을 꿰뚫어보기 때문에 누구도 허물을 감출 수가 없다. 그렇다면 그가 옆에 있어주기를 바라는 나에게는 혹시 감춰야 할 부끄러운 점은 없는가 하고 시인은 자신을 성찰한다.

LI. CLEAR EYE OF THE DEAD

Do we indeed desire the dead
　　Should still be near us at our side?
　　Is there no baseness we would hide?
No inner vileness that we dread?

Shall he for whose applause I strove,
　　I had such reverence for his blame,
　　See with clear eye some hidden shame
And I be lessen'd in his love?

I wrong the grave with fears untrue:
　　Shall love be blamed for want of faith?
　　There must be wisdom with great Death:
The dead shall look me thro' and thro'.

Be near us when we climb or fall:
　　Ye watch, like God, the rolling hours
　　With larger other eyes than ours,
To make allowance for us all.

---

2) 오르거나 떨어질 때: 선을 향해 오르거나 악의 구렁으로 떨어질 때.

3) 헬럼의 혼령이 큰 눈으로 우리를 지켜보고 있는 것은, 우리의 허물을 들춰내서 책망하고자 하는 것이 아니라 우리 모두를 참작하기 위해서이다.

52. 괴로워 말라[1]

마땅히 그래야 하듯 나는 그대를 사랑할 순 없소,
사랑이란 귀염받는 것을 보여주기에.
내 말은 한낱 말일 뿐,
사색의 맨 앞 꼭대기에서 맴돌았소.

'그러나 그대의 애잔한 노래를 책하진 마오.'
그 진정한 우정의 「영혼」은 대꾸하였다.
'그대는 그대 편에서 날 떼어놓지는 못하오,
어떤 인간의 과실도 날 그르치진 못하오.

'그 무엇이 사람을 그가 지니고 있는
그 이상(理想)에 온전히 충실하게 하겠소?
어떤 기록이겠소? 저 시리아의
푸른 바다 밑에서 숨쉬던 순결한 세월도 아니오.[2]

'그러니 나태한 소녀와도 같이 괴로워하지 마오,
삶이 죄의 얼룩으로 물들었다 해서.
참으시오, 「시간」이 진주에서 껍질을
뗄 때면, 그대의 행복은 모여들리니.'

---

1) 테니슨이 핼럼과 동일하게 느낀 것은 오로지 그들이 함께 다닌 케임브리지라는 장소의 일치였으나(《42》, ll. 3-4), 이제는 사별하여 그 장소마저 떨어졌다. 그래서 시인은 핼럼을 생전처럼 가까이 할 수도 없고, 심중의 생각을 전달할 수도 없음을 안타까워한다. 그러나 핼럼의 영혼은 그들이 생과 사로 나뉘었지만 서로 떨어질 수도 없고 인간의 과실이 그에게 손상을 입힐 수도 없으니, 자신을 책망하거나 괴로워하지 말라고 시인을 위로한다.

LII. FRET NOT

I cannot love thee as I ought,
For love reflects the thing beloved;
My words are only words, and moved
Upon the topmost froth of thought.

'Yet blame not thou thy plaintive song,'
The Spirit of true love replied;
'Thou canst not move me from thy side,
Nor human frailty do me wrong.

'What keeps a spirit wholly true
To that ideal which he bears?
What record? not the sinless years
That breathed beneath the Syrian blue:

'So fret not, like an idle girl,
That life is dash'd with flecks of sin.
Abide: thy wealth is gather'd in,
When Time hath sunder'd shell from pearl.'

이 시에서 테니슨은 이상세계에나 있는 완전하고 영원한 사랑과 인간의 현실세계에 있는 불완전하고 유한한 사랑을 구분하고 있다. 시인은 인간적인 사랑은 사랑하는 이의 육체적인 존재를 필요로 하기 때문에, 그리스도의 사랑과 같은 완전한 사랑은 불완전한 인간으로서는 유지할 수 없다고 불평한다. 그러나, 인간의 불완전함과 사랑하는 이들을 물리적으로 갈라놓는 죽음에도 불구하고, 사랑의 영혼은 지속된다고 본다. 그래서 의인화된 사랑의 영혼은 화자에게 사랑의 이상이 모든 인간의 약점이나 유한성을 넘어 살아남는다는 확고한 신념을 가지고 참을 것을 권유한다(Ross 33).

2) ll. 11-12: 신약성서에 기록된 그리스도의 죄 없는 세속생활.

53. 야생 귀리[1]

얼마나 많은 아버지들을 내가 보아왔던가,
자기 자식들에게는 근엄한 사람들을,
젊은 시절은 좋지 못한 소문이 자자했어도,
성년에는 강건하고 청순한 빛을 띠는 사람들을?

감히 우리는 이런 망상을[2] 받아들일 수 있을까,
야생 귀리나마 씨앗을 뿌리지 않았더라면,[3]
뿌려지지 않은 땅에서 사람이 먹고 살
곡식을 거의 길러내지도 못했을 것이라고?

혹은, 만일 젊음의 혈기를 잃을 때까지
오래 사는 사람에게 이 신조가 건전하다면,
격정의 소용돌이를 자꾸만 일으키는 자들에게
그 뉘라서 그것을 진리로서 전도할까?

선을 간직하라, 그대여. 그 뜻을 잘 밝혀라.
신묘한 「철학」이 제 영역을 넘어서서
저 「지옥의 왕자들」에게
여자 뚜쟁이가 될까 두려우니.

---

1) 인간의 덕성이란 기껏해야 선과 악을 모두 경험하고 나서 선을 택하는 것이다. 그러나 아직도 격정의 소용돌이에 빠져 있는 젊은이들에게 이런 사실을 알려주는 것은 위험하다. 이런 철학이 자칫 젊은이들에게 악을 장려할 수 있으므로, 우리는 그들이 따를 규범을 단단히 갖춰야 한다.

이에 관련하여 테니슨은 다음과 같이 말한 적이 있다: "방탕자에게도 때로는 격정적인 혈기의 본성이 있다. 감정적으로 나타나는 본성은 점

LIII. THE WILD OAT

How many a father have I seen,
A sober man, among his boys,
Whose youth was full of foolish noise,
Who wears his manhood hale and green:

And dare we to this fancy give,
That had the wild oat not been sown,
The soil, left barren, scarce had grown
The grain by which a man may live?

Or, if we held the doctrine sound
For life outliving heats of youth,
Yet who would preach it as a truth
To those that eddy round and round?

Hold thou the good: define it well:
For fear divine Philosophy
Should push beyond her mark, and be
Procuress to the Lords of Hell.

잖빼는 사람보다도 더 솔직할 수 있다. 그러나 우리는 구실을 대지 말고, 노소가 공히 따라야 할 선의 규범을 마련해놓아야 한다."

2) 이런 망상(this fancy): 젊은 시절의 부도덕한 생활이 어른이 되면 선으로 이끌어준다는 옳지 못한 생각.

3) 야생 귀리(wild oat): "야생 귀리를 뿌리다(Sow one's wild oats)"라는 말은 "젊은 혈기로 난봉을 피우다"라는 뜻이다.

54. 모두에게 선이 내리리[1)]

오, 그러나 우리는 믿는다, 아무튼 선이
　　악의 궁극적 귀착지가 될 것임을.
　　성격 나름의 고통, 의지에서 비롯되는 죄악,
의심이 지닌 결함, 핏속의 더러움의 귀착지가.

그 어느 것도 맹목의 발길로는 걷지 않으며,
　　단 하나의 목숨도 파괴당하거나,
　　쓰레기처럼 공허에 버림받지 않을 것임을,
하느님이 이 세상을 완전하게 지어놓으실 때는.

벌레 하나라도 헛되이 동강나지 않으며,
　　나방 하나도 헛된 소망을 품고
　　얻을 것도 없는 불 속으로 뛰어들지 않으며,
혹은 다른 생물의 이득이 되게 한다는 사실을.

보라, 우리는 아무 것도 알지 못한다.
　　나는 믿을 수밖엔 없다, 선이
　　마침내—먼 훗날—드디어 모두에게 내리고,
모든 겨울은 봄으로 변하리라고.

이렇게 내 꿈은 내닫는데, 나는 무엇인가?
　　밤중에 울고 있는 어린 아이,
　　빛을 찾아 울고 있는 어린 아이,
울음밖엔 아무 말도 모르는 어린 아이.

---

1) 그러나 시인은 "하느님이 이 세상을 완벽하게 만들어 놓으신다면"(l. 8), 현재의 모든 악이 결국 선으로 귀착될 것을 믿는다.

LIV. GOOD SHALL FALL TO ALL

Oh yet we trust that somehow good
Will be the final goal of ill,
To pangs of nature, sins of will,
Defects of doubt, and taints of blood;

That nothing walks with aimless feet;
That not one life shall be destroy'd,
Or cast as rubbish to the void,
When God hath made the pile complete;

That not a worm is cloven in vain;
That not a moth with vain desire
Is shrivell'd in a fruitless fire,
Or but subserves another's gain.

Behold, we know not anything;
I can but trust that good shall fall
At last—far off—at last, to all,
And every winter change to spring.

So runs my dream: but what am I?
An infant crying in the night:
An infant crying for the light:
And with no language but a cry.[2]

---

2) ll. 18-20: 《124》, ll. 19-20에 이르러서는 "그때 나는 우는 어린이, 울면서도 / 아버지가 가까이 있음을 아는 아이였다"는 말로 바뀐다.

55. 큰 소망[1)]

모든 생명체들 중에 그 어떤 생명도
무덤 뒤로 떨어지지 않았으면 하는 소망,
그 소망은 영혼 속에 간직된
신에 가장 유사한 것[2)]에서 생겨나지 않는가?

그러면 「하느님」과 「자연」은 다투고 있는가,[3)]
「자연」이 저 흉악한 꿈을 꾸게 하고 있으니?
「자연」은 종자엔 그렇게 세심한 것 같아도
일개 생명엔 그렇게도 무심하니,

나는, 어디서나 「자연」의 행동 속에 깃들인
헤아릴 수 없는 뜻 생각하고,
오십 개의 씨앗 중에서 「자연」은 종종
단 하나만 결실하게 한다는 것을 알고서,[4)]

단호히 걷던[5)] 이곳에 비틀대다가,
나는 태산 같은 근심으로 쓰러진다,
어둠을 뚫고 하느님께로 비탈져 올라가는
거대한 세상의 제단 층계에.

---

1) 이 시와 후속 시 《56》은 시인이 읽은 리얼 경의『지질학 원리』와 빅토리아조의 신앙을 뿌리째 흔들기 시작한 진화론의 영향으로 영생에 대한 회의와 절망이 가장 고조되어 나타나는 부분이다.

2) 영혼 속에 간직된 신에 가장 유사한 것(what we have / The likest God within the soul): "내적인 의식—인간 속의 신성"—테니슨. 경건한 신앙심.

LV. THE LARGER HOPE

The wish, that of the living whole
　　No life may fail beyond the grave,
　　Derives it not from what we have
The likest God within the soul?

Are God and Nature then at strife,
　　That Nature lends such evil dreams?
　　So careful of the type she seems,
So careless of the single life;

That I, considering everywhere
　　Her secret meaning in her deeds,
　　And finding that of fifty seeds
She often brings but one to bear,

I falter where I firmly trod,
　　And falling with my weight of cares
　　Upon the great world's altar-stairs
That slope thro' darkness up to God,

---

3) 자연의 증거물은 영생의 존재를 부인하고 "하느님은 사랑이고, 사랑은 창조의 궁극적 법칙"(《56》, ll. 13-14)이라는 관념을 부정하기 때문에.

4) ll. 6-12: 시인은 다아윈의 『종의 기원』(1859)이 나오기 훨씬 이전부터 자연도태설을 근간으로 하는 진화론을 접하고 심한 종교적 갈등과 회의에 빠졌었다. 그러나 《118. 한층 높은 종족》과 《120. 나는 다른 것으로 태어났다》에서는 진화론을 단호히 거부하는 태도를 보인다.

5) 단호히 걷던(firmly trod): 자연이 신에게 복종한다고 확고히 믿었던.

무력한 믿음의 두 손을 뻗쳐 더듬어서
        티끌과 왕겨를 긁어모으며,
        소리쳐 부른다, 느낌에 만물의 주이신 분을,
그리고 가냘프게 믿는다, 한층 더 큰 소망을.[6]

---

6) 한층 더 큰 소망(the larger hope): 오랜 기간의 시련을 거쳐 온 인류가 마침내 정화되고 구원되리라는 소망—헬럼 테니슨.

I stretch lame hands of faith, and grope,
    And gather dust and chaff, and call
    To what I feel is Lord of all,
And faintly trust the larger hope.

56. 모두 사라지리라[1)]

'종자를 그렇게 소중히 여긴다고?' 그러나 아니다.
깎아지른 절벽과 파낸 바위에서
자연은 외친다, '천 가지 종자들이 사라졌다.
나는 아무 것도 돌보지 않는다, 모두가 사라지리라.

'그대는 나에게 호소를 한다.
나는 생을 가져오고 죽음도 가져오지만,
영혼이란 단지 숨결을 의미할 뿐.[2)]
더 이상은 모른다.' 그러면, 그, 그는,

자연의 최후의 작품인 인간은, 그의 눈에는
그다지도 아름답고 웅장한 목적으로 보였고,
겨울 하늘에 성가를 울려 퍼지게 하였고,
자신에게 무익한 기도의 성전을 지었고,

진정 하느님은 사랑이시며, 사랑은
「창조」의 궁극적 법칙임을 믿었던 인간은—
비록 포식으로 이빨과 발톱이 빨간 「자연」은
그런 인간의 믿음에 날카로운 비명을 질렀지만—

---

1) 자연의 횡포는 더더욱 심해서, 창조론에 대한 믿음과 우리의 영원한 생명에 대한 희망을 송두리째 흔들어 놓는다. 지질학의 발달로 화석에서 발견된 사실들은 자연이 신의 신성한 섭리를 따르지 않고, 육체나 영혼에도 전혀 관심이 없으며, "빨간 이빨과 발톱"을 하고 생명체를

LVI. ALL SHALL GO

'So careful of the type?' but no.
From scarped cliff and quarried stone
She cries, 'A thousand types are gone:
I care for nothing, all shall go.

'Thou makest thine appeal to me:
I bring to life, I bring to death:
The spirit does but mean the breath:
I know no more.' And he, shall he,

Man, her last work, who seem'd so fair,
Such splendid purpose in his eyes,
Who roll'd the psalm to wintry skies,
Who built him fanes of fruitless prayer,

Who trusted God was love indeed
And love Creation's final law—
Tho' Nature, red in tooth and claw
With ravine, shriek'd against his creed—

모두 파괴할 뿐 개체나 종의 보존에도 전혀 무관심하다는 것을 보여준다.

2) 원래 라틴어로 "spiritus"는 "숨결(breath)"을 의미한다. 그러니까 자연은 인간은 육신의 죽음과 동시에 숨결이 멎으니 영혼도 함께 죽어 없어진다고 믿는다.

사랑하며, 헤아릴 수 없는 재난을 겪었고,
「진리」와 「정의」를 위해 싸우던 인간은,
황폐한 흙이 되어 흩날려져버릴 것인가?
아니면 철 언덕 속에 화석되어 묻혀버릴 것인가?

그 이상 아무 것도 아니라고? 그러면 인간은 한낱 괴물,
한낱 환상, 한낱 불화. 자신들의 진흙탕물 속에서
서로를 찢어대던 원시의 용들의 소리가
그에게 어울리는 달콤한 음악이었으리.[3]

오, 그러면, 이를 데 없이 하찮고 약해빠진 인생이여!
오, 위로와 축복을 주는 그대의 음성을![4]
어떤 희망의 응답이나 어떤 구제를 바라리?
저 장막 뒤에서, 저 죽음의 장막 뒤에서.

---

3) ll. 21-24: 만일 궁극적인 생의 법칙이 사랑이 아니며 인간이 자연의 횡포의 희생물에 불과하다면, 영생에 대한 희망과 꿈으로 현혹당할 일이 없었던 원시의 공룡과 같은 괴물들이 오히려 자연의 법칙에 걸맞았을 것이다.

4) 그대의 음성: 핼럼의 음성.

Who loved, who suffer'd countless ills,
    Who battled for the True, the Just,
    Be blown about the desert dust,
Or seal'd within the iron hills?

No more? A monster then, a dream,
    A discord. Dragons of the prime,[5)]
    That tare each other in their slime,
Were mellow music match'd with him.

O life as futile, then, as frail!
    O for thy voice to soothe and bless!
    What hope of answer, or redress?
Behind the veil, behind the veil.

---

5) Dragons of the prime: monsters of the primitive age, particularly dinosaurs.

57. 안녕히, 안녕히[1)]

조용해라. 가자. 슬픔의 노래란
결국 이승의 노래란다.
조용해라. 가자. 이렇듯 야단스레 노래하면
그의 기분이 상한다. 자 가자.

자자. 가자. 네 볼이 창백하구나.
내 삶의 반쪽을 남겨 놓고 가건만,
내 딴엔 내 친구를 묘에 훌륭히 모신 듯하구나.
그러나 나는 죽고, 내 작품은 쇠하겠지.

그래도, 안 들릴 때까지, 우리 귓전엔
느린 종 한 벌이 울릴 듯하구나,
인간의 눈으로 항상 지켜보던
저 가장 아름다운 영혼의 죽음을.

내 귀에 들려온다 지금, 그리고 자꾸만,
사자에게 한 영원한 작별인사말이.
'잘 가게, 잘 가게, 잘 가.'란 그 말이,—
'안녕히, 안녕히' 언제까지나.

---

1) 시인과 함께 핼럼의 무덤을 방문한 에밀리가 발길을 돌리지 못하고 슬퍼하는 것을 가상하고 지은 시. 시인은 이승의 것이 아닌 것들을 이승의 슬픈 노래로 풀어내려는 행위는 오히려 사자의 마음을 상하게 할뿐이라고 여긴다. 벗이 무덤에 묻힌 지 이미 오래 되었지만, 테니슨의 귓전에는 아직도 그의 죽음을 조상하는 조종이 영원한 작별을 고하는 듯하다.

LVII. ADIEU, ADIEU

Peace; come away: the song of woe
Is after all an earthly song:
Peace; come away: we do him[2] wrong
To sing so wildly: let us go.

Come; let us go: your[3] cheeks are pale;
But half my life I leave behind:
Methinks my friend is richly shrined;
But I shall pass; my work will fail.

Yet in these ears, till hearing dies,[4]
One set slow bell will seem to toll
The passing of the sweetest soul
That ever look'd with human eyes.

I hear it now, and o'er and o'er,
Eternal greetings to the dead;
And 'Ave, Ave, Ave,' said,
'Adieu, adieu' for evermore.[5]

---

2) him: Hallam.

3) your: Hallam's fiancée, Emily's.

4) till hearing dies: 가청권에서 벗어날 때까지; 안 들릴 때까지.

5) ll. 15-16: "Ave"와 "Adieu"는 각각 라틴어와 프랑스어로 "안녕(Farewell)"이라는 뜻.

58. 보다 고상한 작별[1)]

저 슬픈 말로 나는 작별을 고했다.
무덤의 넓은 공간에 퍼지는 메아리인 듯,
지하 납골당이나 지하 묘지에서
방울방울 물이 떨어지듯 슬픔의 말은 떨어졌다.

그 슬픈 말은 떨어져 얄궂게도 깨뜨렸다,
육체가 시들어 가는 것도
그들이 멈출 저 차가운 납골당도 거의 모르고,
매일 매일 고동치던 심장의 평온을.

지고한 「시신」[2)]이 대답했다, '어이해 슬퍼하는가,
그대의 형제들은 쓸데없는 눈물을 흘리면서?
여기서 조금만 더 머물러라,
그러면 그대들은 보다 고상한 작별을 하게 되리니.'[3)]

---

1) 《57》과 함께 이 시에서는 시인이 이제 슬픔의 절망에서 벗어나 적극적인 삶의 태도를 취하고 보다 훌륭한 시를 쓰고자 하는 태도의 변화를 보인다. 시인이 핼럼의 요절 직후에 쓴 「율리씨즈("Ulysses")」에 붙인 설명에 이 시에 담긴 의미를 엿볼 수 있다: "「율리씨즈」는 아아써 핼럼이 죽은 직후에 씌었는데, 아마도 전진하여 삶의 투쟁에 용감하게 맞서야 한다는 내 심정을 『인 메모리엄』의 어느 것보다도 더 꾸밈없이 제시하였다."

2) 지고한 시신(The high Muse): 《37》의 첫 머리에 소개된 바 있는 유레이니어.

LVIII. A NOBLER LEAVE

In those sad words I took farewell:
Like echoes in sepulchral halls,
As drop by drop the water falls
In vaults and catacombs, they fell;

And, falling, idly broke the peace
Of hearts that beat from day to day,
Half-conscious of their dying clay,
And those cold crypts where they shall cease.

The high Muse answer'd: 'Wherefore grieve
Thy brethren with a fruitless tear?
Abide a little longer here,
And thou shalt take a nobler leave.'

3) 보다 고상한 작별을 하게 되리니(take a nobler leave): 오래 끄는 이 시가 모두 완성되고, 확고한 희망으로 끝날 날이 오리니.

59. 오 슬픔이여 (2)[1)]

오 「슬픔」이여, 너 나와 함께 살자꾸나,
일시적인 애인이 아니라 아내로서,
내 정다운 벗, 내 삶의 반쪽으로서,
꼭 그래 주었으면 하고 내가 실토하듯이.

오 「슬픔」이여, 너 내 피를 다스리며,
때로는 신부와도 같이 정겹기도 하며,
너의 거칠기도 한 성미를 접어두려무나,
만일 나를 현명하고 선하게 할양이면.

중심을 굳힌 내 격정은 움직일 수도 없고,
오늘 이후 줄어들 리도 없다.
그러나 내 사랑의 소생[2)]과 놀듯이
나는 때때로 틈을 내어 놀리라.

너는 내 것이니 나는 너를 내세우리라,
앞날에 대한 한층 많은 희망으로,
비록 난 너를 알아도 딴 사람들은
네 이름이 무엇이었는지도 거의 모를 너를.

---

1) 이 시는 1851년 『인 메모리엄』의 제4판에 추가된 것으로, 《3. 오 슬픔이여 (1)》과 대조를 이룬다. 앞의 시에서는 슬픔이 시인에게 사고력의 상실과 절망감을 안겨주었고, 모든 자연현상이 환영에 불과하며 공허한 모습을 띠게 하여 생의 의지마저 잃게 한다고 하였다. 그렇지만

LIX. O SORROW (II)

O Sorrow, wilt thou live with me
　No casual mistress, but a wife,
　My bosom-friend and half of life;
As I confess it needs must be;

O Sorrow, wilt thou rule my blood,
　Be sometimes lovely like a bride,
　And put thy harsher moods aside,
If thou wilt have me wise and good.

My centred passion cannot move,
　Nor will it lessen from to-day;
　But I'll have leave at times to play
As with the creature of my love;

And set thee forth, for thou art mine,
　With so much hope for years to come,
　That, howsoe'er I know thee, some
Could hardly tell what name were thine.

이 시에서는 시인은 결혼의 비유를 써서 슬픔을 평생의 동반자로 삼고, 그 속에서 슬기와 선을 찾아 시의 완성을 꾀하려는 상당히 희망적이고 긍정적인 삶의 태도를 보여주고 있다.

2) 내 사랑의 소생(the creature of my love): 바로 내 슬픔에서 생겨난 이 시.

60. 어느 가련한 소녀와 같이[1]

그는 죽었다, 한층 고귀한 어조를 지닌 사람이.
　　내 혼은 그를 사랑했고, 아직도 사랑한다,
　　자신보다 신분이 높은 사람에게
마음을 정한 어느 가련한 소녀와 같이.

그는 자기와 맞는 신분과 교제하는 까닭에,
　　소녀는 자신의 신분이 미천한 것 알고서,
　　무언지 알지도 못하는 것에 반쯤은 질투하며,
그에게 어울리는 온갖 것들을 시샘한다.

작은 마을은 쓸쓸해 보이고,
　　소녀는 답답한 나날 속에 탄식한다,
　　제가 태어난 그 어두운 집
문간을 서성거리면서.

어리석은 이웃 사람들은 오가며,
　　해가 저물 때까지 소녀를 놀려대고,
　　밤이면 소녀는 운다. '난 얼마나 허영된가!
어떻게 그분이 이렇듯 비천한 것을 사랑하실까?'

---

1) 《60~65》는 《40~47》과 마찬가지로 시인과 핼럼의 신분과 재능을 회상·비교하는 공통주제를 다루고 있다. 테니슨은 핼럼이 자기보다 한층 더 고귀하고 재능이 많았던 사람이지만, 사랑에 있어서 만은 뒤떨어지지 않는다고 여긴다. 그래서, 여기에서는 앞에서와는 달리, 핼럼이 이런 자신을 기억해주기를 바라는 심정을 강조한다. 이 시 《60》에서는 두 사람 사이의 관계를 한 미천한 소녀가 지체 높은 신분의 남자를 연모하는 것에 비유하여 묘사하고 있다.

LX. LIKE SOME POOR GIRL

He past; a soul of nobler tone:
My spirit loved and loves him yet,
Like some poor girl whose heart is set
On one whose rank exceeds her own.

He mixing with his proper sphere,
She finds the baseness of her lot,
Half jealous of she knows not what,
And envying all that meet him there.

The little village looks forlorn;
She sighs amid her narrow days,
Moving about the household ways,
In that dark house where she was born.

The foolish neighbours come and go,
And tease her till the day draws by:
At night she weeps, 'How vain am I!
How should he love a thing so low?'

61. 영혼

만일, 그대의 제 2의 숭고한 지위에서,[1]
　　인간 세월의 완벽한 꽃송이인
　　저 모든 현명한 사람의 무리와[2]
그대의 속죄받은 이성이 응답을 주고받는다면,

그리고 만일 그대의 눈길을 아래로 던진다면,
　　얼마나 희미하고 가냘프게 보일까,
　　얼마나 성장이 추위와 밤 때문에 작아질까,
얼마나 어둠으로 나는 창백해질까![3]

그러나, 그대의 첫 모습이 사람을 이뤘던 그곳,[4]
　　의아스런 물가로[5] 그대 몸을 돌리시라.
　　「영혼」이여, 나는 그대를 사랑했고 사랑하오.
셰익스피어의 혼도 그대를 더 사랑할 순 없소.[6]

---

1) 그대의 제 2의 숭고한 지위에서(thy second state sublime): 핼럼은 생시에 동료들보다 월등한 위치에 있었던 것처럼 저승에서도 높은 지위에 있게 될 것이므로.

2) 저 모든 현명한 사람의 무리(all the circle of the wise): 지금쯤은 모두 성인 대열에 들었을 현명한 사람들. "인간 세월의 완벽한 꽃송이(The perfect flower of human time)"와 동격관계.

3) 만일 그대(핼럼)가 그대의 제 2의 숭고한 지위에서 하계를 내려다본다면, 나는 얼마나 보잘것없는 미소한 존재로 보일 것인가!

LXI. SPIRIT

If, in thy second state sublime,
　　Thy ransom'd reason change replies[7)]
　　With all the circle of the wise,
The perfect flower of human time;

And if thou cast thine eyes below,
　　How dimly character'd and slight,
　　How dwarf'd a growth of cold and night,
How blanch'd with darkness must I grow!

Yet turn thee to the doubtful shore,
　　Where thy first form was made a man;
　　I loved thee, Spirit, and love, nor can
The soul of Shakespeare love thee more.

---

4) 핼럼은 이제 저승에 가서 제 2의 삶, 즉 영적 모습을 띠고 있지만, 그가 처음으로 육신을 가진 사람으로 태어난 곳은 바로 이승이었으니까.

5) 의아스런 물가(the doubtful shore): 이제는 분간하기 힘들게 어두운 지상의 인간이 사는 곳.

6) 앞서 셰익스피어도 그의 쏘넷에서 우정에 관한 시를 읊은 적이 있다.

7) change replies: 응답을 주고받다(exchange replies).

62. 사라져가는 전설[1]

그러나 만일 아래로 내리 뜬 눈이
그대를 다소 움츠러들거나 약하게 할 수 있다면,
그러면 내 사랑이 한낱 보잘것없는 이야기나
지난날의 사라져가는 전설이 되게 하시라.

그리고 그대는, 소년 시절 갓 지났을 때,
마음 들떠 거들떠볼 것도 없는 자에게
한때 마음 쏠린 적 있었지만,[2]
나이 들어 걸맞는 배필과 결합하여

새로운 세상을 호흡하고, 그러는 동안
그의 다른 격정은 완전히 시들거나,
한층 심오한 안광 속에
잠깐 미소짓는[3] 사람처럼 되게 하시라.

---

1) 만일 핼럼이 천상에서 지상에 있는 나를 보고 조금이라도 수치스럽게 여긴다면, 내 사랑은 한낱 보잘것없는 이야기이고 곧 사라져버릴 과거의 전설에 불과할 것이다.

2) 핼럼이 케임브리지에 들어와 테니슨을 만난 것은 18세(1829년) 때였으므로, 그가 이제 막 소년의 티를 벗었을 때였다. 핼럼은 고향을 떠나 대학에 입학한 청소년으로 마음이 들떠 있었고, 또 당대의 역사가 가문 출신의 품위 있는 학생이었겠지만, 보잘것없는 테니슨과 깊은 우정을 나눴었다.

3) 잠깐 미소짓는(a flying smile): 천상에 오른 핼럼이 하계에서 있었던 시인과의 우정을 회상하며, 자신이 어떻게 그런 사람을 친구로 두었었는지 잠깐 갸우뚱할 것이라는 뜻.

LXII. FADING LEGEND

Tho' if an eye that's downward cast
Could make thee somewhat blench or fail,
Then be my love an idle tale,
And fading legend of the past;

And thou, as one that once declined,
When he was little more than boy,
On some unworthy heart with joy,
But lives to wed an equal mind;

And breathes a novel world, the while
His other passion wholly dies,
Or in the light of deeper eyes
Is matter for a flying smile.

63. 그대 나를 지켜주오[1)]

그러나, 혹사당하는 말을 측은히 여기는 것도,
내 개도 한 몫 끼는 사랑도,
하늘나라에 올라갈 때 이내 마음에
아무런 추도 달지는 못하리.

그리고, 아마도, 그대가 나 이상이듯,
내가 이것들보다 훨씬 낫다고 해도,
나는 그들에게 동정을 아끼지 않으며,
그들의 수고를 덜어주고만 싶다오.

그렇게 그대 나 흐느끼는 곳에 나를 지켜주오,
한층 거대한 천체의 운행에 한데 어울려
그대가 그대의 궤도를
높이높이 깊이깊이 회전하면서.[2)]

---

1) 내가 나보다 못한 말이나 개를 사랑해도 내 소망을 이루는 데는 아무 방해가 안 되듯이, 그대가 그대보다 못한 나를 사랑하는 것이 그대에게 아무 방해가 되지 않을 것이다. 그러니 바라건대, 그대여, 이 지상의 작은 궤도를 돌며 슬퍼하는 나를 한층 원대한 우주의 궤도를 회전하면서 지켜다오.

2) 시인은 여기 태양계의 작은 지구 궤도를 도는데, 헬럼은 보다 큰 우주의 궤도를 돌고 있다는 것이 은유적으로 표현되어 있다.

LXIII. MAYST THOU WATCH ME

Yet pity for a horse o'er-driven,
And love in which my hound has part,
Can hang no weight upon my heart
In its assumptions up to heaven;

And I am so much more than these,
As thou, perchance, art more than I,
And yet I spare them sympathy,
And I would set their pains at ease.

So mayst thou watch me where I weep,
As, unto vaster motions bound,
The circuits of thine orbit round
A higher height, a deeper deep.

64. 그대는 회상하는가?[1]

그대는 회상하는가 지금까지 있었던 일을?
　　마치 어떤 대단한 재능을 가진 사람처럼.
　　그의 인생은 어느 소박한 마을 초원에서
낮은 신분으로 시작했는데,

그는 출생의 불공평한 장벽을 깨고,
　　「행운」의 기회의 치맛자락을 부여잡고서
　　환경의 타격에 정면으로 부딪치며
자신의 악운의 별과 맞서서 싸운다.

그는 힘을 빌어 자신의 공적을 알리고,
　　오래 살아 황금 열쇠를[2] 움켜쥐며,
　　강력한 나라의 법령을 만들며,
왕좌의 밀담자(密談者)가 되고,[3]

그래서는 점점 높은 자리로 승진되어,
　　행운의 최고의 비탈에서
　　한 백성이 품는 소원의 표주(標柱)요
세상 사람들의 소망의 중심인물이 된다.

---

1) 시인의 아들 핼럼 테니슨에 의하면, 시인이 런던의 스트랜드가와 플리이트가를 거닐면서 이 시를 썼다고 한다. 이 시에서는 핼럼과 시인의 관계를 소박한 농촌에서 태어나 함께 자란 훌륭한 재주를 가진 친구와 평범한 친구 사이로 비유하고 있다. 재주가 많은 친구는 상경하여 온갖 난관을 극복하고 출세하여 권좌에 오른 반면, 평범한 친구는 고향에 남아서 힘들여 농사에 전념한다. 그러나, 누구나 선망하는 높은 지위에

LXIV. DOST THOU LOOK BACK?

Dost thou look back on what hath been,
　　As some divinely gifted man,
　　Whose life in low estate began
And on a simple village green;

Who breaks his birth's invidious bar,
　　And grasps the skirts of happy chance,
　　And breasts the blows of circumstance,
And grapples with his evil star;

Who makes by force his merit known
　　And lives to clutch the golden keys,
　　To mould a mighty state's decrees,
And shape the whisper of the throne;

And moving up from high to higher,
　　Becomes on Fortune's crowning slope
　　The pillar of a people's hope,
The centre of a world's desire;

오른 친구라도 때때로 한가할 때는 고향과 어린 시절의 고향 동무를 그리워하는 법이고(ll. 1-24), 고향에 있는 친구는 밭이랑에서 옛일을 떠올리며 그 친구가 자신을 기억하고 있을까 하고 생각할 때가 있다(ll. 22-28). 이렇듯 진정한 친구지간이라면 지위의 고하나 처지를 막론하고 옛 친구를 잊지는 못할 것이다.

2) 황금 열쇠(the golden key): 옥새(玉璽), 즉 최고 권세의 상징.

3) 군주를 가까이 모시는 조언자가 되고.

그러나, 그는 느낀다, 명상적인 꿈에서처럼,
그의 모든 행동적인 힘이 잠잠할 때는,
동산에 깃들인 아득한 정다움을,
여울에 담긴 남모를 사랑스러움을,

자신의 한결 좁은 운명의 한계를.[4]
그런데 한편 그 운명의 조잘대는 샘가에서
아주 어렸을 적 한 동무와 더불어
그는 변호사 놀이 임금 놀이를 했었고,

그 동무는 힘들여 고향 땅 풀밭을 갈아
두 손으로 한 노력의 대가를 거두거나,
밭이랑에 생각에 잠겨 서 있다,
'내 죽마고우는 나를 기억하고 있을까?'[5]

---

4) 3-4행에서 언급된 내용.
5) 물론 옛 친구는 나를 분명히 기억하고 있으리라.

Yet feels, as in a pensive dream,
    When all his active powers are still,
    A distant dearness in the hill,
A secret sweetness in the stream,

The limit of his narrower fate,
    While yet beside its vocal springs
    He play'd at counsellors and kings,
With one that was his earliest mate;

Who ploughs with pain his native lea
    And reaps the labour of his hands,
    Or in the furrow musing stands;
'Does my old friend remember me?'

65. 손색없는 친구[1]

정다운 혼이여, 그대 내키는 대로 나게 대답하시라.
나는 어지럽게 동요된 환상을 재운다오,
'「사랑」은 잃기에는 너무나 귀중한 것
눈곱만큼도 흘려서는 안 된다.'라는 말로.

그리고 그 위안 속에 나는 노래할 수 있다오,
뒤엉킨 고통스런 처지에서 빠져 나와
빛나는 날개로 스스로 균형을 잡고서
한 가닥 즐거운 생각이 날개치며 솟아오를 때까지.[2]

우리는 친구라는 이름을 붙여도 손색이 없었고,
그대의 영향력이 내 안에 이렇게 살아 있듯이,
내 영향력의 일부가 그대 안에 살아
그대를 고상한 종말로 이끌어갈 수도 있기에.[3]

---

1) 이 시는 앞의 시 마지막 행 "내 죽마고우는 나를 기억하고 있을까?"라는 물음에 대한 일종의 긍정적인 자답 형식을 취하고 있다. 우정이란 이승에서나 천국에서나 다 같이 잃기에는 너무나 소중한 것이기에, 핼럼은 나와의 우정을 잃지 않고 아직 나를 기억하고 있을 것이다. 그만큼 우리는 손색없는 친구였고, 저승에 간 친구의 영향력이 지상에 있는 나에게 미치듯이 내 영향력의 일부가 높은 곳에 있는 그에게 미칠 것이다. 역시 이 시의 핵심적 주제는 마지막 연에 들어 있다.

2) Cf. 《48. 슬픔이 낳은 짧은 시들》, ll. 15-16.

LXV. DESERVED FRIENDS

Sweet soul, do with me[4] as thou wilt;
　　I lull a fancy trouble-tost
　　With 'Love's too precious to be lost,
A little grain shall not be spilt.'

And in that solace can I sing,
　　Till out of painful phases wrought
　　There flutters up a happy thought,
Self-balanced on a lightsome wing:

Since we deserved the name of friends,
　　And thine effect so lives in me,
　　A part of mine may live in thee
And move thee on to noble ends.

---

3) ll. 10-12: Cf. 《85. 새로운 우정》, ll. 41-44:

나의 생애가 어떤 쪽으로 기울든,
　　나 비록 홀로 남았어도, 나는 느꼈고 느낀다오,
　　그의 생명이 내 삶 속에 역사하며
그의 삶의 발자취가 내 자취 속에 역사하고 있음을.

4) do with me: answer my question.

66. 소경[1)]

그대는 생각했소, 내 가슴 너무도 깊게 병들었다고.
그대는 갸우뚱하오, 내 맘에 언제 변덕이 일어,
어떤 하찮은 것에도 흡족해하는 사람과 같이,
기쁨 중에 기쁨을 내게 안겨줄까 하고.

내 생활을 엉클어지게 하였고
내 맘속에 폐허를 만드는 어두운 그늘은,
내 본성으로 나를 온화하게 하여
시력을 잃은 소경 같게 하였소.

그 소경의 발길은 땅바닥으로 인도되고,
친구들 간에 그의 농담은 스스럼없고,
아이들을 무릎에 앉히고서
손에 그들의 곱슬머리를 감는다오.

소경은 실뜨기 놀이도 하고, 심심풀이로
자기 의자를 두드리며, 하늘을 그려보지만,
그의 내적인 세월은[2)] 결코 사라질 리 없고,
그의 상실의 밤은 언제나 그대로이라오.

---

1) 이 시는 불특정인에게 말을 건네는 형식을 취하고 있다. 전에는 사람들은 내가 너무 깊이 병들어 언제 기쁨을 누릴 수 있을 것인가 하고 생각했었다. 그러나 지금 내가 겉으로 즐겁고 행복한 기색을 보인다고 해도, 그것은 내적인 상실감을 잊지 못하는 소경에게서 볼 수 있는 일종의 체념적인 즐거움이요 행복이다.

2) 내적인 시절(inner day): 시력이 있었던 시절의 추억.

LXVI. A BLIND MAN

You thought my heart too far diseased;
　　You wonder when my fancies play
　　To find me gay among the gay,
Like one with any trifle pleased.

The shade by which my life was crost,
　　Which makes a desert in the mind,
　　Has made me kindly with my kind,
And like to him whose sight is lost;

Whose feet are guided thro' the land,
　　Whose jest among his friends is free,
　　Who takes the children on his knee,
And winds their curls about his hand:

He plays with threads,[3] he beats his chair
　　For pastime, dreaming of the sky;
　　His inner day can never die,
His night of loss is always there.

---

3) play with threads: (어린이들을 즐겁게 하기 위해서) 실뜨기 놀이를 하다.

67. 침상의 달빛[1)]

내 침상에 달빛이 비칠 때면,
나는 안다오, 서쪽의 저 너른 물가[2)]
그대의 영면의 장소에서
그 벽에 한 줄기 후광이 생기는 것을,

그대의 대리석 비석이 어둠 속에 밝게 드러나는 것을,
그대 이름의 획을 따라서
그리고 그대 일생의 숫자 위에
한 줄기 은빛 광채가 천천히 살며시 비칠 때에.

그 신비로운 후광은 사라지고,
내 침상에서 달빛이 사라진다오.
그러면 나는 피로한 두 눈을 감고서
어둠이 회색으로 물들 때까지 잠을 청한다오.

그 뒤엔 이 연안 저 연안에
투명한 너울인양 안개가 서리고,
캄캄한 교회에서 유령과도 같이
그대의 명판(銘板)이 미명에 어렴풋이 빛난다오.

---

1) 《67~71》은 주로 밤, 잠, 그리고 꿈에 대한 주제로 되어 있다.

《67》: 똑 같은 달빛이 내 침상과 핼럼의 무덤에 비치면, 내 마음의 눈에는 핼럼의 비석에 새긴 이름자며 생존연대가 뚜렷이 떠오른다. 그 달빛이 사라지고 동이 트면, 내 침상이나 그의 어두운 무덤이나 할 것 없이 온 세상이 회색 안개에 싸인다.

LXVII. THE MOONLIGHT ON MY BED

When on my bed the moonlight falls,
I know that in thy place of rest
By that broad water of the west,
There comes a glory on the walls;

Thy marble bright in dark appears,
As slowly steals a silver flame
Along the letters of thy name,
And o'er the number of thy years.

The mystic glory swims away;
From off my bed the moonlight dies;
And closing eaves of wearied eyes
I sleep till dusk is dipt in gray:

And then I know the mist is drawn
A lucid veil from coast to coast,
And in the dark church like a ghost
Thy tablet glimmers to the dawn.

---

2) 서쪽의 저 너른 물가: (헬럼이 영면하고 있는) 클리브던(Clevedon)에 있는 쎄버언강가.

68. 진실[1]

이불깃에 내 머리를 묻을 때,
「죽음」의 쌍둥이 형제 「잠」은 내 숨결 조절하건만,
「죽음」의 쌍둥이 형제 「잠」은 죽음을 모르니,
나 역시 그대를 죽은 것으로 여길 수가 없네.

전에 걸었듯이 나는 쓸쓸히 걷네.
그때는 우리의 모든 길이 이슬 맺혀 산뜻하고,
모든 난초에 살랑대는 미풍이
동트는 아침에 맞춰 기상나팔을 불었었지.

그런데 이건 무슨 영문인가? 뒤돌아보니
그대 눈 속에 괴로운 표정이 보이는데,
영문은 몰라도 그것이 나를 슬프게 하고,
내 꿈은 그 의아심을 풀지 못하네.

그러나 종달새가 풀밭을 떠나기 전에
나는 잠을 깨어, 진실을 가늠해보네.
엉뚱한 잠이 그대에게 옮기는 것은
바로 내 어린 시절의 괴로움이네.[2]

---

1) 테니슨의 꿈에 보이는 핼럼은 죽지 않고 살아 있다. 그런데 테니슨이 꿈결에서 본 핼럼의 눈에 서린 괴로움은 다름 아닌 시인 자신이 겪어온 괴로움임을 깨닫는다. Cf. 《30. 슬픈 성탄전야》, ll. 17-28; 《43. 수면과 죽음》.

2) ll. 15-16: 꿈결에 그대 눈에 나타나는 괴로움은 바로 그대의 죽음으로 겪은 나의 슬픔이다.

LXVIII. THE TRUTH

When in the down I sink my head,
Sleep, Death's twin-brother, times my breath;
Sleep, Death's twin-brother, knows not Death,
Nor can I dream of thee as dead:

I walk as ere I walk'd forlorn,
When all our path was fresh with dew,
And all the bugle breezes blew
Reveillée to the breaking morn.

But what is this? I turn about,
I find a trouble in thine eye,
Which makes me sad I know not why,
Nor can my dream resolve the doubt:

But ere the lark hath left the lea
I wake, and I discern the truth;
It is the trouble of my youth
That foolish sleep transfers to thee.

69. 밤의 천사[1]

꿈 속에 생각했네, 더 이상 「봄」은 없고,
「자연」의 옛적 힘은 상실되었다고.
거리들은 연기와 안개로 어둡고,
사람들은 문간에서 하찮은 일을 지껄였네.

나는 시끄러운 도회를 떠나 헤매다가,
가시 돋친 나뭇가지를 하나 찾았네.
나는 그 가지를 꺾어 이마를 동였네,
나는 그걸 썼네, 마치 떡갈나무 잎 관인 양.

나는 비웃음을 샀네, 나는 경멸을 받았네,
젊은이, 젖먹이, 백발의 노인들에게서.
동네 마당에서 그들은 나를
가시관을 둘러쓴 바보라 했네.

그들은 나를 바보라 했네. 철부지라 했네.
나는 한 밤의 천사를 찾았네.
그 목소리는 낮고 표정은 밝았네.
그는 내 가시관을 쳐다보고 미소지었네.

그는 후광 같은 한 손을 뻗쳐서,
가시관을 만져 잎으로 만드는 듯 했네.
그 음성은 슬픔의 음성은 아니었고,
그 말은 알아듣기가 힘들었네.

1) 꿈에 만난 밤의 천사, 핼럼의 영혼이 시인의 아픔을 어루만지며 위로하지만, 그의 말은 잘 알아들을 수가 없다.

LXIX. AN ANGEL OF THE NIGHT

I dream'd there would be Spring no more,
That Nature's ancient power was lost:
The streets were black with smoke and frost,
They chatter'd trifles at the door:

I wander'd from the noisy town,
I found a wood with thorny boughs:
I took the thorns to bind my brows,
I wore them like a civic crown:[2]

I met with scoffs, I met with scorns
From youth and babe and hoary hairs:
They call'd me in the public squares
The fool that wears a crown of thorns:

They call'd me fool, they call'd me child:
I found an angel of the night;
The voice was low, the look was bright;
He look'd upon my crown and smiled:

He reach'd thc glory of a hand,
That seem'd to touch it into leaf:
The voice was not the voice of grief,
The words were hard to understand.

---

2) civic crown: 시민의 영관(榮冠). 고대 로마에서 전우의 목숨을 구한 자에게 수여되는 떡갈나무 잎의 관 또는 그 장식.

70. 그대의 얼굴[1)]

어둠 위에 내 아는 그 얼굴을 그리려는데
그 생김새를 똑똑히 볼 수가 없네.
그 안색은 희미하여
공허한 밤의 탈바가지들과 뒤섞이네.

유령 같은 석수들이 다듬은 구름탑들,
항상 닫히거나 열리는 깊이 갈라진 틈,
손가락질하는 손, 그늘진
사색의 가로에 검은 천 두른 형상들.

활짝 열려 있는 문으로 흘러나와
일그러진 얼굴을 몰고가는 무리들.
반쯤만 살아서 나뒹구는 검은 덩이들.
가없는 물가에 나태하게 길게 누운 형체들.[2)]

그러다가 별안간 의지가 못 미치는 데서
마법의 음악이 울리는 소리가 들려오고,
영혼의 격자창(格子窓)으로
그대의 밝은 얼굴 비쳐 영혼을 잠잠케 하네.

---

1) 시인은 잠자리에 들어 어둠 속에서 죽은 핼럼의 얼굴을 그리려 한다. 그런데, 시인은 잠들기 전 그의 의식이 가물가물할 때는 핼럼의 얼굴 모습을 떠올리지 못하다가(ll. 1-12), 잠이 깊이 들어 무의식에 빠졌을 때 비로소 핼럼의 얼굴 모습이 또렷하게 떠오른다(ll. 13-16).

LXX. THY FACE

I cannot see the features right,
When on the gloom I strive to paint
The face I know; the hues are faint
And mix with hollow masks of night;

Cloud-towers by ghostly masons wrought,
A gulf that ever shuts and gapes,
A hand that points, and palled shapes[3]
In shadowy thoroughfares of thought;

And crowds that stream from yawning doors,
And shoals of pucker'd faces drive;
Dark bulks that tumble half alive,
And lazy lengths on boundless shores;

Till all at once beyond the will
I hear a wizard music roll,
And thro' a lattice on the soul
Looks thy fair face and makes it still.

2) ll. 3-12: 비몽사몽간에 눈앞을 어지럽게 스치는 영상이 아주 실감있게 묘사되어 있다.

3) palled shapes: veiled shapes, hence dimly seen.

71. 1830년 여름[1]

잠이여, 죽음과 혼수상태와 발광의
　　친척인 너, 너는 마침내 만들어냈구나
　　여름철 우리가 프랑스에 여행했던[2]
과거를 하룻밤 가는 현재로.

너는 영혼과 그런 신용이 있었느냐?
　　그러면 세 곱으로 강력한 수면제를 가져와,
　　분별 못하는 그릇된 감각을 마취시켜다오,
나의 즐거움이 완전하게 될 수 있도록.

지금 우리는 예전에 그랬듯이 이야기하고 있다
　　사람들과 인심을, 변모하는 세상사를,
　　무언가 낯선 것으로 되어버리는 시대를,
예전에 우리가 걷던 것처럼 걸으면서

숲이 우거진 강가의 유역,
　　성채와 산등성이,
　　다리에서 왈칵 흘러내리는 폭포,
해변에 부서지는 파도 옆을 거닐면서.

---

1) 마침내 시인은 1830년 여름 핼럼과 함께 프랑스를 여행했던 행복한 추억을 꿈속에서 실제처럼 떠올린다. 시인은 자나 깨나 그를 떠나지 않고 괴롭히는 사별의 슬픔을 떨쳐버리고 이 행복이 끝까지 지속되기를 원한다.

2) 1830년 여름 테니슨은 핼럼과 함께 프랑스의 피레네 산맥을 통과하는 여행을 하여, 당시 스페인 왕에 대한 저항운동을 이끌고 있던 토리호스(Torrijos)를 만난 적이 있었다.

LXXI. THE SUMMER OF 1830

Sleep, kinsman thou to death and trance
  And madness, thou hast forget at last
  A night-long Present of the Past
In which we went thro' summer France.

Hadst thou such credit with the soul?
  Then bring an opiate trebly strong,
  Drug down the blindfold sense of wrong
That so my pleasure may be whole;

While now we talk as once we talk'd
  Of men and minds, the dust of change,[3]
  The days that grow to something strange,
In walking as of old we walk'd

Beside the river's wooded reach,
  The fortress, and the mountain ridge,
  The cataract flashing from the bridge,
The breaker[4] breaking on the beach.

---

3) the dust of change: current affairs, 즉 변모하는 세상사.

4) breaker: (해안 · 암초 따위에) 부서지는 큰 파도; 넘나드는 흰 파도.

72. 새벽[1]

희미한 새벽아, 너 또 다시 이렇게 일어나,
밤으로부터 빠져나와, 미류나무에 불어
흰색 드러내는 광풍으로 울부짖으며,
물줄기 흐르는 유리창을 폭풍우로 때리느냐?

절정에 다다른 내 시절이[2]
그 불운 속에 졸아들기 시작했던 날,
온갖 살아 있는 꽃을 병들게 하고
태양의 찬란한 광채를 희미하게 했던 날.

장미꽃 옆으로 축 늘어지게 하고
소낙비에 실국화 진홍색 술을 오므리게 하는
너의 펑펑 쏟아지는 눈물로
마음 아픈 시간을 알려주는 날.

깊은 동해에서 고요한 불꽃을[3] 들어올리거나,
혹은, 속삭이면서, 언덕을 따라
빛과 그림자의 바둑판무늬를 놓았을지 몰라도,
나에게는 똑 같아 보인 날.[4]

---

1) 핼럼의 첫 번째 제삿날, 1834년 9월 15일의 새벽. 핼럼의 목숨을 앗아가던 날은 테니슨의 아픈 마음을 대변이라도 하듯이 새벽부터 폭풍우가 불어닥치는 몹시도 사나운 날씨를 보인다. 그러나 테니슨은 비록 날씨가 화창하다 하더라도 그의 핼럼을 잃은 슬픈 마음은 마찬가지였을 것이라고 한다.

2) 《22. 그림자》의 ll. 1-8에 서술된 것과 같은 핼럼과 우정을 나눴던 지극히 행복했던 시절.

3) 고요한 불꽃(a windless flame): 바람이 불지 않는 가운데 고요히

LXXII. THE DAWN

Risest thou thus, dim dawn, again,
And howlest, issuing out of night,
With blasts that blow the poplar white,[5)]
And lash with storm the streaming pane?

Day, when my crown'd estate begun
To pine in that reverse of doom,
Which sicken'd every living bloom,
And blurr'd the splendour of the sun;

Who usherest in the dolorous hour
With thy quick tears that make the rose
Pull sideways, and the daisy close
Her crimson fringes to the shower;

Who might'st have heaved a windless flame
Up the deep East, or, whispering, play'd
A chequer-work of beam and shade[6)]
Along the hills, yet look'd the same.

떠오르는 태양.

4) ll. 13-16: 1-12행에서 묘사된 것처럼 사나운 날씨가 아니라 고요한 일출에 청명하고 화창한 날씨였다 하더라도, 친구를 잃은 내 슬픔은 마찬가지였을 것이라는 의미.

5) blow the poplar white: 바람이 불면 미류나무 잎이 한들한들 하며 뒤집혔다 바로 되었다 하는데, 뒤집히면 미류나무 잎의 하얀 뒷면이 드러나 희끗희끗 해진다.

6) A chequer-work of beam and shade: 명암으로 생기는 바둑판무늬.

지금만큼이나 음침하고 싸늘하며 거칠었다,
시간을 통해 그 검은 손이 내려와
자연의 가장 친한 벗을 빼앗아가
끔찍스런 죄악으로 낙인찍힌 날은. 그러나 너,

비록 제아무리 아침별을 흠뻑 적시는
구름을 뚫고 네 무거운 눈썹 치켜세우고,
추수하지 않은 곡식 단을 멀리 흩날리고,
날으는 나뭇가지를 하늘에 흩뿌리며,

으르렁거리는 소리를 내며 너의 천정 위로
네 침침한 낯, 비참한 해를 솟게 한다 해도,
기쁨도 없는 네 회색빛 따분한 목적지에 닿아[7)]
저 바다 밑에 너의 치욕을[8)] 감추어라.

---

7) 비참하고 슬픈 날의 일몰.

8) 너의 치욕(thy shame): 그날이 핼럼의 목숨을 앗아갔으므로.

As wan, as chill, as wild as now;
    Day, mark'd as with some hideous crime,
    When the dark hand struck down thro' time,
And cancell'd nature's best: but thou,

Lift as thou may'st thy burthen'd brows
    Thro' clouds that drench the morning star,
    And whirl the ungarner'd sheaf afar,
And sow the sky with flying boughs,

And up thy vault with roaring sound
    Climb thy thick noon, disastrous day;
    Touch thy dull goal of joyless gray,
And hide thy shame beneath the ground.

73. 명성[1]

많기도 많은 세상, 할 일이 그렇게도 많건만,
이루어져야 할 것들 중에 성사된 것 너무도 적으니,
무엇이 그대를 필요로 했는지 내 어찌 알랴,
그대는 진실한 그만큼 강하기도 했었는데?[2]

내가 예견했던 명성은 사라지고,
그 머리는 지상의 화환을 잃었건만,
나는 저주치 않는다, 「자연」도, 아니 「죽음」까지도,
법칙에 어긋나는 것은 아무 것도 없으니.

우리는 간다. 사람마다 밟던 이 길은
잡초로 덮여 어둡거나 어두워지리라.
끝없는 시대에 인간의 업적에
어떤 명성인들 남으랴? 그건 하느님께 달렸다.

오, 죽어 가는 명성의 공허한 생령(生靈)이여,
완전히 자취를 감춰라, 영혼이 기뻐 날뛰며,
명성을 지어냈을지도 모를 힘의
크나큰 결과를 스스로 감싸고 있는 이 동안에.

---

1) 《73~77》은 명성과 침묵에 관한 일련의 시로 구성되어 있다.

《73》에서는 마땅히 되어야 할 일이 성사된 것이 거의 없어 유능한 인재가 필요한 마당에, 핼럼과 같은 인물의 목숨을 일찍 거두어간 것은 어디에 필요해서인가 하는 의문이 제기된다. 하지만, 인간이 이룩한 일에 대한 명성은 곧 사라지는 것으로 미루어 본다면, 핼럼은 아마도 영혼의 나라에서 불후의 명성을 남길 일에 쓰일 것이다.

LXXIII. FAME

So many worlds, so much to do,
　　So little done, such things to be,[3)]
　　How know I what had need of thee,
For thou wert strong as thou wert true?

The fame is quench'd that I foresaw,
　　The head hath miss'd an earthly wreath:
　　I curse not nature, no, nor death;
For nothing is that errs from law.

We pass; the path that each man trod
　　Is dim, or will be dim, with weeds:
　　What fame is left for human deeds
In endless age? It rests with God.

O hollow wraith[4)] of dying fame,
　　Fade wholly, while the soul exults,
　　And self-infolds the large results
Of force that would have forged a name.

---

2) 핼럼은 이 세상에서 필요한 진실한 도덕성과 강한 지성의 소유자였는데도, 그 능력을 발휘할 기회도 없이 세상을 하직하고 말았기에 하는 말.

3) to be: to be done.

4) wraith: (사람의 임종 직전 · 직후에 나타난다고 하는) 생령(生靈).

74. 침묵 (1)[1)]

때때로 죽은 사람의 얼굴에서,
　　그 얼굴을 자꾸자꾸 들여다보는 사람들에게,
　　전에는 거의 볼 수 없었던 닮은 모습—
자기 친족의 누군가를 닮은 모습—이 나오듯이,

이제 얼굴이 싸늘한 다정한 사람아,
　　그대를 그대 생김새대로 보니, 나는 알겠소
　　지하의 현자들과[2)] 닮은 그대의 모습을,
옛 성인들과 그대가 유사한 것을.

그러나 내가 볼 수 있는 것 이상이 있소,
　　그래서 나는 내가 보는 것을 말하지도 않으며
　　그걸 얘기하지도 아니하오, 「죽음」이
그대로 하여 그의 어둠을 아름답게 했음을 알기에.

---

1) 시인은 죽은 벗 핼럼의 얼굴에서 과거의 위대한 인물이나 성인과 닮은 모습을 본다. 그의 죽음은 그를 데려간 죽음의 신의 어둠을 아름답게 만들기까지 하였으니, 그에 대해 친구인 시인으로서도 알 수 없는 바가 있다. 그러나 시인은 그 점에 대해서는 말하지 않겠다고 한다.

2) 지하의 현자들(the wise below): 이미 죽어 땅에 묻힌 현자들.

LXXIV. SILENCE (I)

As sometimes in a dead man's face,
To those that watch it more and more,
A likeness, hardly seen before,
Comes out—to some one of his race:

So, dearest, now thy brows are cold,
I see thee what thou art, and know
Thy likeness to the wise below,
Thy kindred with the great of old.

But there is more than I can see,
And what I see I leave unsaid,
Nor speak it, knowing Death has made
His darkness beautiful with thee.

75. 침묵 (2)[1)]

내게 위안을 가져오는 시 속에
그대의 찬양을 표현하지 않고,
내 슬픔의 노래에 의하여
그대의 위대함을 짐작되게 하련다.

사물에 알맞는 말을 짓는 데
제 아무리 능한 기량이나,
풍부한 음조의 노래솜씨를 지닌 음성인들
어찌 과거의 그대 모습을 보여줄 힘이 있으리?

이 시들어 가는 세월 속에
얼마 못 갈 울음 따위 터뜨리고 싶지 않아,
약간의 찬양의 먼지 일으킬
연풍 같은 노래로 그대를 감싸리.

그대의 잎은 푸르름 속에 사라졌고,
우리는 태양 아래 숨을 쉬고 있건만,
성사된 것을 신용하는 이 세상은
있었을 법한 모든 것에는 냉랭하기만 하네.

그러니 여기서는 침묵이 그대의 명성을 지키리.
그러나 어디선가 인간의 눈에 띄지 않는 데서,
그대의 손길이 하려는 것은 무엇이나
법석대는 환호와 함께 이룩되리.

LXXV. SILENCE (II)

I leave thy praises unexpress'd
    In verse that brings myself relief,
    And by the measure of my grief
I leave thy greatness to be guess'd;

What practice howsoe'er expert
    In fitting aptest words to things,
    Or voice the richest-toned that sings,
Hath power to give thee as thou wert?

I care not in these fading days
    To raise a cry that lasts not long,
    And round thee with the breeze of song
To stir a little dust of praise.

Thy leaf has perish'd in the green,
    And, while we breathe beneath the sun,
    The world which credits what is done
Is cold to all that might have been.

So here shall silence guard thy fame;
    But somewhere, out of human view,
    Whate'er thy hands are set to do
Is wrought with tumult of acclaim.

---

1) 내 큰 슬픔으로 그의 위대함을 짐작하게 하리라, 성사된 것만 믿고 가능성에는 냉담한 세상에서는 침묵이 오히려 그의 명성을 지켜줄 것이기에. 그러나, 그의 능력은 인간의 눈에 띄지 않는 곳에서 한껏 발휘되리라.

76. 현대시 (1)[1]

상상의 날개를 펴고 올라가,
잠시 후 그대의 얼굴을 두어라,
우주의 별 총총한 온 하늘이
바늘 끝처럼 뾰족해진 곳에.[2]

예지의 날개로 날아가서 밝혀라,
닥쳐올 세속의 심연을.[3] 그리고
보라, 그대의 이를 데 없이 심원한 노래도
한 그루 주목이 썩기 전에 말문이 막힌다.

우리네 혹성의 어둠을 깨웠던
저 아침의 노래들은[4] 오래 간다 해도,
그대 자신의 노래는 광막함 속에 시들리라,
한 그루 참나무가 반생도 되기 전에.

이 나무들이[5] 가지와 우거진 그늘을 오십의 오월로
덮기도 전에, 그대의 노래는 허울만 남으리니,
이 나무들이 텅 빈 줄기의 부서진 껍질만을
남길 때면, 그 노래들은 무엇이 될 것인가?

---

1) 무한한 시공 앞에서는 시인의 명성이란 보잘것없는 것이며, 시의 수명은 한 그루 나무의 수명보다도 짧다.

2) ll. 1-4: "우주 공간은 너무나 광대하기에 우리의 모든 창공이 바늘 끝처럼 보인다"—테니슨. 시인이 가지고 있는 온갖 재주와 상상력을 발휘해서 까마득한 최고의 경지까지 오르도록 시도해보라는 뜻.

LXXVI. MODERN RHYME (I)

Take wings of fancy, and ascend,
And in a moment set thy face
Where all the starry heavens of space
Are sharpen'd to a needle's end;

Take wings of foresight; lighten thro'
The secular abyss to come,
And lo, thy deepest lays are dumb
Before the mouldering of a yew;

And if the matin songs, that woke
The darkness of our planet, last,
Thine own shall wither in the vast,
Ere half the lifetime of an oak.

Ere these have clothed their branchy bowers
With fifty Mays, thy songs are vain;
And what are they when these remain
The ruin'd shells of hollow towers?[6)]

---

3) 닥쳐올 세속의 심연(The secular abyss to be): 앞으로 다가올 끝없는 세월; 미래 시대의 밝혀지지 않은 영역.

4) 저 아침의 노래들(the matin songs): 호머(Homer)와 버질(Virgil)과 같은 고대의 위대한 시인들이 남긴 시편들.

5) 이 나무들(these): 주목과 참나무(the yew and the oak).

6) hollow towers: 죽은 나무의 텅 빈 줄기(dead tree-trunk).

77. 현대시 (2)[1]

현대시에 무슨 희망이 있나,
세월의 자취 속에 짧게 동강나고 마는
노래와 행위와 삶을[2]
곰곰이 바라보는 그런 이에게?[3]

고통을 재우는 이들 단명한 노래
책의 장정이 되거나, 상자의 내지가 되거나,
처녀의 머리털을 말 때 쓰일지도 모른다.
아니면 수많은 달이 이울 때

어떤 이가 노점 진열대에서 보고,
지나가며 그 책장을 넘길지도 모른다,
이제는 무언가 다른 것으로 변해버린
오래 전에 잊혀진 이가 노래한 슬픈 이야기책을.

그러나 그것이 어쨌단 건가? 내 어두워진 길은
여전히 음악으로 울려 퍼질 것이며,
나의 손실을 토로하는 것은 명성보다도 낫고,
우정을 논하는 것은 찬양보다도 즐겁다.

---

1) 장구한 세월 속에 소멸되지 않고 남아있을 시가 없듯이, 지금 시인이 그렇게 깊은 슬픔으로 쏟아내는 이 시편들도 역시 세월이 가면 잊혀지고 말 것이다. 그러나, 시인은 친구와의 사별을 노래하고 우정을 논하는 것이 명성보다도 낫고 찬양보다도 낫다고 믿기에 계속 시를 써나가겠다고 다짐한다.

LXXVII. MODERN RHYME (II)

What hope is here for modern rhyme
To him, who turns a musing eye
On songs, and deeds, and lives, that lie
Foreshorten'd in the tract of time?

These mortal lullabies of pain
May bind a book, may line a box,
May serve to curl a maiden's locks;
Or when a thousand moons shall wane

A man upon a stall may find,
And, passing, turn the page that tells
A grief, then changed to something else,
Sung by a long-forgotten mind.

But what of that? My darken'd ways
Shall ring with music all the same:
To breathe my loss is more than fame,
To utter love more sweet than praise.

---

2) 노래와 행위와 삶(songs, and deeds, and lives): 시와 역사와 전기(poetry, history, and biography).

3) 우리가 마음의 눈으로 먼 과거를 돌이켜보면, 과거의 아무리 위대한 시인들의 작품이라 할지라도 원대한 시간관념 속에서는 왜소하고 위축되어 보이기 마련이다.

제 3 부

평화의 노래

《78 - 103》

Part Three

Songs of Peace

《LXXVIII - CIII》

78. 고요한 성탄전야[1)]

또 다시 성탄절에 우리는 장식하였다,
성탄 화로 둘레에 호랑가시나무를.
소리 없는 눈은 온 누리를 뒤덮고,
고요히 성탄전야는 다가왔다.

서리 앉은 장작은 날카롭게 반짝이고,
하늘엔 바람 한 점 일지 않았는데,
생각에 잠긴 듯한 모든 것들엔
무언가 적적한 상실감이 서려있었다.

지나간 매년 겨울철처럼
또 다시 우리네 옛 놀이가 벌어졌다,
탄성 자아내는 명작 흉내내기 놀이에,[2)]
춤과 노래와 소경놀이가.

그 뉘라서 비탄의 기색을 보였던가?
눈물 한 방울도, 아픔의 기색도 없었다.
오 슬픔이여, 슬픔이 잦아들 수도 있느냐?
오 비탄이여, 비탄이 덜해질 수도 있느냐?

오 마지막 슬픔이여, 슬픔은 가실 수도 있다!
아니—이 모든 신비로운 조직에 섞여,
마음 속 깊이 박힌 슬픔은 한가지여도,
오랜 동안 써서 슬픔의 눈물은 말라버린 거다.

---

1) 1835년 성탄절. 고요하게 찾아온 성탄전야를 관습대로 놀이와 춤과 노래를 하면서 짐짓 즐겁게 보내고는 있지만, 눈물은 말랐어도 아직도 헬

LXXVIII. CALM CHRISTMAS-EVE

Again at Christmas did we weave
The holly round the Christmas hearth;
The silent snow possess'd the earth,
And calmly fell our Christmas-eve:

The yule-clog sparkled keen with frost,
No wing of wind the region swept,
But over all things brooding slept
The quiet sense of something lost.

As in the winters left behind,
Again our ancient games had place,
The mimic picture's breathing grace,
And dance and song and hoodman-blind.[3)]

Who show'd a token of distress?
No single tear, no mark of pain:
O sorrow, then can sorrow wane?
O grief, can grief be changed to less?

O last regret, regret can die!
No—mixt with all this mystic frame,
Her deep relations are the same,
But with long use her tears are dry.

럼을 잃은 슬픔은 가슴 속 깊이 사무쳐 있다.

2) 회화나 조각의 유명한 인물을 흉내내면 알아맞히는 놀이.

3) hoodman-blind: 수건으로 눈을 가리고 하는 소경놀이.

79. 우리는 하나[1]

'나에겐 친형제들 이상입니다,'—
이 말이 화나지 않게 하기를, 고귀한 분이여!
나는 압니다, 형님에게 무슨 힘이 있어
가장 값진 사랑을 지니고 있는지를.

그러나 형님과 나는 모습에서 하나입니다,
마치 「자연」의 조폐소에서 제조된 듯이.
그리고 언덕과 숲과 들판은 찍었습니다
형님과 내 마음에 똑같은 아름다운 모습을.

우리들을 위해 여일하게 차가운 실개천이
물결 소용돌이치는 온 골짜기 지나 굽이쳤고,
똑같이 황혼녘에 불어치는 온갖 바람은
아름다운 세상의 속삭임에 끼어들었습니다.

같은 다정한 무릎 위에서 우리는 기도드렸고,
같은 책에서 같은 교훈을 터득했습니다,
어릴 때의 동글동글 말린 노릿한 머리카락이
닮은 얼굴에 검정색 갈색으로 변하기 전에는.[2]

그래서 나 풍채는 형님을 닮았지만,
내가 빈약한 곳에 그는[3] 풍부했으니,
그의 닮지 않은 점이 내게 걸맞았듯이
그는 내 부족한 점을 한결 더 보충해주었습니다.

---

1) 시인의 형 차알즈에게 말하는 내용의 시.

LXXIX. WE ARE ONE

'More than my brothers are to me,'—
Let this not vex thee, noble heart!
I know thee of what force thou art
To hold the costliest love in fee.

But thou and I are one in kind,
As moulded like in Nature's mint;
And hill and wood and field did print
The same sweet forms in either mind.

For us the same cold streamlet curl'd
Thro' all his eddying coves; the same
All winds that roam the twilight came
In whispers of the beauteous world.

At one dear knee we proffer'd vows,
One lesson from one book we learn'd,
Ere childhood's flaxen ringlet turn'd
To black and brown on kindred brows.

And so my wealth resembles thine,
But he was rich where I was poor,
And he supplied my want the more
As his unlikeness fitted mine.

---

2) 성장하면서 시인의 머리는 검정색, 차알즈의 머리는 갈색으로 변했다.
3) 모든 면에서 뛰어났던 헬럼.

80. 막연한 소망[1)]

만일 아아써가 죽기 전에 성스런 「죽음」이
친절하게도 그의 곁에서 나를 떼어놓고
눈물 없는 내 눈에 흙을 뿌렸더라면 하는
어떤 막연한 소망이 일기라도 한다면,

그러면 상상으로 그럴 수 있듯이 상상할 수 있다
나의 죽음이 그에게 끼쳤을 슬픔을,
삶이나 사상처럼 깊기는 하지만
하느님과 인간에게 평화롭게 간직될 슬픔을.

나는 뇌리에 그의 모습을 그리며,
그가 하는 말을 듣는데,
나날의 고된 짐을 지면서도
그는 자신의 고된 짐을 득이 되게 한다.

그에 대한 신용은 이렇게 나를 자유롭게 하리라.
그리고, 위로하고 구해줄 풍부한 감화력과
쓰인 적이 없는 교훈이[2)] 무덤에서
나를 달래줄 죽음의 손을 내밀리라.

---

1) 만일 내가 먼저 죽고 핼럼이 살았더라면, 그의 슬픔도 역시 내 슬픔만큼 깊었을 것이다. 그러나 그는 나보다 믿음이 더 깊어 슬픔을 벗어날 슬기가 있었을 것이며, 먼저 눈감은 나를 위로하고 자유롭게 해주었을 것이다.

2) 쓰인 적이 없는 교훈: 실제가 아니라 상상이기 때문에.

LXXX. VAGUE DESIRE

If any vague desire should rise,
    That holy Death ere Arthur died
    Had moved me kindly from his side,
And dropt the dust on tearless eyes;

Then fancy shapes, as fancy can,
    The grief my loss in him had wrought,
    A grief as deep as life or thought,
But stay'd in peace with God and man.

I make a picture in the brain;
    I hear the sentence that he speaks;
    He bears the burthen of the weeks
But turns his burthen into gain.

His credit thus shall set me free;
    And, influence-rich to soothe and save,
    Unused example from the grave
Reach out dead hands to comfort me.

81. 갑작스런 서리[1)]

그가 여기 있었을 때 이렇게 말할 수 있었으면
좋았으련만, '내 사랑 이제 더 이상 뻗지 않으리,
이제 사랑은 이삭이 여물었으니
더 달콤한 변화가 있을 리가 없다오.'

그때 사랑은 한층 풍요로운 저장을 바랐으니,
내 투정에 무슨 결말이 있으랴?
뇌리를 떠나지 않는 이 속삭임 나를 무력케 한다,
'세월이 좀 더 길었던들 그대를 더 사랑했으련만.'

그러나, 「죽음」이 솔깃한 대꾸를 한다,
'내 갑작스런 서리는 갑작스런 득이 되어,
낟알을 무르익게 하였으니,
그것은 후열(後熱)[2)]에서 나왔으리라.'

---

1) 갑작스런 서리가 곡식의 낟알을 빨리 익게 하듯이, 핼럼의 갑작스런 죽음이 오히려 그들의 우정을 빨리 성숙되게 했을 거라는 생각으로 시인은 자신을 스스로 위로한다. 이로써 지금까지 오랜 동안 끈질기게 그의 마음을 괴롭혀온 슬픔을 단순히 체념하는 것이 아니라 서서히 극복하고, 거기서 불가능하게만 여겨졌던 한층 더 고양된 신념을 얻기 시작한다. 즉, 이제 시인은 삶과 죽음, 우정, 자연의 법칙, 그리고 신앙 등을 새로운 각도에서 보는 계기를 마련하기 시작한다.

2) 후열(after-heat): 서리와 같은 냉기는 바로 이어서 열기를 수반한다. 즉, 서리를 맞은 연한 식물은 갑작스런 냉기가 미세조직을 파괴하여 마치 뜨거운 물에 삶은 듯 익어서 축 늘어지고, 서리를 맞은 곡식의

LXXXI. SUDDEN FROST

Could I have said[3] while he was here,
'My love shall now no further range;
There cannot come a mellower change,
For now is love mature in ear.'[4]

Love, then, had hope of richer store:
What end is here to my complaint?
This haunting whisper makes me faint,
'More years had made me love thee more.'

But Death returns an answer sweet:
'My sudden frost was sudden gain,[5]
And gave all ripeness to the grain,
It might have drawn from after-heat.'

낟알은 많은 열기를 쐰 듯 눈에 띄게 빠른 속도로 익는다. 이런 현상은 추운 날 외출했다가 따뜻한 방에 들어오면, 얼굴과 손발이 열이 나서 화끈거리는 것과도 같은 이치이다.

3) Could I have said: I wish I could have said.

4) ear: (벼, 보리, 밀 따위 곡식의) 이삭.

5) sudden gain: to Tennyson himself.

82. 죽음과 믿음[1)]

몸과 얼굴에 변화가 일었다 해서
나는 「죽음」에 어떤 싸움도 걸지는 않는다.
대지의 포옹이 「죽음」과 더불어 낳을지도 모를
어떤 천한 생명도[2)] 나의 믿음 흔들지 못한다.

영원한 발전은 끝없이 계속되고,
영혼은 이승에서 저승으로 걸어간다.
이승의 육신들은 단지 흩어진 나뭇가지나
한 영혼의 부서진 번데기일 뿐이다.

나는 결코 「죽음」을 책망하지 않는다, 그것이
지상에서 덕의 쓰임을 가져갔다 해서.
나는 안다, 이식된 인간의 가치가
다른 곳에서 꽃피어 결실 보리라는 것을.

단지 나는 이것 때문에 「죽음」에다
내 가슴에 쌓이는 울분을 터뜨린다—
「죽음」은 우리의 삶을 너무도 멀리 떼어놓아
우리는 서로 무슨 말인지 알아들을 수가 없다.

---

1) 비록 죽음이 인간의 육신을 썩게 하고 지상에서 쓰여야 할 인간의 덕을 피기도 전에 가져간다 해도, 영원한 생명과 우정의 영원함에 대한 내 믿음만은 흔들어 놓지 못하리라. 다만 우리가 대화를 나눌 수 없게 우리의 삶을 너무 멀리 갈라놓았기에, 나는 죽음에다 분통을 터뜨린다.

2) 천한 생명(lower life): 시체를 파먹는 벌레들.

LXXXII. DEATH AND FAITH

I wage not any feud with Death
For changes wrought on form and face;
No lower life that earth's embrace
May breed with him, can fright my faith.

Eternal process moving on,
From state to state the spirit walks;
And these are but the shatter'd stalks,
Or ruin'd chrysalis of one.

Nor blame I Death, because he bare
The use of virtue out of earth:
I know transplanted human worth
Will bloom to profit, otherwhere.

For this alone on Death I wreak
The wrath that garners in my heart;
He put our lives so far apart
We cannot hear each other speak.

---

3) ll. 5-8: 번데기가 나비로 탈바꿈하려면 단단한 껍질을 뚫고 나와야 하듯이, 인간도 한층 높은 영적존재로 승화되려면 유한한 육신의 틀을 벗어나야 한다. 따라서 영적존재로 승화된 뒤에 남는 육신은 곧 나비가 되고 난 뒤에 남는 텅 빈 번데기와 같은 것이다. Cf. W. B. 예이츠, 「비잔티움 항행("Sailing to Byzantium")」, II. ll. 1-4.

83. 오래 지체하는 새해여[1]

북쪽 바닷가에 흠뻑 담가라,
오 오래 지체하는 즐거운 새해여.[2]
너는 자연이 잘못되기를 기대하는구나.
오래 지체했으니, 더는 꾸물대지 말아라.

무엇이 구름 낀 대낮에서 너를 못 나오게 하느냐?
무엇이 너의 향기로움을 본영에서 막느냐?
춘 사월에 근심이 깃들이거나
여름날에 슬픔이 있을 수 있느냐?

난초를 피게 하라. 디기탈리스의 실싹을 틔워라.
가져오라, 작은 꼬리풀의 귀여운 푸른색을,
불빛의 이슬이 앉은 깊숙한 튜울립을,
방울방울 떨어지는 불꽃 샘인 낙엽수를.

오 너, 오래 지체하는 새해여,
내 핏속에 슬픔을 지체시키는구나,
얼어붙은 꼭지를 터뜨려
노래로 보다 산뜻한 목청 쏟고 싶어 하는 슬픔을.

1) 새해가 돌아오면 봄과 함께 움츠렸던 겨울에서 벗어나 온갖 꽃이 피어나듯이, 이제는 시인의 가슴에 깊이 자리잡고 있는 슬픔을 하루 바삐 훌훌 떨어버리고자 하는 애타는 심정을 더디기만 한 계절에 비유하였다.

LXXXIII. NEW-YEAR DELAYING LONG

Dip down upon the northern shore,
O sweet new-year delaying long;
Thou doest expectant nature wrong;
Delaying long, delay no more.

What stays thee from the clouded noons,
Thy sweetness from its proper place?
Can trouble live with April days,
Or sadness in the summer moons?

Bring orchis, bring the foxglove spire,
The little speedwell's darling blue,
Deep tulips dash'd with fiery dew,
Laburnums, dropping-wells of fire.

O thou, new-year, delaying long,
Delayest the sorrow in my blood,
That longs to burst a frozen bud
And flood a fresher throat with song.

---

2) 새해(new-year): 1836년 봄. 앞서 《38. 1834년 봄》에서는 꽃피는 봄철이 와도 아무런 기쁨을 느끼지 못한다고 했었으나, 시인은 이제는 새봄과 더불어 슬픔에서 벗어나 계절의 즐거움을 향유하며 한층 산뜻한 노래를 부르겠다는 의지를 보여준다.

84. 하나의 영혼1)

지하에 누운 그대의 삶을
　　나 홀로 곰곰이 생각하며,
　　그대의 초승달이 자라서 다다랐을
모든 광채에 나의 사색을 머물게 할 때,

내 눈에 어린다오, 온건한 따뜻한 마음씨가
　　눈빛과 미소 속에 지복을 발산하며,
　　그대가 온통 선으로 감싸여 앉아서
그대 핏줄의 온 가지를 끌어안고 입맞추는 것이,

내 친구여서 일부는 내 것인 그대의 핏줄에,
　　이제 그대가 우리 집안의 한 사람과
　　인연을 맺고, 그대의 자식들이
내 무릎 위에서 '삼촌' 하고 재잘거리게 될

그 날이 다가오고 있었기에.
　　그런데 저 무자비하고 냉혹한 세월은
　　그 애의 밀감 꽃을 삼나무로 바뀌게 하고,
「희망」은 「절망」으로, 그대는 흙이 되게 하였소.

---

1) 시인은 핼럼이 요절하지 않고 오래 살았더라면, 에밀리와 결혼하여 두 가문이 혈족을 이루고 행복한 가운데 명성을 누리며 살았으리라고 상상한다. 나아가 시인은 그들이 문학을 논하고 위대한 사상의 유산을 남기고 함께 이 세상을 떠나 복된 목적지에 도달하면, 그리스도가 그들을 하나의 영혼으로 받아줄 것이라고 상상해본다. 그러나 일순간 이런 꿈은 사라지고 해묵은 슬픔이 상기되어, 겨우 희망이 싹트기 시작한 마음의 안정도 깨진다.

LXXXIV. A SINGLE SOUL

When I contemplate[2] all alone
The life that had been thine below,
And fix my thoughts on all the glow
To which thy crescent would have grown;

I see thee sitting crown'd with good,
A central warmth diffusing bliss
In glance and smile, and clasp and kiss,
On all the branches of thy blood;[3]

Thy blood, my friend, and partly mine;
For now the day was drawing on,
When thou should'st link thy life with one
Of mine own house,[4] and boys of thine

Had babbled 'Uncle' on my knee;
But that remorseless iron hour
Made cypress of her orange flower,[5]
Despair of Hope, and earth of thee.[6]

---

2) contemplate: 운율강세가 적용되어 제 2 음절에 강세가 온다.

3) On all your children and grandchildren.

4) one of mine own house: 시인의 여동생 에밀리.

5) The orange flower is symbolic of weddings; the cypress, of death and mourning.

6) Despair와 earth 앞에 각각 "made"를 넣어서 해석할 것.

나는 그 애들의 사소한 소망을 충족시키며,
볼을 두드리며, 내 것이라 부르는 느낌이오.
태어나지도 않은 그 애들의 얼굴들이
켜진 적도 없는 난로 가에서 빛나는 걸 본다오.

나는 본다오, 내 자신이 귀한 손님이 되어,
화려한 문학 산책이나, 정겨운
식탁의 대화나, 깊은 토론이나,
품위 있는 농담에서 내가 그대의 상대임을.[7)]

한편 이제 성공을 거둔 그대의 노력은
사람들 입술을 진정한 찬사로 충만하게 하고,
날이면 날마다 행복한 나날은
아름다운 아침을 기약하면서

황금빛 언덕 밑으로 내려오고,
풍요로운 세월의 모든 행렬은
성장해 가는 힘의 통로를 거쳐
존경과 은빛 머리칼에 이르고,

마침내 육체의 지상의 옷이 서서히 헐고,
육체의 풍부한 사명이 알차게 이루어져
위대한 사상의 유산을 남기고 나면,
그대의 혼은 이 땅에서는 쇠하리.[8)]

---

7) ll. 21-24: 테니슨은 항상 자신이 핼럼보다 못하다고 여겨왔지만, 지상의 우정이 오래 계속될 수 있었더라면 자신도 그의 손색없는 상대가 되었으리라고 생각한다.

I seem to meet their least desire,
　　To clap their cheeks, to call them mine.
　　I see their unborn faces shine
Beside the never-lighted fire.

I see myself an honour'd guest,
　　Thy partner in the flowery walk
　　Of letters, genial table-talk,
Or deep dispute, and graceful jest;

While now thy prosperous labour fills
　　The lips of men with honest praise,
　　And sun by sun the happy days
Descend below the golden hills

With promise of a morn as fair;
　　And all the train of bounteous hours
　　Conduct by paths of growing powers,
To reverence and the silver hair;

Till slowly worn her[9] earthly robe,
　　Her lavish mission richly wrought,
　　Leaving great legacies of thought,
Thy spirit should fail from off the globe;

8) 육체를 가진 인간으로서 지상에서 할 일은 다 끝났기 때문에.

9) her: 다음 행의 "her"와 마찬가지로 육체를 뜻한다.

그때, 사랑과 운명으로 그대의 혼과 맺어진 듯,
　　내 자신의 혼도 역시 빠져나가
　　슬픈 해협 위를 날아서
다른 해변을 향하다가, 그대에게 휩싸여서

드디어 복된 목적지에 다다르면,
　　「성스런 땅」에서 죽으신 그분께서
　　우리에게 빛나는 손을 뻗치시어
우리를 하나의 영혼으로[1] 받아주시리.

내가 의지한 것은 무슨 갈대였는가?
　　아, 지난날의 환상이여, 어이하여
　　또 다시 해묵은 슬픔을 깨워서
연약하게 비롯되는 만족을 깨뜨리는가.

---

1) 하나의 영혼(a single soul): 플라톤의 생각에 따르면 인간이 지니고 있는 영혼은 하나인데, 그 하나의 영혼이 출생시에 두 개의 삶으로 분리되었다가 사망시에 다시 하나로 결합된다고 한다.

What time mine own might also flee,
　　As link'd with thine in love and fate,
　　And, hovering o'er the dolorous strait
To the other shore, involved in thee,

Arrive at last the blessed goal,
　　And He that died in Holy Land
　　Would reach us out the shining hand,
And take us as a single soul.

What reed was that on which I leant?
　　Ah, backward fancy, wherefore wake
　　The old bitterness again, and break
The low beginnings of content.

85. 새로운 우정[1)]

이 진리는 죽음과 장례식과 함께 태어났다오.
내가 몹시 슬퍼하던 때 나는 느꼈다오,
전혀 사랑을 나눠보지 못한 것보다는
사랑하다가 잃는 것이 한결 낫다는 것을[2)]—

오 말은 진실하고 행위로 옮기려 힘쓴 그대여,
우리가 함께 하는 이 슬픔에
위안을 주기 위해, 그대는 묻는구려,
내가 영위하는 것이 어떤 생활인지,

천상의 것들에 대한 믿음이
슬픔 탓으로 흐려졌는지 혹은 그대로인지,
또한 그에 대한 사랑이 내 사랑의 역량을
고갈시켜버리지는 않았는지.

그대의 말에는 미덕이 담겨 있어,
다 표현치는 않아도, 친근한 관습에 충순한
가벼운 책망을 통하여,
가슴에서 충실한 대답을 끌어내는구려.

---

1) 이 시는 1842년 10월 10일 시인의 여동생 세씰리아와 결혼한 새로운 친구 에드먼드 러쉉턴을 향한 시이다. (《발시》는 이들을 위한 결혼축시이다.) 시인은 더 이상 슬픔에 매달리는 것은 죽은 핼럼조차도 바라는 바가 아니라고 생각한다. 나아가, 시인은 비록 생자의 영혼이 사자의 영혼에 이를 수는 있으되 서로 대화를 나눌 수 없으니, 살아 있는 친구를 찾으라는 죽은 벗의 청을 받아들인다. 따라서, 시인은 사별한 친구와의 영원한 우정을 간직한 채, 조심스럽게 살아 있는 새로운 친구를 맞이하기에 이른다.

LXXXV. A NEW FRIENDSHIP

This truth came borne with bier and pall,[3]
  I felt it, when I sorrow'd most,
  'Tis better to have loved and lost,
Than never to have loved at all—

O true in word,[4] and tried in deed,
  Demanding, so to bring relief
  To this which is our common grief,
What kind of life is that I lead;

And whether trust in things above
  Be dimm'd of sorrow, or sustain'd;
  And whether love for him[5] have drain'd
My capabilities of love;[6]

Your words have virtue such as draws
  A faithful answer from the breast,
  Thro' light reproaches, half exprest,
And loyal unto kindly laws.

---

2) Cf. 《27. 나는 부러워하지 않는다》, ll. 13-16.

3) bier and pall: death and funeral.

4) O true in word: O thou, Lushington, who art true in word. (O you, Lushington, who are true in word.)

5) him: Hallam.

6) My capabilities of love: for the living friend.

나의 혈액은 평온한 길로 흘렀다오,
비엔나의 운명의 벽에서 하느님이
손가락으로 그를 건드려, 그가 잠들었다는
소식이 내 귓전에 닿을 때까지는.[7)]

우리 멸할 인간 세계 위를 떠도는
저 아름다운 대지품천사(大智品天使)들이
복된 문간에 둥그렇게 둘러서서
그곳에 그를 반겨 맞아들여,

그를 복된 땅으로 안내하여,
지상의 육의 자손이라면
오랜 세월에 걸쳐 얻게 될 모든 지식을
신선한 샘터에서 그에게 보여주었다오.

그러나 희망은 흐리고,
삶과 생각이 별 가치가 없었던
나는 살아남아 헤매었다오,
주위의 모든 것이 그의 체취를 풍기는 암지(暗地)를.

오, 균형이룬 제어력을 갖춘 우정이여,
오, 몹시 다정하고 따뜻이 박동치는 심장이여,
오, 다른 모습을 띤 신성한 정수여,
오 위엄 있는 망령이여, 오 영관을 쓴 영혼이여!

---

7) ll. 18-20: 핼럼이 죽은 것은 1833년 9월 15일 비엔나에서였다.

My blood an even tenor kept,
Till on mine ear this message falls,
That in Vienna's fatal walls
God's finger touch'd him, and he slept.

The great Intelligences fair
That range above our mortal state,
In circle round the blessed gate,
Received and gave him welcome there;

And led him thro' the blissful climes,
And show'd him in the fountain[8] fresh
All knowledge that the sons of flesh
Shall gather in the cycled times.

But I remain'd, whose hopes were dim,
Whose life, whose thoughts were little worth,
To wander on a darken'd earth,
Where all things round me breathed of him.

O friendship, equal-poised control,
O heart, with kindliest motion warm,
O sacred essence, other form,[9]
O solemn ghost, O crowned soul!

8) the fountain: 지식의 샘(the fountain of knowledge).

9) O sacred essence, other form: O soul in an angel's body.

그러나 아무도 나보다 더 잘 알진 못할 거요,
인간의 의지의 판단력이 인간의 손에서
우리가 삶과 죽음을 의존하는
행동을 얼마나 많이 요구하는가를.[1]

나의 생애가 어떤 쪽으로 기울든,
나 비록 홀로 남았어도, 나는 느낀다오,
그의 생명이 내 삶 속에 역사하며
그의 삶의 발자취가 내 자취 속에 역사함을,[2]—

모든 시신들이 우아한 재질로 꾸며,
온갖 것을 포용하는 넓은 도량과
매우 승화된 지성을
나타냈을 법도 한 삶이.

그래서 내 열정은 상궤를 벗어나
우둔한 일에 매달리는 일없이,
나는 찾는다오, 마음을 위로해주는 모습과
내 슬픔 속에 간직된 힘을.

또한 영적 싸움을 다루기 즐겨하던
상상을 좋아하는 슬픔은
내 일생 동안 충격을 주었지만,
이제 한 바탕의 바람을 일으켰다오.

---

1) ll. 38-40: 우리가 지니고 있는 자유의지는 행동을 요구한다.

2) ll. 41-44: Cf. 《65. 손색없는 친구》, ll. 10-12.

Yet none could better know than I,
　　How much of act at human hands
　　The sense of human will demands
By which we dare to live or die.

Whatever way my days decline,
　　I felt and feel, tho' left alone,
　　His being working in mine own,
The footsteps of his life in mine;

A life[3] that all the Muses deck'd
　　With gifts of grace, that might express
　　All-comprehensive tenderness,
All-subtilising intellect:

And so my passion hath not swerved
　　To works of weakness, but I find
　　An image comforting the mind,
And in my grief a strength reserved.

Likewise the imaginative woe,[4]
　　That loved to handle spiritual strife,
　　Diffused the shock thro' all my life,
But in the present broke the blow.

---

3) A life: Hallam's life.

4) imaginative woe: intellectual conception of grief.

그러기에 언젠가 만났던 다른 친구들을 위해
나의 맥박은 다시금 뛰고 있다오,
우리를 인간 되게 하는 강한 소망을[5)]
내가 잊는다는 것은 당치도 아니하오.

그대의 사랑을 구하오, 더 이상 지나치게
슬퍼하는 것은 죄라는 생각이 들기에.
나는 「시간」을 정복한 그런 우정의
나누어진 절반이라오.

그 우정은 진정 「시간」을 정복하여
영원하고 두려움을 모르며,
모든 것을 파괴하는 해와 달도
이 우정에서 한 조각도 떼어 낼 수 없다오.[6)]

그러나 김을 내뿜는 큰물 이룬 강변의 여름,
좁은 실개천을 부풀리는 봄,
시들어 가는 숲 속에 모여드는
땅까마귀들의 시끄러운 소리 들리는 가을,

그리고 바람과 파도의 모든 율동은
명암의 변화 속에
무덤 속의 내 옛 친구와
무덤 속의 내 첫 열정을 생각나게 하는데,

---

5) 지상에 살아 있는 친구를 원하는 인간의 마음.
6) ll. 63-68: 아무리 세월이 흘러도 영원할 핼럼과의 우정을 강조.

My pulses therefore beat again
For other friends that once I met;
Nor can it suit me to forget
The mighty hopes that make us men.

I woo your love:[7] I count it crime
To mourn for any overmuch;[8]
I, the divided half of such
A friendship as had master'd Time;

Which masters Time indeed, and is
Eternal, separate from fears:
The all-assuming months and years
Can take no part away from this:

But Summer on the steaming floods,
And Spring that swells the narrow brooks,
And Autumn, with a noise of rooks,
That gather in the waning woods,

And every pulse of wind and wave
Recalls, in change of light or gloom,
My old affection of the tomb,
And my prime passion in the grave:[9]

---

7) your love: Lushington's love.

8) I count . . . overmuch: 중요한 인식의 전환이다. Cf. 《57》, ll. 3-4.

9) ll. 69-76: 사시사철 때와 장소를 막론하고, 무덤에 있는 핼럼 그리고 그와 맺은 "첫 우정(prime passion)"을 떠오르게 하지 않는 것이 없다.

한 줌 고요인 무덤 속의 내 옛 친구는
　　애태워 말을 한다오,
　　‘앞날을 위해, 그대 일어나
나아가 우정을 찾으시오.

‘나는 고요한 물가에서 그대를 지켜보며,
　　그대 영혼은 내 영혼에 이를 수는 있지만,
　　인간 언어의 다정한 말로는
우리 둘은 더 이상 이야기를 나눌 수는 없다오.’[1]

그래서 나는 대꾸한다오, ‘자연계의 구름이[2]
　　해방된 자의[3] 별 같은 밝음을 더럽힐 수 있나?
　　어찌 그럴 수가? 그대 날 위해 생각하는가
고통을 덜어줄 어떤 무통(無痛)의 동정심이라도?’

그러자 속삭임이 부드럽게 들려오오,
　　‘그대가 이것을 헤아리기는 어렵소,
　　나는 종국의 축복 속에 승리를 거두며
모든 것의 그 평온한 결실을 얻는다오.’

나는 이렇게 죽은 친구와 교제하거나,
　　망자가 이렇게 말하리라 생각하거나,
　　슬픔은 이렇게 상징들과 함께 어울리고,
수척해지는 삶은 환상을 먹고 살리라 여긴다오.

---

1) ll. 83-84: Cf. 《69. 밤의 천사》, l. 20: “그의 말을 알아듣기가 힘들었다.”

2) 자연계의 구름(clouds of nature): 지상의 슬픔 또는 인간의 본성.

My old affection of the tomb,
A part of stillness, yearns to speak:
'Arise, and get thee forth and seek
A friendship for the years to come.

'I watch thee from the quiet shore;
Thy spirit up to mine can reach;
But in dear words of human speech
We two communicate no more.'

And I, 'Can clouds of nature stain
The starry clearness of the free?
How is it? Canst thou feel for me
Some painless sympathy with pain?'

And lightly does the whisper fall;
''Tis hard for thee to fathom this;
I triumph in conclusive[4] bliss,
And that serene result of all.'[5]

So hold I commerce with the dead;
Or so methinks the dead would say;
Or so shall grief with symbols play
And pining life be fancy-fed.[6]

---

3) 해방된 자(the free): 육체의 속박에서 해방된 자.

4) conclusive: final.

5) And that serene result of all: And eternal happiness.

6) fancy-fed: 사자가 생자에게 말을 건네고 싶어 한다는 상상.

이제 이런 것들이 흘러가는 어떤 안정된
목표를 향하면서, 나는 어디에선가
우정과 우정으로 맺을 누군가를 만나리니,
그대의 용서를 간구하오, 오 나의 친구여.[7]

그렇게 새롭지는 않아도, 진실한 우정으로써
정겨운 손은 잡지만, 비록 마음은 있어도
그 사람에 대해 느낀 것을 전부
그대에게 전할 수는 없을 거라오.

젊은 시절의 기대를 독차지하는 것들이
도대체 무슨 까닭에 있는가?
순결한 마음과 인연을 맺는
첫 사랑, 첫 우정, 버금가는 재능들을.

그러나 내 가슴은, 한탄할 수밖에 없고,
외로운 곳에서 박동치며
아직도 그의 포옹을 잊지 않고 있건만,
그의 발걸음 따라 더 이상 뛰지 않는

내 가슴은, 짝을 잃었지만, 가버린 것에 대한
사랑에 가만히 머물러 있지 않고,
때가 되면 다른 산 가슴을 덥혀줄
가슴과 더불어 박동치기를 구한다오.

---

7) ll. 99-100: 러싱턴을 새로운 친구로 맞아들이게 된 것에 대해 헬럼에게 용서를 청한다는 뜻.

Now looking to some settled end,
    That these things pass, and I shall prove
    A meeting somewhere, love with love,
I crave your pardon, O my friend;

If not so fresh, with love as true,
    I, clasping brother-hands, aver
    I could not, if I would, transfer
The whole I felt for him to you.

For which be they that hold apart[8)]
    The promise of the golden hours?[9)]
    First love, first friendship, equal powers,
That marry with the virgin heart.

Still mine, that cannot but deplore,
    That beats within a lonely place,
    That yet remembers his embrace,
But as his footstep leaps no more,

My heart, tho' widow'd, may not rest
    Quite in the love of what is gone,
    But seeks to beat in time with one
That warms another living breast.

---

8) hold apart: 독차지하다; 독점하다(monopolize).

9) the golden hours: 청춘시절.

아, 내가 가져온 변변치 못한 선물을 받아주오,
철늦은 앵초화이기는 해도
봄에 핀 앵초화와 다를 바 없이
아직도 귀엽다 여기고 가져온 앵초화를.[1]

1) ll. 117-20: Cf. 《8. 보잘것없는 시화》, ll. 17-24. 여기서도 역시 시인은 자신의 시를 변변치 못한 것으로 여기는 겸손함을 보이고 있다. 특히 "철늦은 앵초화"라는 말은, 세월이 많이 흘렀음에도 친구를 잃은 슬픔에 매달려 있었던 자신에 대해 다소 자책하는 소리로 들린다.

Ah, take the imperfect gift I bring,
    Knowing the primrose yet is dear,
    The primrose of the later year,
As not unlike to that of Spring.

86. 향기로운 바람[1]

소나기 뒤의 달콤하고 향기로운 바람이여,
찬란한 저녁노을에서 일어나
숲과 꽃가지와 초원을 감돌며,
천천히 숨을 내뿜어서

하늘의 구름을 걷고, 지상의 것에 정신 팔려
이슬방울 아롱아롱 달린 숲을 지나,
잔물결 일으키면서 골짜기를 굽이치는 시내를
따라 내려가는 달콤하고 향기로운 바람이여,

내 이마를 부치고 내 볼의 열을 식혀다오.
내 온 몸뚱이에 너의 숨결 깃들이게 할
그 충만한 새 생명을 불어다오, 불운한 형제
「의심」과 「죽음」이 환상을 날게 할 때까지

저 멀리 흐르는 향기로운 바람결에 실려
진홍빛 바다의 이 물결 저 물결을 지나
저기 동쪽 하늘의 별 속에서
수많은 천사들이 「평화」라 속삭이는 곳으로.

---

1) 1839년 웨일즈의 메리오니쓰에 있는 바아머쓰(Barmouth)에서 지은 시로서 자연묘사가 뛰어난 시들 중의 하나이다. 테니슨은 이곳을 1839년에 처음 방문하고서 다음과 같이 묘사했다: "평평한 모래밭, 메이블숲처럼 보이는 파도가 부서지는 바다, 모래 언덕, 그리고 바로 그 뒤로는 거대한 바위산과 구름모자를 쓴 언덕이 있는 긴 넓은 강어귀" (『회고록』, I, 173-74). 테니슨은 그의 아들에게 이 시는 현저하게 자신이 느끼는 자연에

LXXXVI. AMBROSIAL AIR

Sweet after showers, ambrosial air,
    That rollest from the gorgeous gloom
    Of evening over brake and bloom
And meadow, slowly breathing bare

The round of space,[2] and rapt below
    Thro' all the dewy-tassell'd wood,
    And shadowing down the horned flood[3]
In ripples, fan my brows and blow

The fever from my cheek, and sigh
    The full new life that feeds thy breath
    Throughout my frame, till Doubt and Death,
Ill brethren, let the fancy fly

From belt to belt crimson seas
    On leagues of odour streaming far,
    To where in yonder orient star[4]
A hundred spirits whisper 'Peace.'

깃들인 즐거운 평온감을 구체화한 것이라고 말한 적이 있다(『회고록』, I, 313). 시인은 긴 슬픔의 두꺼운 겨울옷을 벗어 던지고, 신선하고 아름다운 자연을 바라보면서 몸과 마음에 생기를 불어넣는다.

2) bare / The round of space: clear the sky of clouds.

3) the horned flood: 두 바위산 사이 골짜기를 구불구불 흐르는 시내.

4) orient star: 새롭게 떠오르는 별.

87. 다시 찾은 케임브리지[1]

그 옛날 그 안에서 제복 차림으로 지냈던
경건스런 담들 옆을 거닐었다.
마음 내키는 대로 읍내를 쏘다니며
식당 안의 떠들썩한 모습도 보았다.

나는 다시 한 번 들었다, 대학교회에서
높이 세워 놓은 풍금들이 우렁찬 소리를 내고,
울려 퍼지는 우레 같은 음악 소리가
창유리에 그려 놓은 예언자를 뒤흔들고 있는 것을.

나는 다시 한 번 들었다, 멀리서 들리는 외침이며,
버드나무 사이로 경주하는 배들의
규칙적인 노젓는 소리를. 그리고 나는
강가와 많은 다리와 예나 다름없는

회색빛 온 사방 평지를 거닐면서,
옛날 같이 느꼈지만, 똑 같은 것은 없었다.
보리수 늘어선 길을 한참 거닌 끝에 나는
그가 거처하던 방을 보았다.

---

1) 학창시절 핼럼과의 온갖 추억이 서린 케임브리지를 다시 찾은 감회를 적은 시. 떠들썩한 캠퍼스의 모습이며, 우렁찬 음악소리 퍼지는 대학교회며, 캠강에서 들려오는 노젓는 소리며, 젊은 대학생들의 낭만적이고 생동감 넘치는 모습은 옛날 그대로이지만, 열띤 토론이 벌어졌던 핼럼의 방에는 낯선 이름이 붙어 있고, 그와 함께 하던 그 시절과 똑 같은 것은 없다. 시인은 법학도이면서도 시문에 조예가 깊고 언변이 능하던 핼럼이 "사도회" 동아리에서 활약하던 모습을 회고하며 시를 끝맺는다.

LXXXVII. CAMBRIDGE REVISITED

I past beside the reverend walls
In which of old I wore the gown;
I roved at random thro' the town,
And saw the tumult of the halls;

And heard once more in college fanes[2)]
The storm their high-built organs make,
And thunder-music, rolling, shake
The prophet blazon'd on the panes;[3)]

And caught once more the distant shout,
The measured pulse of racing oars
Among the willows; paced the shores
And many a bridge, and all about

The same gray flats again, and felt
The same, but not the same; and last
Up that long walk of limes I past
To see the rooms in which he dwelt.

---

2) fanes: 대학교회.

3) blazon'd on the panes: 창문에 그려 놓은(painted on the windows).

그 문에는 다른 이름이 붙어 있어
나는 머뭇거렸다. 방 안은
노래 소리, 손뼉치는 소리로 온통 시끄럽고,
소년들이 잔을 부딪치며 방바닥을 치고 있었다.

그 방에서 한때 우리 젊은 친구들은
모여 앉아, 철학과 예술,
노동, 그리고 변하는 시장,
그리고 나라의 모든 사회과학을 토론했었다.[4]

누군가가 의견을 제대로 발표하고자 해도
주제에서 다소 벗어나거나,
여기저기서 누군가는 변죽만을 건드리고,
누군가가 안쪽만을 파고들 때면,

끝에 가서 명선장(名船長)인 그가
요점을 짚어나가곤 했었다.
기꺼이 우리는 그에게 귀를 기울였다.
그저 듣고만 있었던 우리는 보았다,

법률의 영역에 역량과 미덕과 음악성을 곁들인
열띤 언변으로 이 문제 저 문제를
자유로이 언급한 끝에 결론을 맺을 때,
그의 안에 계시는 하느님이 그의 얼굴을 밝히고,

---

4) ll. 21-24: 헬럼과 테니슨이 함께 속해 있었던 "사도회(The Apostles; *or* The Cambridge Conversazione Society)"는 후일 학계와 정계의 많은 지도자를 배출한 학생들의 토론단체였다.

Another name was on the door:
    I linger'd; all within was noise
    Of songs, and clapping hands, and boys
That crash'd the glass and beat the floor;

Where once we held debate, a band
    Of youthful friends, on mind and art,
    And labour, and the changing mart,
And all the framework of the land;[5]

When one would aim an arrow fair,
    But send it slackly from the string;
    And one would pierce an outer ring,
And one an inner, here and there;

And last the master-bowman, he,
    Would cleave the mark.[6] A willing ear
    We lent him. Who, but hung to hear
The rapt oration flowing free

From point to point, with power and grace
    And music in the bounds of law,
    To those conclusions when we saw
The God within him light his face,

---

5) All the social sciences of the country.

6) cleave the mark: 헤쳐나가 목표에 이르다; 요점을 정확하고 날카롭게 말하다.

그 모습을 고상하게 하며, 지극히 지혜로운
　　그의 파란 안구에서 빛나고 있는 것을,
　　그리고 그의 영묘한 눈 위에서는
미켈란젤로의 이마 뼈를 보았다.[7]

케임브리지의 트리니티 대학 도서관

7) ll. 39-40: 테니슨의 회고록에 따르면, 테니슨은 핼럼이 미켈란젤로의 눈 위에 툭 솟은 이마 뼈에 대한 것을 읽은 후에, "앨프릿, 내 눈 위 좀 봐. 분명히 나는 미켈란젤로의 뼈가 있어!"라고 했던 말을 떠올리고 이 구절을 썼다고 전해진다(『회고록』, I, 38). "미켈란젤로의 뼈"는 출중한 재능과 명석한 두뇌를 상징한다.

And seem to lift the form, and glow
    In azure orbits heavenly-wise;
    And over those ethereal eyes
The bar of Michael Angelo.

매년 봄 버드나무 아래 캠 강에서 벌어지는 조정경기

88. 야생의 새여[1)]

달콤하게 흐르는 노래 소리로 새싹 돋은
산사나무를 통해 낙원을 불러들이는 야생의 새여,
오 말해다오, 어디서 희비가 교차되는지.
오 말해 다오, 어디서 열정이 서로 만나

어디서부터 퍼져 나가는지. 어두워지는 잎 속에서
격렬한 양극단이 너의 혼을 부리어,
슬픈 가슴의 한 복판에서
네 격정은 남모를 즐거움을 누리는구나.

그런데 나는—내 수금은 비가를 서주하려는데—
나는 수금의 현을 제대로 다 튕길 줄 모르니,
저 삼라만상의 영광이
현을 따라 반짝이다가 사라지리라.

---

1) 봄과 더불어 테니슨의 마음에는 기쁨의 감정과 슬픔의 감정이 교차되는데, 그로서는 이런 야릇한 심정을 표현할 수가 없다. 그래서, 그는 기쁨과 슬픔을 동시에 표현할 줄 아는 나이팅게일에게 그 방법을 알려 달라고 청한다. 이를 이해하기 위해서는 아래의 나이팅게일에 관한 전설을 참고로 알아두는 것이 도움이 될 것이다.

그리스의 신화에 의하면, 아테네의 왕 팬디온(Pandion)에게는 두 딸 프로크네(Procne)와 필로멜(Philomel)이 있었는데 큰딸 프로크네는 야만왕 테레우스(Tereus)에게 시집을 간다. 시집간 프로크네는 고향이 그립고 동생이 보고 싶어, 남편 테레우스에게 동생 필로멜을 데려와 달라고 간청한다. 그런데, 테레우스는 필로멜을 데리고 오는 도중 겁탈하고, 이 사실을 숨기기 위해 그녀의 혀를 자르고 숲속에 버린다. 필로멜은 잘린 혀에서

LXXXVIII. WILD BIRD

Wild bird, whose warble, liquid sweet,
    Rings Eden thro' the budded quicks,[2)]
    O tell me where the senses[3)] mix,
O tell me where the passions meet,

Whence radiate: fierce extremes employ
    Thy spirits in the darkening leaf,
    And in the midmost heart of grief
Thy passion clasps a secret joy:

And I—my harp would prelude woe—
    I cannot all command the strings;
    The glory of the sum of things[4)]
Will flash along the chords and go.

흐르는 피로 이 억울한 사연을 적은 손수건을 언니에게 보내 복수해줄 것을 부탁한다. 이에 언니 프로크네는 아들을 죽여 그 고기를 테레우스에게 먹인다. 이 사실을 알아챈 테레우스가 칼을 빼어 두 여인을 죽이려는 순간 테레우스는 독수리로, 프로크네는 제비로, 그리고 필로멜은 나이팅게일로 변신한다. 그래서 나이팅게일은 다른 새들이 잠든 밤에 홀로 나와 이 억울한 사연을 피를 토하며 하소연한다는 것이다. 그러므로, 밤중에 교교히 즐거운 노래를 불러 뭇 사람들을 황홀경에 빠뜨리는 나이팅게일이지만, 그 즐겁게만 들리는 노래 소리에는 말 못할 슬픔이 들어 있는 것이다.

2) quicks: 산사나무(hawthorn).

3) the senses: 희비의 감정.

4) the sum of things: 삼라만상.

89. 그와 함께 했던 여름[1)]

이 평평한 잔디밭을 명암으로
바둑판무늬 놓는 느릅나무들아,
그리고 너 한껏 넓고 다 자란 잎으로
높이 솟아 있는 단풍나무야,

그 얼마나 자주, 나의 아아써는
여길 거닐며 너희 그림자 아름답게 여기고,
풍요로운 시골 공기에 털어놓았더냐
도회의 먼지와 소음과 울분을.

그에겐 무엇이든 볼 줄 아는 심미안이 있었고,
우리의 온갖 소박한 놀이에도 어울렸으니,
그 놀이가 즐겁게 했었다, 떠들썩한 법정과
혼탁한 법의 권세에 물들지 않았던 그를.[2)]

오, 그의 즐거움이었다, 이 한적한 곳에서
향기로운 어둠 속에 망토도 걸치지 않고,
한결 시원한 공기를 마시며,
더위 속에 하늘거리는 풍경을 바라보는 것은.

---

1) 시인은 여름방학이면 친구이자 에밀리의 약혼자인 핼럼이 써머스비의 시골집에 놀러와 자신의 가족과 함께 즐겁게 보냈던 시절을 회상한다.

LXXXIX. THE SUMMER WITH HIM

Witch-elms that counterchange[3] the floor
Of this flat lawn with dusk and bright;
And thou, with all thy breadth and height
Of foliage, towering sycamore;

How often, hither wandering down,
My Arthur found your shadows fair,
And shook to all the liberal air
The dust and din and steam of town:

He brought an eye for all he saw;
He mixt in all our simple sports;
They pleased him, fresh from brawling courts
And dusty purlieus of the law.

O joy to him in this retreat,
Immantled in ambrosial dark,
To drink the cooler air, and mark
The landscape winking thro' the heat:

2) ll. 11-12: 핼럼은 케임브리지를 떠난 후에 런던에 있는 기숙 법학원인 Lincoln's Inn에 다녔다.

3) counterchange: 바둑판무늬를 놓다; 얼룩얼룩하게 하다(checker).

오, 근심 걱정을 몰아가는 음향이여,
　　　아침 이슬에 스치는 큰 낫 소리여,
　　　정원을 한 바퀴 돌아서
익어 가는 배를 반쯤 떨어뜨리는 바람 소리여!

오, 더없이 즐거웠다, 모두가 그의 주위에
　　　둥그렇게 둘러앉아, 그가 잔디에 누워
　　　이탈리아 시인들을 읽는 것을 듣고
우리 마음과 귀가 솔깃했던 때가.

혹은 온통 금빛으로 물든 오후 한나절
　　　손님이나 행복한 여동생이[4] 노래하거나,
　　　여동생이 여기에 하프를 가지고 나와
밝아지는 달에 맞춰 민요를 탔던 때가.

역시 즐거웠다, 한층 활기찬 분위기 속에
　　　저 언덕 너머에서 쏘다니고,
　　　먼 숲 속에서 향연을 벌이며
기나긴 여름날을 보내는 것도.

거기서 우리는 이런저런 주제를 훑어보았고,
　　　좋거나 싫은 책을 토론하거나,
　　　나라의 변모를 이야기하기도 하고,
어떤 쏘크라테스적인 꿈을 더듬어보기도 했다.[5]

---

4) 행복한 여동생(happy sister): 헬럼의 약혼녀 에밀리.

5) 쏘크라테스가 주된 화자로 나오는 플라톤의 『대화록』을 읽었다.

O sound to rout the brood of cares,
The sweep of scythe in morning dew,
The gust that round the garden flew,
And tumbled half the mellowing pears!

O bliss, when all in circle drawn
About him, heart and ear were fed
To hear him, as he lay and read
The Tuscan poets[6] on the lawn:

Or in the all-golden afternoon
A guest, or happy sister, sung,
Or here she brought the harp and flung
A ballad to the brightening moon:

Nor less it pleased in livelier moods,
Beyond the bounding hill to stray,
And break the livelong summer day
With banquet in the distant wood;

Whereat we glanced from theme to theme,
Discuss'd the books to love or hate,
Or touch'd the changes of the state,
Or threaded some Socratic dream;

6) The Tuscan poets: 핼럼이 좋아했던 단테와 페트라르크 등과 같은 이탈리아 시인들.

그러나 내가 만일 분주한 도회를 찬미하면,
그는 언제나 내 말을 가로막고 말했다,
'저 사회의 맷돌 속에
우리는 서로의 견해를 마멸시켜 버리고,

'이 사람 저 사람의 독창성을
형식과 허식으로 몰아넣지.'
우리는 이야기했다. 밑에는 시내가 흐르고,
포도주 병은 이끼 속에 담가 놓거나

어두워 가는 물속에다 차갑게 하였다.
그러다가, 진홍빛 테를 두른 샛별이
그 아버지의 무덤으로 빠지기 전,
멀리서 돌아오는 길에, 우리는

발목까지 덮는 꽃을 스쳐 지나오며 들었다,
너울진 인동넝쿨 뒤에서
통 속에 거품 이는 우유 짜는 소리와
저녁 무렵 꿀벌들이 윙윙거리는 소리를.

But if I praised the busy town,
He loved to rail against it still,
For 'ground in yonder social mill
We rub each other's angles[7] down,

'And merge' he said 'in form and gloss
The picturesque[8] of man and man.'
We talk'd: the stream beneath us ran,
The wine-flask lying couch'd in moss,

Or cool'd within the glooming wave;
And last, returning from afar,
Before the crimson-circled star[9]
Had fall'n into her father's[1] grave,

And brushing ankle-deep in flowers,
We heard behind the woodbine veil
The milk that bubbled in the pail,
And buzzings of the honied[2] hours.

---

7) angles: 견지, 견해, 관점(standpoint).

8) the picturesque: 개성(individuality), 독창성(originality).

9) the crimson-circled star: 석양으로 둘러싸인 금성.

1) her father: the sun. 금성은 해가 지고 난 다음에 떨어진다.

2) honied: honeyed.

90. 그대 내게로 돌아오라[1)]

우정을 거의 건성으로 맛보았고,
천국에 아주 가까운 신성한 샘물을[2)]
결코 마셔 본 적이 없는 자, 그가 처음으로
사람들 사이에 이 쓴 씨앗을[3)] 뿌릴 수 있었으리—

통곡 속에 임종의 눈을 감은
죽은 자들이 다시 소생할 수 있다면,
그들이 깨어날 때 처자에게서
다만 싸늘한 대접을 받을 것이니,

술기운으로 달아올랐을 때는,
그들에게 따뜻한 눈물로 맹세하고,
그들 얘기를 하고, 그들이 살아나기를 바라며,
그들의 추억을 신성시하는 것은 진정 좋았어도,

만일 죽었던 그들이 살아온다면,
그들의 부인들은 타인들의 손에 있음을 보고,
저 된 상속인은 그들의 땅을 활보하면서
단 하루도 그들에게 양보하지 않으리라는 씨앗을.

---

1) 《90~95》: 살아 있는 사람과 죽은 사람 사이의 영적교섭을 다룬 일련의 시군을 이룬다.

《90》: 가족에게 아무리 존경받고 살아나기를 바라는 사람이라 할지라도, 막상 죽었던 사람이 살아온다면 그는 다만 냉대를 받으리라는 것은 진정한 우정을 모르는 사람들의 말이다. “그 어떤 변화가 있었다고

XC. COME THOU BACK TO ME

He tasted love with half his mind,
Nor ever drank the inviolate spring
Where nighest heaven, who first could fling
This bitter seed among mankind;

That could the dead, whose dying eyes
Were closed with wail, resume their life,
They would but find in child and wife
An iron welcome[4] when they rise:

'Twas well, indeed, when warm with wine,
To pledge them with a kindly tear,
To talk them o'er, to wish them here,
To count their memories half divine;

But if they came who past away,
Behold their brides in other hands;
The hard heir strides about their lands,
And will not yield them for a day.

해도 내 우정에는 변함이 없으니, 벗이여, 내게 돌아오라."—이것이 시인의 변함없는 소망이다.

2) 신성한 샘물(the inviolate spring): 신성한 우정의 샘물.

3) 이 쓴 씨앗(this bitter seed): 5-20행에 나오는 내용.

4) An iron welcome: 냉대(A cold and hard welcome).

그렇다, 비록 그들의 자손들이 이들과 같진 않아도,
　　아직도 추앙받는 아버지는
　　죽음보다도 더 심한 혼란을 일으켜
평온한 집안의 기둥을 뒤흔들어 놓으리.

아 벗이여, 그대 그저 내게로 돌아오라.
　　해가 바뀌어 그 어떤 변화가 생겼다 해도,
　　나는 아직껏 그대를 그리는 것 꺼려하여
소리치는 남모를 생각을 품고 있지 않으니.

Yea, tho' their sons were none of these,
    Not less the yet-loved sire would make
    Confusion worse than death, and shake
The pillars of domestic peace.

Ah dear, but come thou back to me:
    Whatever change the years have wrought,
    I find not yet one lonely thought
That cries against my wish for thee.

91. 한층 밝은 등불[1]

장밋빛 새싹들이 낙엽송을 장식하고,
　　가지에 앉은 티티새가 교교히 지저귀거나,
　　삼월의 바닷빛 청색 물총새가
메마른 관목숲 밑을 훌쩍훌쩍 날 때,

그대여, 그대의 동료들과 함께 했던 시절의
　　그대의 영혼을 알아 볼 그 모습을 띠시라.
　　이루지 못한 시절의 소망이
그대 이마 주위에 불어나 빛나시라.

여름의 시시각각 익어 가는 변화가
　　수많은 향기로운 장미와 함께
　　호젓한 농장 주변에 일렁이는
수 없는 밀의 물결 위에 숨쉴 때,

오시라, 밤의 파수 속에서가 아니라[2]
　　햇살이 따뜻하게 비치는 곳에.
　　오시라, 그대의 영적 모습으로 아름답게,
대낮에 한층 더 밝은 등불과도 같이.

---

1) 시인은 친구가 어두운 밤 꿈속에 홀연히 나타나는 유령의 모습이 아니라, 생시의 낯익은 모습으로 밝은 낮에 천국의 광명에 싸여 찾아와 주기를 바란다.

2) 어두운 밤에 홀연히 나타나는 유령이 아니라.

XCI. A FINER LIGHT

When rosy plumelets tuft the larch,
　　And rarely pipes the mounted thrush;
　　Or underneath the barren bush
Flits by the sea-blue bird[3] of March;

Come, wear the form by which I know
　　Thy spirit in time among thy peers;[4]
　　The hope of unaccomplish'd years
Be large and lucid round thy brow.

When summer's hourly-mellowing change
　　May breathe, with many roses sweet,
　　Upon the thousand waves of wheat,
That ripple round the lonely grange;

Come: not in watches of the night,
　　But where the sunbeam broodeth warm,
　　Come, beauteous in thine after form,[5]
And like a finer light in light.

---

3) sea-blue bird: 물총새(kingfisher).

4) in time among thy peers: 케임브리지의 동료들과 함께 하던 시절.

5) in thine after-form: 한층 성숙된 천상의 영적 모습으로.

92. 환상[1)]

그 어떤 형상이 그대의 모습을 보여준다 해도,
나는 그것을 단지 뇌종양처럼
한낱 환영으로 생각하리라.
아니, 비록 그것이 말을 하고

지난 시절 우리의 운명이 함께 처했던
우연한 일들을 들먹인다 해도,
나는 다만 말하리라, 과거를 속삭이는
한 가닥 추억의 바람 소리가 들려온다고.

진정, 비록 그것이 말을 하고
미래의 사실을 보여준다 해도,
비록 다가오는 세월이
환영의 예고가 진실이라 밝힌다 해도,

그 예고들은 그대의 예언과 같지 않고
내 영적인 예감일 뿐이며,
그러한 사건의 조짐은
흔히 사건이 벌어지기 전에 일어난다오.[2)]

---

1) 그러나 만일 핼럼이 육안으로 보이는 모습으로 찾아와 말을 하고 과거를 회상하고 미래를 예언한다 할지라도, 그것은 오직 그를 다시 보고 싶은 내 욕망과 환상이 빚어낸 한낱 허깨비에 불과할 것이다.

몇몇 비평가들은 이 시가 빅토리아 시대의 영국인들이 흔히 믿었던

XCII. A VISION

If any vision should reveal
　　Thy likeness, I might count it vain[3)]
　　As but the canker of the brain;
Yea, tho' it spake and made appeal

To chances[4)] where our lots were cast
　　Together in the days behind,
　　I might but say, I hear a wind
Of memory murmuring the past.

Yea, tho' it spake and bared to view
　　A fact within the coming year;
　　And tho' the months, revolving near,
Should prove the phantom-warning true,

They might not seem thy prophecies,
　　But spiritual presentiments,
　　And such refraction of events
As often rises ere they rise.

강령술(降靈術 spiritualism)을 반영하고 있다고 주장하고 있지만, 테니슨 자신은 이를 전적으로 신봉하고 있었던 것 같지는 않다.

2) "천상의 무리는 그들이 실제로 떠오르기 전에 빛의 굴절작용에 의해 수평선위로 보인다"—테니슨.

3) vain: 환영, 환상(an illusion).

4) chances: 우연히 일어나는 일들(occurrences).

93. 영혼끼리[1)]

나 그대를 못 보리라. 내 감히 말할 수 있으랴,
육신에 갇혀 있을 때는 그 어떤 영혼도
그가 처음으로 거닐었던 고향 땅에서
그를 머물게 하는 굴레를 벗긴 일이 없다고?

모든 감각의 신경이 마비된 곳에는,
그 사람, 그 「영혼」 말고는 오지 않으리
어느 죽은 자의 눈에 띄는 그림자도,
「영혼」은 「영혼」끼리, 「유령」은 「유령」끼리 어울리니.[2)]

오, 그러니 헤아릴 수 없는 축복 속에 신들과
그대의 보이지 않는 영역에서,
오, 열 겹의 복잡한 변화를 거친
그 멀고도 먼 심연에서

내려와 초인종을 누르고 들어오라. 들려다오
말로 표현하기엔 너무나 벅찬 소망을,
이 눈먼 육체 속에서라도
내 혼이 그대 혼이 가까이 있음을 느끼도록.

---

1) 세상 떠난 그대는 결코 내 소원처럼 생시와 같은 육신의 모습으로 나를 찾아올 수 없고, 오직 영혼으로서 내려와 내 영혼과 교제할 것이다. 그러니 내 영혼이 그대의 영혼이 가까이 있음을 느낄 수 있도록, 그대의 심오한 변화를 거친 보이지 않는 영역에서 내게 내려와다오.

2) ll. 1-8: 어떤 영혼도 육적 감각으로 이해될 수는 없고, 영혼은 오직 영혼으로만 감지될 수 있다.

XCIII. SPIRIT TO SPIRIT

I shall not see thee. Dare I say
No spirit ever brake the band
That stays him from the native land
Where first he walk'd when claspt in clay?

No visual shade of some one lost,
But he, the Spirit himself, may come
Where all the nerve of sense is numb;
Spirit to Spirit, Ghost to Ghost.

O, therefore from thy sightless range[3])
With gods in unconjectured bliss,
O, from the distance of the abyss
Of tenfold-complicated change,

Descend, and touch, and enter; hear
The wish too strong for words to name;
That in this blindness of the frame[4])
My Ghost may feel that thine is near.

3) thy sightless range: 그대의 보이지 않는 영역(thy invisible region).
4) the frame: 인간의 육체(the human body).

94. 영적교제 (1)[1]

얼마나 마음이 순수하고 머리가 맑아야 하며,
어떤 신성하고 대담한 애정을 지녀야 되는가,
단 한 시간이라도 죽은 자와 영적교제를
갖고 싶은 생각이 있는 사람이라면.

그대든 누구든 그들의 황금빛 낯으로부터
영혼들을 헛되이 부르리라,
만일 그대 역시 그 영혼들처럼
내 영혼이 모두와 화평하다고 말할 수 없다면.

영혼들은 찾아온다, 평정한 가슴에,
고요하고 아름다운 상상에,
구름 한 점 없는 대기와 같은 기억에,
잔잔한 바다와 같은 의식(意識)에.

그러나 가슴이 소음으로 가득 차고,
의아심이 문간에서 기다리면,
영혼들은 오직 문간에서 귀를 기울여
그 집안의 불화를 들을 수밖에 없으리.

---

1) 사자와 잠시라도 영적교제를 가지려면, 순수한 마음, 맑은 머리, 신성하고 대담한 애정, 평화로운 영혼, 평정한 가슴, 고요하고 아름다운 상상, 맑은 기억, 잔잔한 바다와 같은 의식을 지녀야 한다. 만일 마음이 소란하고 의아심을 품고 있으면, 사자와 영적교제는 이루어질 수 없다.

XCIV. COMMUNION (I)

How pure at heart and sound in head,
With what divine affections bold
Should be the man whose thought would hold
An hour's communion with the dead.

In vain shalt thou, or any call
The spirits from their golden day,[2)]
Except,[3)] like them, thou too canst say,
My spirit is at peace with all.

They haunt the silence of the breast,
Imaginations calm and fair,
The memory like a cloudless air,
The conscience as a sea at rest:

But when the heart is full of din,
And doubt beside the portal waits,
They can but listen at the gates,
And hear the household jar[4)] within.

---

2) their golden day: 영혼들이 천상의 빛 속에 영위하고 있는 시간.

3) Except: Except when.

4) jar: 불화, 말다툼, 충돌; (귀에 거슬리는) 잡음.

95. 영적교제 (2)[1]

발 밑의 풀이 말라 있어,
밤에 우리는 잔디밭에 있었다.
쾌적하게 따뜻한 날씨에
하늘엔 흥취를 끄는 은빛 여름 안개.

촛불을 까딱하지 않고 타게 하는 정적,
귀뚜라미 하나 울지 않는데,
먼 여울 소리만이 들려오고,[2]
탁자엔 주전자의 물 끓는 소리.

향기로운 하늘엔 박쥐들 날아다니고,
어둠 속에 나타나는 희미한 나방들이
하얀 날개 털 난 가슴 구슬 같은 눈으로
빙빙 돌거나 반짝거렸다.

그때 우리는 이 산 저 산으로 울려 퍼지는
흘러간 옛 노래를 불렀다. 그곳에는
편안히 누운 흰 소들이 어렴풋이 보이고,
나무는 뜰에 검은 팔을 늘어뜨리고 있었다.

---

1) 드디어 테니슨은 써머스비의 자기 집에서 어느 고요한 여름밤에, 혼자 과거에 핼럼이 보냈던 편지를 읽으면서 핼럼과의 영적교제를 경험한다. 테니슨은 소년 시절부터 개인의 의식을 집중시킴으로써 개체 그 자체가 용해되어 무한한 존재가 되는 일종의 깨어 있는 몽환상태에 들어갈 수 있는 능력이 있었다고 말한다 (『회고록』, I, 320). 대부분의

XCV. COMMUNION (II)

By night we linger'd on the lawn,
For underfoot the herb was dry;
And genial warmth; and o'er the sky
The silvery haze of summer drawn;

And calm that let the tapers burn
Unwavering: not a cricket chirr'd:
The brook alone far-off was heard,
And on the board the fluttering urn:

And bats went round in fragrant skies,
And wheel'd or lit the filmy shapes
That haunt the dusk, with ermine capes
And woolly breasts and beaded eyes;

While now we sang old songs that peal'd
From knoll to knoll, where, couch'd at ease,
The white kine glimmer'd and the trees
Laid their dark arms about the field.

주석가들은 이 부분이 전체 시의 절정이라고 주장하며, 『인 메모리엄』의 거의 모든 주제와 상징과 이미지가 집중되어 있다고 한다.

2) "믿기 어려울 정도로 고요한 밤이었다. 그래서, 전에는 그렇게 멀리 떨어져 있어 시냇물 소리가 들여온 적이 없었던 그 물소리를 들어보라고 나는 형 차알즈에게 청했다"—테니슨.

그러나 그것들 모두가 하나씩 하나씩
나와 밤으로부터 물러가고,
집안의 등불이 하나씩 하나씩 꺼져
나 홀로 남아 있게 되었을 때,

내 가슴엔 한 줄기 열망이 엄습했다. 나는
한때 있었던 그 즐거운 시절을 읽었다,
푸름을 간직한 그 낙엽들,
죽은 벗의 소중한 편지 속에서.

그러자 이상하게도 정적 위에
소리 없이 얘기하는 말이 터져 나왔다.
우정의 가치를 시험하려는 변화에 맞서는
우정의 무언의 외침은 이상했다.

이상스럽게 그 무언의 말은 전했다,
겁쟁이를 뒷걸음치게 하여,
말의 올가미로 믿음의 핵심에 이르게 할
암시를 열심히 좇는 의심에 깃드는 믿음, 힘을.

그렇게 한 마디 한 마디씩, 한 줄씩 한 줄씩,
죽은 벗은 과거로부터 나를 접했다.
그리고 별안간 산 영혼이 마침내
내 영혼 위에 번뜩이는 것 같았다.

그래서 내 영혼은 이 속에 칭칭 감겨서,[3]
천상계의 사색의 고원을 선회하다가,
절대 실체에 이르러 알게 되었다,
이 세상의 헤아리기 어려운 박동과

But when those others, one by one,
Withdrew themselves from me and night,
And in the house light after light
Went out, and I was all alone,

A hunger seized my heart; I read
Of that glad year which once had been,
In those fall'n leaves which kept their green,
The noble letters of the dead:

And strangely on the silence broke
The silent-speaking words; and strange
Was love's dumb cry defying change
To test his worth; and strangely spoke

The faith, the vigour, bold to dwell
On doubts that drive the coward back,
And keen thro' wordy snares to track
Suggestion to her inmost cell.

So word by word, and line by line,
The dead man touch'd me from the past,
And all at once it seem'd at last
The living soul was flash'd on mine,

And mine in this was wound, and whirl'd
About empyreal heights of thought,
And came on that which is, and caught
The deep pulsations of the world,

3) "나는 종종 휘말려 올라가 대령(大靈)에 몰입되는 그런 느낌을 가진 적이 있었다"—테니슨.

「시간」의 발자취—「우연」의 충격—
　　「죽음」의 질풍을 헤아리는 태고의 음향을.
　　마침내 나의 황홀경은
의심에 부딪쳐 끝나 버렸다.

모호한 말이여! 그러나 아, 얼마나 어려운가,
　　물질로 빚은 말의 형상을 짜 맞추거나,[4]
　　지성인조차도 회상을 통하여
내가 몰입했던 처지에 이르는 것이.

이제 어둡던 땅거미가 걷히어
　　언덕들이 다시 한 번 모습을 드러내니,
　　편안히 누운 흰 소들이 어렴풋이 보이고,
나무는 뜰에 검은 팔을 늘어뜨리고 있었다.

그리고 먼 데 어둠으로부터 일어난 미풍이
　　시커모어 단풍의 큼직한 잎사귀 위에
　　일렁거리기 시작하고,
그윽한 향기를 사방에 풍겨주며,

머리 위로 한결 상쾌한 기운이 일어
　　잎사귀 무성한 느릅나무를 흔들고,
　　여러 겹 겹장미를 하늘거리게 하며,
백합화를 이리저리 흔들어 놓으며,

'새벽이다, 날이 밝았다.'고 말하고 사라졌다.
　　그리고 바람 한 점 없는 동녘과 서녘이
　　마치 삶과 죽음처럼 희미한 빛을 뒤섞어
가없는 날로 퍼져나갔다.

Æonian music measuring out
The steps of Time—the shocks of Chance—
The blows of Death. At length my trance
Was cancell'd, stricken thro' with doubt.

Vague words! but ah, how hard to frame
In matter-moulded forms of speech,
Or ev'n for intellect to reach
Thro' memory that which I became:

Till now the doubtful dusk reveal'd
The knolls once more where, couch'd at ease,
The white kine glimmer'd, and the trees
Laid their dark arms about the field:

And suck'd from out the distant gloom
A breeze began to tremble o'er
The large leaves of the sycamore,
And fluctuate all the still perfume,

And gathering freshlier overhead,
Rock'd the full-foliaged elms, and swung
The heavy-folded rose, and flung
The lilies to and fro, and said

'The dawn, the dawn,' and died away;
And East and West, without a breath,
Mixt their dim lights, like life and death,
To broaden into boundless day.

---

4) ll. 45-46: 일상언어는 물질적인 경험을 표현하도록 마련되어 있기 때문에, 이 신비한 비물질적 경험의 의미를 풀어내기가 어렵다.

96. 숨김없는 의심[1]

그대는 말하오, 그러나 책망의 기색은 없이.
　　마음씨 고운 그대, 연청색 두 눈이
　　물에 빠진 파리를 측은히 여기는 그대,
그대는 내게 말하오, 의심은 「악마」의 소산이라고.[2]

그건 모르지만, 그러나 나는 진정 알고 있었소
　　많은 오묘한 문제에 조예가 깊은 한 사람을.[3]
　　그는 처음엔 수금을 귀에 거슬리게 탔지만,
한결같이 애써 화음 되게 하였고,

믿음에는 갈팡질팡했어도 행위엔 순결했던
　　그는 마침내 그의 음악을 울리게 했었소.
　　숨김없는 의심 속에 믿음이 더 깃든다오,
진정, 어설픈 교의(教義)에서보다는.[4]

그는 자신의 의심과 싸워 힘을 길렀고,
　　자기의 판단을 분별없이 하려 하지 않았고,
　　그는 마음의 요괴들과 맞서 싸워서
굴복시켰다오. 이렇게 해서 그는 마침내

---

1) 테니슨의 장차 부인이 될 소박한 믿음을 가진 에밀리 쎌우드를 향한 시. 이 시에서 테니슨은 의심이 악의 소산이라고들 하지만, 그 삶이 순수했던 핼럼도 의심과 싸워 한층 강한 믿음을 얻게 되었던 것처럼, 어설픈 교리에서보다는 오히려 숨김없는 회의 속에 믿음이 더 깃들인다고 주장한다.

2) ll. 1-4: 테니슨의 약혼녀 에밀리 쎌우드와 그녀의 소박한 믿음.

3) 한 사람: 핼럼. 어중된 교리보다는 숨김없는 의심에 더 믿음이 깃

XCVI. HONEST DOUBT

You say, but with no touch of scorn,
Sweet-hearted, you, whose light-blue eyes
Are tender over drowning flies,
You tell me, doubt is Devil-born.

I know not: one indeed I knew
In many a subtle question versed,
Who touch'd a jarring lyre at first,
But ever strove to make it true:

Perplext in faith, but pure in deeds,
At last he beat his music out,
There lives more faith in honest doubt,
Believe me, than in half the creeds.

He fought his doubts and gather'd strength,
He would not make his judgment blind,
He faced the spectres of the mind
And laid them: thus he came at length

들인다는 것을 주장하기 위해, 시인은 그의 순수한 삶과 의심을 통해서 더욱 튼튼한 믿음을 얻게 된 사실을 예로 든다(ll. 6-10, ll. 13-17).

4) ll. 11-12: 테니슨이 슬픔과 회의를 물리치고 기쁨 속에 한층 굳건한 믿음을 회복한 기나긴 과정을 한 마디로 요약한 구절로, 시인이 이 시를 통해서 독자에게 전하는 가장 핵심적이고 강력한 메시지를 담고 있다.

한층 강한 자신의 믿음을 찾게 되었으니,
　　　밤에는 하느님이 그와 함께 있었다오,
　　　어둠과 빛을 지으시며,
빛이 있는 곳에만 계시지 않고

어둠과 구름 속에도 계시는 하느님이,
　　　이스라엘인들이 황금 송아지를 빚는 동안
　　　옛날 시나이 산 꼭대기에서
나팔이 그렇게도 크게 울렸을 때와 같이.[5)]

---

5) ll. 21-24: 모세가 시나이 산에 올라가 하느님의 십계명을 받을 때, 밑에 있는 이스라엘인들은 짙은 구름과 천둥 번개 속에 가려진 하느님을 알아보지 못했기 때문에 계율을 어기고 황금 송아지를 빚어 우상숭배의 큰 죄를 저질렀다(『출애굽기』, 19:16-25, 32:1-6)는 성서의 인유.

To find a stronger faith his own;
　　And Power was with him in the night,
　　Which makes the darkness and the light,
And dwells not in the light alone,

But in the darkness and the cloud,
　　As over Sinai's peaks of old,
　　While Israel made their gods of gold,[6)]
Altho' the trumpet blew so loud.

---

6) gods of gold: golden calf(우상숭배의 표징인 황금 송아지).

97. 두 배우자들[1)]

내 사랑은 바위며 나무들과 이야기했다.
내 사랑은 안개 자욱한 산 밑에서
제 큰 그림자가 영관(榮冠) 쓴 것을 본다.[2)]
내 사랑은 눈에 띄는 모든 것에서 자신을 본다.

결혼생활을 하는 두 배우자들—
나는 광막하고 신비로움 속에서
이들을 바라보고 그대를[3)] 생각했고,
아내를 생각하듯 내 영혼을 생각해보았다.

이들 둘—그들은 눈을 마주보며 살았고,
그들의 정겨운 심장은 가락 맞춰 뛰었다.
그들의 만남은 섣달도 유월,
그들의 헤어짐은 죽음이었다.

그들의 사랑은 결코 쇠퇴한 일이 없었고,
믿지 않는 사람들이 무어라 해도,
아내가 결코 잊을 수 없는 나날은
아직도 그가 아내를 사랑한다는 증거.

---

1) 이 시에서는 핼럼과 테니슨 사이의 우정이 부부의 사랑에 비유되어 있다. 남편은 지식이 많은 반면 아내는 신앙이 강하고, 남편의 마음은 광범한 사물에 미치는 반면 아내의 마음은 오직 집안 살림에만 매달려 있다. 이렇게 두 부부는 외적이고 지적인 면에서는 서로 다르지만, 두 사람 사이는 내적으로 변치 않는 사랑으로 굳게 맺어져 있다. 마찬가지로 두 친구는, 비록 저승과 이승에 따로 떨어져 있고 모든 면에서 큰 차이가 나지만, 변함없는 우정으로 단단히 맺어져 있다고 시인은 믿는다.

XCVII. TWO PARTNERS

My love has talk'd with rocks and trees;
He finds on misty mountain-ground
His own vast shadow glory-crown'd;
He sees himself in all he sees.

Two partners of a married life—
I look'd on these and thought of thee
In vastness and in mystery,
And of my spirit as of a wife.

These two—they dwelt with eye on eye,
Their hearts of old have beat in tune,
Their meetings made December June,
Their every parting was to die.

Their love has past away;
The days she never can forget
Are earnest[4] that he loves her yet,
Whate'er the faithless people say.

---

2) ll. 2-3: 하르츠산(Harz Mountains)에서의 머리에 후광을 두른 브로켄 요괴(Brocken specter)의 모습을 연상시킨다. "브로켄 요괴"란 태양을 등지고 섰을 때 산꼭대기의 구름에 크게 비치는 자기의 그림자를 말한다.

3) 그대(thee): 핼럼.

4) earnest: 증거(proof, confirmation).

아내의 삶은 외롭고, 그가 따로 앉아 있어도,
아직 그는 사랑하고, 그녀는 울지 않으리,
비록 침통하고 심오한 문제에 정신팔려
아내의 소박한 마음을 깔보는 듯하여도.

그는 마음의 미로를 읽는다.
그는 별의 신비를 읽는다.
그는 아주 가까운 듯하면서도 아주 멀다.
아주 쌀쌀해 보이건만, 아내는 친절하다 여긴다.

아내는 연전의 선물을 간직하고 있어,
시든 한 떨기 오랑캐꽃이 더없는 기쁨이다.
아내는 그의 위대함이 무엇인지 모르는데,
하지만, 그 때문에 그를 더욱 사랑한다.

아내는 그를 위해 연주하고, 그에게 노래한다
초년의 믿음과 굳게 맺은 언약을.
그녀는 겨우 집안 일 밖에 몰라도,
그는 온갖 일들을 알고 있다.

그녀의 믿음은[5] 고정되어 움직일 수 없고,
그가 훌륭하고 현명함을 어렴풋이 느끼며,
믿음에 찬 눈으로 그를 곰곰이 생각한다—
'나는 알 수 없어요. 사랑해요.'

5) 그녀의 믿음(Her faith): 아내의 신앙심 혹은 남편의 훌륭함에 대한 믿음.

Her life is lone, he sits apart,
He loves her yet, she will not weep,
Tho' rapt in matters dark and deep
He seems to slight her simple heart.

He thrids the labyrinth of the mind,
He reads the secret of the star,
He seems so near and yet so far,
He looks so cold: she thinks him kind.

She keeps the gift of years before,
A wither'd violet is her bliss:
She knows not what his greatness is,
For that, for all, she loves him more.

For him she plays, to him she sings
Of early faith and plighted vows;
She knows but matters of the house,
And he, he knows a thousand things.

Her faith is fixt and cannot move,
She darkly feels him great and wise,
She dwells on him with faithful eyes,
'I cannot understand: I love.'

98. 비엔나[1)]

형은 떠나는군요. 보겠지요, 라인강과
　　내가 그와 함께 그곳에 있을 때,
　　그 밑으로 배를 몰던 저 아름다운 산들을.
그리고는 여름철 밀밭과 포도밭을 지나

가겠지요, 그가 최후의 숨을 쉬었던 곳
　　그 도시로. 그 도시의 모든 광채는
　　「죽음」의 눈에 비친 망각천에 반짝이는
도깨비불보다도 생생하지 못해 보입니다.

아름답게 굽이쳐 흐르는 거대한 다뉴브가
　　내 흔적 없는 섬들을 휘감게 하라.
　　나 가본 적 없는 비엔나, 나 그곳에는
가지 않으리. 나는 차라리 상상하리

그곳에선 삼중 암흑인 「악마」가 나타나
　　출생과 혼례를 괴롭히고,
　　친구와 친구가 보다 자주 헤어지고,
아버지들은 더 많은 무덤에 허리를 굽히며,

---

1) 신혼여행차 유럽으로 떠나려는 테니슨의 형 차알즈에게 전하는 내용으로 된 시. 실제로 차알즈는 1836년 5월에 결혼하여 신혼여행으로 1832년에 테니슨이 핼럼과 함께 여행했던 독일의 라인 계곡과 1833년 핼럼이 죽은 비엔나를 방문했지만, 이 시에서는 여름철의 일로 바꾸어 놓았다. 시인은 특히 비엔나를 친구의 목숨을 앗아간 저주받은 도시로

XCVIII. VIENNA

You leave us: you will see the Rhine,
And those fair hills I sail'd below,
When I was there with him; and go
By summer belts of wheat and vine

To where he breathed his latest breath,
That City. All her splendour seems
No livelier than the wisp that gleams
On Lethe in the eyes of Death.

Let her great Danube rolling fair
Enwind her isles, unmark'd of me:[2)]
I have not seen, I will not see
Vienna; rather dream that there,

A treble darkness, Evil haunts
The birth, the bridal; friend from friend
Is oftener parted, fathers bend
Above more graves, a thousand wants

여기고, 환락에 빠진 그곳 사람들의 모습을 상상해 본다.

2) unmark'd of me: unseen by me. 테니슨은, 처음에 천명했었던 것처럼, 그의 소중한 친구 핼럼의 목숨을 앗아간 비정의 도시인 비엔나를 결코 방문한 적이 없었다.

수많은 욕망이 인간의 뒤꿈치에서 으르렁대며
　　싸늘한 난로 가에서 포식하고, 슬픔은
　　군주의 광휘에 그림자를 지게 한다고.[3)]
그러나 나는 그가 말하는 것을 몸소 들었습니다,

어느 나라의 수도에서도
　　무성한 나뭇잎 그늘 아래에서는
　　꽃마차가 이리저리 장엄하게 행진하면서
두 줄로 공원과 교외를 달리는 일은 없다고.

그는 내게 말했습니다, 어떤 군중 속에서도
　　더 많은 만족은 깃들이지 못한다고,
　　등불을 밝혀 모두가 즐겁고,
놀이와 노래로 떠들썩할 때라도,

노점이나 천막이나 궁궐이나 야외에서도.
　　원을 이룬 도래춤은 돌고 돌며,
　　횃불은 부서져 진홍빛 불똥이나
녹색의 빗발 속에 녹아들게 될 때라도.[4)]

---

3) ll. 18-19: 오스트리아와 나폴레옹과의 관계에 대한 언급. 즉, 마리아 루이자(Maria Louisa)의 결혼, 프랑씨스(Francis) 2세의 신성 로마제국의 포기, 그리고 자손이 끊긴 합스부르크(Hapsburg) 왕가의 몰락을 두고 한 말.

Gnarr[5] at the heels of men, and prey
By each cold hearth, and sadness flings
Her shadow on the blaze of kings:
And yet myself have heard him say,

That not in any mother town
With statelier progress to and fro
The double tides of chariots flow
By park and suburb under brown

Of lustier leaves; nor more content,
He told me, lives in any crowd,
When all is gay with lamps, and loud
With sport and song, in booth and tent,

Imperial halls, or open plain;
And wheels the circled dance, and breaks
The rocket molten into flakes
Of crimson or in emerald rain.

---

4) ll. 21-32: 한 나라에 두 군주나 통치자는 있을 수는 없는 일이며, 누군가가 권력으로 정권을 장악하고 아무리 호화찬란한 축제를 열어 많은 군중이 참여하게 한다 해도, 진심으로 그것을 즐길 사람은 없을 것이라는 뜻.

5) Gnarr: "Snarl"—테니슨.

99. 1836년 9월 15일[1)]

희미한 새벽아, 너 이렇게 다시 일어나는구나,
이렇게도 새 소리 요란하고
이렇게도 소떼 울음소리 가득하게.
내가 인간의 꽃을 잃은 날이여,

너는 검붉은 새벽빛 속에 떠는구나,
과거를 호흡하는 초원과
죽은 벗에게는 성스러운 산간을
거품 일며 싸게 흐르는 저기 불어난 여울에서.

너는 잎새 우거진 처마 밑에서 흥얼대는구나,
닥치는 겨우살이 걱정 등한시하는 노래,
여기 저기 나무 잎사귀에
불타는 손가락을 얹고 있는 가을의 노래를.

너는 너의 은은한 숨결로 일깨우는구나,
온화한 대지의 수많은 사람들에게는
혼인이나 출생의 추억을,
그리고 더 많은 사람들에게는 죽음의 기억을.

오 저들이 남극과 북극의 잠 사이
그 어느 곳에 있든지 간에,
오늘은 그들의 혈족으로 여겨져,
그들은 나를 몰라도 나와 함께 슬퍼하는구나.

---

1) 핼럼의 세 번째 추도일.

XCIX. SEPTEMBER 15, 1836

Risest thou thus, dim dawn, again,
So loud with voices of the birds,
So thick with lowings of the herds,
Day, when I lost the flower of men;

Who tremblest thro' thy darkling red
On yon swoll'n brook that bubbles fast
By meadows breathing of the past,
And woodlands holy to the dead;

Who murmurest in the foliaged eaves
A song that slights the coming care,
And Autumn laying here and there
A fiery finger on the leaves;

Who wakenest with thy balmy breath
To myriads on the genial earth,
Memories of bridal, or of birth,
And unto myriads more, of death.

O wheresoever those may be,
Betwixt the slumber of the poles,[2]
To-day they count as kindred souls;
They know me not, but mourn with me.

---

2) "지구축의 양끝들, 그 끝들은 아주 천천히 움직여서 움직이는 것 같지 않고 잠자는 것 같다"—테니슨.

100. 언덕에 오르니[1]

내 언덕에 오르니, 아래에 펼쳐진
모든 풍경의 이 끝에서 저 끝까지
내 친구에 대한 무언가 은근한 추억을
뿜지 않는 곳은 한 군데도 없구나.

회색빛 낡은 헛간이나 한적한 양우리에도,
낮은 소택지와 살랑거리는 갈대밭에도,
풀밭과 풀밭을 잇는 소박한 울타리나,
바람 부는 높은 언덕에 이르는 목양장에도.

철늦은 홍방울새 지저귀는 소리 들리는
물푸레나무 산사나무 회백색 동산에도,
싸우는 갈가마귀가 찾아드는
언덕 따라 파헤쳐진 채석장에도.

바위에서 콩콩대는 여울에도,
양떼의 어미들이 풀을 뜯는
목초지의 굴곡을 따라 좌우로
굽이쳐 흐르는 초원의 실개천에도.

---

1) 《100~103》은 1837년 테니슨 일가가 그들의 정든 고향인 링컨셔의 써머스비에서 런던 북쪽 근교에 있는 낯선 고장인 에핑 퍼리스트의 하이 비이치로 이사하는 것과 관련 있는 시들이다.

C. I CLIMB THE HILL

I climb the hill: from end to end
Of all the landscape underneath,
I find no place that does not breathe
Some gracious memory of my friend;

No gray old grange, or lonely fold,
Or low morass and whispering reed,
Or simple stile from mead to mead,
Or sheepwalk up the windy wold;

Nor hoary knoll of ash and haw
That hears the latest linnet trill,
Nor quarry trench'd along the hill
And haunted by the wrangling daw;

Nor runlet tinkling from the rock;
Nor pastoral rivulet that swerves
To left and right thro' meadowy curves,
That feed the mothers of the flock;

이사하기에 앞서 테니슨이 언덕에 올라 정든 고향 마을을 둘러보니, 핼럼의 체취가 묻어나지 않은 곳이 없다. 그래서 이곳을 떠나는 것은 시인에게는 핼럼을 두 번 잃는 듯한 생각이 든다. 동네의 목가적인 모습이 구석구석 세필로 잘 묘사되어 있다.

그러나 각각은 내 인척의 눈을 즐겁게 했고,
　　각각 한층 즐거웠던 시절을 반향하누나.
　　그래서, 이들을 두고 떠나려 하니,
내 생각엔 벗이 다시 한 번 죽는 것만 같구나.

콘스터블 작 「밀밭」(1826)

But each has pleased a kindred eye,
　　And each reflects a kindlier day;
　　And, leaving these, to pass away,
I think once more he seems to die.

써머스비의 한 언덕

101. 우리의 기억은 사라지리[1)]

보는 이 없어도, 정원수의 가지는 흔들거리고,
연약한 꽃은 나폴나폴 떨어지고,
좋아하지 않아도, 저 너도밤나무는 갈색을 띠고,
이 단풍나무는 불타버리겠지.

귀여워하는 이 없어도, 곱게 빛나는 해바라기
불꽃으로 씨의 원반 둘레를 비추고,
많은 장미빛 카네이션들은
살랑대는 대기에 여름의 정취를 띠겠지.

즐기는 이 없어도, 한낮에나
작은 북두칠성이 북극성을 감돌 때,
많은 모래톱에서는,
실개천이 재잘대며 들판을 흘러내리겠지.

관심 두지 않아도, 바람 많은 작은 숲은 에워싸고,
왜가리와 뜸부기 떼들은 모여들고,
저 가는 달은 여울과 내포에
은빛 화살로 부서지겠지.

1) 형제자매가 태어나 함께 자라며 정들대로 정든 고향의 온갖 것들—온갖 꽃나무와 갖가지 나무들, 들판을 조잘대며 흐르는 실개천, 바람 많은 작은 숲, 모여드는 왜가리와 뜸부기 떼들, 은색의 달빛이 부서지는 내포, 넓은 들녘, 숲 속의 오솔길. 이 모든 것들이 이제는 낯선 이들에게

CI. OUR MEMORY FADES

Unwatch'd, the garden bough shall sway,
    The tender blossom flutter down,
    Unloved, that beech will gather brown,
This maple burn itself away;

Unloved, the sun-flower, shining fair,
    Ray round with flames her disk of seed,
    And many a rose-carnation feed
With summer spice the humming air;

Unloved, by many a sandy bar,
    The brook shall babble down the plain,
    At noon or when the lesser wain
Is twisting round the polar star;

Uncared for, grid the windy grove,
    And flood the haunts of hern and crake;
    Or into silver arrows break
The sailing moon in creek and cove;

넘어가고 곳곳에 어린 우리의 기억은 점점 사라질 것을 생각하니, 시인의 마음은 무척이나 섭섭하고 허전하기만 하다. 역시 앞의 시와 마찬가지로 시각적 이미지가 돋보인다.

마침내는 정원과 넓은 들판에서
생생한 연상이 사라져버리고,
해마다 고향의 풍경이
낯선 이의 자녀에게 친숙해지겠지.

해마다 일꾼은 여느 때처럼 텃밭을 갈거나,
숲 속 오솔길의 나무를 잘라 내고,
해마다 모든 언덕 모롱이에서
우리의 기억은 사라지겠지.

"A Lane near Flatford" by Constable (c. 1810-11)

Till from the garden and the wild
　　A fresh association blow,
　　And year by year the landscape grow
Familiar to the stranger's child;

As year by year the labourer tills
　　His wonted glebe, or lops the glades;
　　And year by year our memory fades
From all the circle of the hills.

"Wivenhoe Park, Essex" by Constable (1816)

102. 우리는 떠난다[1)]

우리는 떠난다, 정들대로 정든 이곳
우리가 처음으로 하늘을 응시했던 곳을.
우리의 최초의 울음소리 들었던 지붕들은
어느 낯모르는 사람을 가리어주겠지.

우리는 간다. 그런데 집을 떠나기 전,
내가 정원 산책로를 걸어 내려오려니,
성질 다른 한 사랑의 두 혼들이
사랑의 지배권을 두고 자리다툼을 한다.

하나가 속삭인다. '여기서 그대는 소년 시절에
아침 노래[2)] 이후 오래 동안 노래했고,
술 달린 재래종의 개암나무에서 들려오는
새의 나지막한 사랑의 언어를 들었어.'

다른 하나가 대꾸한다, '그래, 그러나 여기서
나중에 그대는 세상 떠난 친구와 함께
나무 그늘 속으로 발길을 옮겼고,
이 때문에 나무 그늘이 더더욱 정겹게 되었어.'

---

1) 막상 정든 고향과 정든 집을 떠나려 하니, 두 가지 사랑—태어나고 어린 시절을 보낸 곳에 대한 애착심과 거기다가 핼럼의 정겨운 추억이 서려 있어 한층 소중하게 느껴지는 심정—이 시인의 마음을 파고든다. 다음 쪽의 각주 3) 참조.

2) 아침 노래(matin song): 테니슨의 초기 시.

CII. WE LEAVE

We leave the well-beloved place
Where first we gazed upon the sky;
The roofs, that heard our earliest cry,
Will shelter one of stranger race.

We go, but ere we go from home,
As down the garden-walks I move,
Two spirits of a diverse love[3)]
Contend for loving masterdom.

One whispers, 'Here thy boyhood sung
Long since its matin song, and heard
The low love-language of the bird
In native hazels tassel-hung.'

The other answers, 'Yea but here
Thy feet have stray'd in after hours
With thy lost friend among the bowers,
And this hath made them trebly dear.'

3) a diverse love: "첫째, 고향에 대한 사랑; 둘째, 죽은 친구 핼럼에 대한 추억으로 강화된 고향 사랑"—테니슨. 즉, 소년 시절의 고향 사랑과 핼럼과의 우정으로 더욱 강화된 고향 사랑.

이들 둘은 각자의 주장을 펴면서
　　한나절 동안이나 다투었다,
　　서로 상대에게 양보하려들지 않는
승산 없는 다툼 벌이는 가련한 두 경쟁자들은.[4)]

나는 떠나려 돌아선다. 즐거운 들과 농장을
　　뒤로 하고 발길을 옮기려니,
　　그들은 서로 팔짱을 끼어
하나의 후회하는 순수한 형상으로 섞인다.

4) 어떤 사랑도 이사하는 테니슨을 더 이상 써머스비에 붙잡아 둘 수는 없으므로.

These two have striven half the day,
And each prefers his separate claim,
Poor rivals in a losing game,
That will not yield each other way.

I turn to go: my feet are set
To leave the pleasant fields and farms;
They mix in one another's arms
To one pure image of regret.

103. 마지막 밤에[1]

우리들이 내가 자라난 집을 나서서
떠나기 전 마지막 날 밤에,
나는 죽은 벗의 모습을 꿈꾸었고,
그래서 내 마음 이튿날 아침까지도 흡족했다.

내가 어느 연회장에 있는 것으로 생각되었는데,
아가씨들이[2] 나와 함께 있었다.
먼 산들은 보이지 않는 꼭대기에서
언덕 옆을 흐르는 강에 실개천을 흘려보냈다.

연회장엔 하프와 축가가 울렸다.
아가씨들은 슬기롭고 선하며 우아한 것을
노래했다. 한 가운데에는 천을 드리운
동상이 서 있고, 소녀들은 그걸 보고 노래했다.

천에 덮여 있었지만 나는 알고 있었다,
내가 사랑했고 영원히 사랑할 그의 모습을.
그때 비둘기 하나가 날아들어 와
바다로부터[3] 소환장을 가져 왔다.

---

1) 이 시는 테니슨이 이사하기 전날 밤 꾼 꿈을 바탕으로 한 것으로, 정신과 육체를 약하게 만드는 슬픔을 떠나 핼럼과 함께 영원세계에 합류한다는 매우 상징적인 내용을 담고 있다. 시인은 아가씨들에 둘러싸여 즐거운 연회장에 있다가, 비둘기가 가져온 소환장을 받고 아가씨들의 안내에 따라 바다로 간다. 그런데 해변과 물결은 점점 거대하고 웅장해지며 시인 자신도 사지가 커지는 가운데, 점점 더 깊은 바다로 들어가 정박중

CIII. ON THAT LAST NIGHT

On that night before we went
    From out the doors where I was bred,
    I dream'd a vision of the dead,
Which left my after-morn content.

Methought I dwelt within a hall,
    And maidens with me: distant hills
    From hidden summits fed with rills
A river sliding by the wall.

The hall with harp and carol rang.
    They sang of what is wise and good
    And graceful. In the centre stood
A statue veil'd, to which they sang;

And which, tho' veil'd, was known to me,
    The shape of him I loved, and love
    For ever: then flew in a dove
And brought a summons from the sea:

인 거대한 배에 이르게 된다. 시인의 일행은 그 배에 올라 사람보다 세 곱이나 큰 핼럼의 영접을 받고, 황홀한 가운데 핼럼과 함께 잔잔한 깊은 물길을 따라 항해한다.

2) 아가씨들(maidens): "그들은 시신이고 시이고 예술이다—모두 이승에서 우리의 삶을 아름답게 해주는 것들로서, 우리는 그들이 무덤 뒤까지 우리와 함께 가주기를 희망한다"—테니슨.

3) 바다(the sea): "Eternity"—테니슨. Cf. "Crossing the Bar".

내가 떠나야 한다는 것을 알게 되자
아가씨들은 울며 비탄했지만, 그들은
저 아래 강물에 닻을 내리고 떠 있는
조그만 배[4] 한 척이 있는 곳으로 나를 인도했다.

많은 평평한 초원을 지나고
둑을 이룬 그늘지게 하는 언덕을 지나서,
줄지은 꽃창포와 황금빛 갈대밭 밑으로
우리는 구불구불 돌아 내려갔다.

그런데 해변은 더 한층 거대해져 가고
물결은 보다 웅장한 공간에 굽이치고,
이에 따라 아가씨들은 전보다도 한층 더
위엄 있는 자태와 힘과 우아함을 띠었다.[5]

그리고 떨어져 앉아 그들을 지켜보던
내 자신도 사지가 커졌다.
나는 거인 아나킴의[6] 근육과
거인 타이탄의 심장의 고동을 느꼈다.

그때 한 아가씨는 전쟁의 죽음을 노래하고,
한 아가씨는 앞으로 태어날
저 위대한 종족의 역사를 영창하고,
한 아가씨는 한 별의 형성을 읊조렸다.[7]

---

4) 조그만 배(shallop): 아직은 미약하고 부족하여 경지에 이르지 못했다고 생각되는 테니슨 자신의 시.

5) ll. 25-28ff: 테니슨에 따르면 점점 넓어지는 강의 묘사로서, 이것은 "다른 세계의 열림인 동시에 시대의 큰 발전"을 상징한다.

And when they learnt that I must go
They wept and wail'd, but led the way
To where a little shallop lay
At anchor in the flood below;

And on by many a level mead,
And shadowing bluff that made the banks,
We glided winding under ranks
Of iris, and the golden reed;

And still as vaster grew the shore
And roll'd the floods in grander space,
The maidens gather'd strength and grace
And presence, lordlier than before;

And I myself, who sat apart
And watch'd them, wax'd in every limb;
I felt the thews of Anakim,
The pulses of a Titan's heart;

As one would sing the death of war,
And one would chant the history
Of that great race, which is to be,
And one the shaping of a star;

---

6) 아나킴(Anakim): 성서에 나오는 팔레스타인의 거인족 아낙(Anak)의 자손들. 『민수기』, 13:33; 『여호수아 서』, 11:21; 『신명기』, 9:2.

7) "인류와 과학의 큰 희망"—테니슨. Cf. 《발시》, ll. 128-44.

마침내 앞으로 기는 물결이 거품 일기 시작하고,
　　우린 점점 더 깊은 데로[8] 들어가기 시작하여,
　　거대한 배 한 척이 반짝이는 옆구리를
들어올린 것이 보이는 곳까지 들어갔다.

우리들이 아끼는 그 사람이 갑판 위에 있었다.
　　그러나 사람보다 세 곱이나 큰 그는 몸을 굽혀
　　우리를 맞았다. 나는 배 옆구리로 올라가
말없이 그의 목에 쓰러졌다.

그러자 그 아가씨들은 한 마음으로
　　그들의 처지를 슬퍼했다. 내 잘못이었다.
　　그들은 말했다, '우리는 여기서 그리도 오래
그대를 섬겼는데, 이제 우리를 두고 가시나요?'

나는 너무나도 황홀하였기에
　　대꾸조차 할 수가 없었다.
　　그러나 그가 대답하여, '그대들도 들어와
함께 갑시다.' 하니, 그들도 배에 올랐다.[9]

그래서 바람이 돛폭에서
　　한 가닥 음조를 자아내기 시작할 때,
　　우리는 배를 몰았다, 깊은 물을 따라
육지처럼 잠자는 진홍빛 구름을 향하여.

---

8) 점점 더 깊은 데로(From deep to deep): 깊은 강에서 깊은 바다로; 이승의 삶에서 영원한 삶으로.

Until the forward-creeping tides
Began to foam, and we to draw
From deep to deep, to where we saw
A great ship left her shining sides.

The man we loved was there on deck,
But thrice as large as man he bent
To great us. Up the side I went,
And fell in silence on his neck:

Whereat those maidens with one mind
Bewail'd their lot; I did them wrong:
'We served thee here,' they said, 'so long,
And wilt thou leave us now behind?'

So rapt I was, they could not win
An answer from my lips, but he
Replying, 'Enter likewise ye
And go with us:' they enter'd in.

And while the wind began to sweep
A music out of sheet and shroud,
We steer'd her toward a crimson cloud
That landlike slept along the deep.

---

9) ll. 47-52: 테니슨은 슬픔의 소산인 자신의 시가 드디어 죽은 친구 핼럼의 영혼의 총애를 받게 되었음을 만족스럽게 여긴다. 위 각주 2) 참조.

제 4 부

환희의 노래

《104 - 131》

Part Four

Songs of Joy

《CIV - CXXXI》

104. 1837년 성탄절[1)]

때는 그리스도의 탄신일에 가까워 온다.
달은 보이지 않고, 밤은 적막하다.
언덕 밑의 한 외딴 교회에서는
안개 속에 싸여 종을 울리고 있다.

저 밑에서 들려오는 한 가닥의 종소리,
이 휴식의 시간에 가슴속에
이것들은 내가 알고 있는 종들이 아니라는
한 가지 외로운 중얼거림을 일깨운다.

여기선 낯선 이들의 음성과도 같이 종이 울린다,
단 한 가지의 기억도 떠오르지 않는 고장,
경계표가 지난날들을 숨쉬는 일 없고,
다만 모두가 낯설고 신성치 못한 땅에서는.[2)]

---

1) 《104~105》: 핼럼 사후 네 번째로 맞이하는 성탄절. 테니슨일가가 런던 근교의 하이 비이치로 이사 온 뒤 비이치 힐 하우스(Beech Hill House)에서 처음 맞이하는 1837년 성탄절이다.

《104》: 낯선 고장에서 지내는 첫 성탄절이니 교회의 종소리마저도 낯설게 들려오고, 어디를 보아도 지난 시절과 핼럼과의 우정에 대한 기억을 떠올릴 만한 흔적이 하나도 없다. 그러나 이것은 시인이 슬픈 추억을 청산하고, 즐거움과 믿음으로 향하는 정신적 행로의 전환점이 된다는 점에서 중요한 의미를 갖는다.

2) 낯설고 신성치 못한 땅(new unhallow'd ground): "에핑 퍼리스트의 하이 비이치"—테니슨.

CIV. CHRISTMAS 1837

The time draws near the birth of Christ;
　　The moon is hid, the night is still;
　　A single church below the hill[3)]
Is pealing, folded in the mist.

A single peal of bells below,
　　That wakens at this hour of rest
　　A single murmur in the breast,
That these are not the bells I know.

Like strangers' voices here they sound,
　　In lands where not a memory strays,
　　Nor landmark breathes of other days,
But all is new unhallow'd ground.

---

3) 에핑 퍼리스트의 하이 비이치에 있는 월트햄 사원(Waltham Abbey).

105. 낯선 성탄전야[1)]

아무도 오지 않는 오늘밤엔 이 월계수를
그냥 두고 이 성탄수를 세워 놓자.
우리가 낯선 이의 고장에 살고 있으니,
우리의 성탄 전야가 낯설게 다가온다.[2)]

우리 아버지의 유골은 홀로 남아
다른 눈에 덮이어 말이 없으셔도,[3)]
거기선 때가 되면 나무 넝쿨 돋아나고,
오랑캐꽃은 피련만, 우리는 떠나 왔다.

변덕스런 슬픔은 가면과 무언극으로
즐거운 시간을 더는 그르치지 못하리라,
장소의 변화가 시간의 흐름처럼
사라져가는 풍습의 굴레를 깨뜨려버렸으니.

그것으로 흔히 우리가 살아 있다는 증거가 되는
미미한 그림자를 던져주는 근심이
내가 좋아한 이 밤을 조금은 소중히 여겨
이 밤이 과거에 걸맞게 숙연케 하라.

---

1) 과거의 추억이 하나도 묻어나지 않는 낯선 고장에서의 첫 상탄전야이기에, 찾아오는 사람도 없고 정다운 벗의 혼령마저도 오지 않는다. 그래서, 시인에게는 장소의 변화와 더불어 정든 고향 땅에서 지켰던 오랜 관습도 사라져버린 느낌이 든다. 따라서 시인은 이 성탄전야를 가족과 함께 떠들썩하게 보내거나 혹은 비애에 젖어 슬프게 보내지 않고, 조

CV. OUR STRANGE CHRISTMAS-EVE

To-night ungather'd let us leave
    This laurel, let this holly stand:
    We live within the stranger's land
And strangely falls our Christmas-eve.

Our father's dust is left alone
    And silent under other snows:
    There in due time the woodbine blows,
The violet comes, but we are gone.

No more shall wayward grief abuse
    The genial hour with mask and mime;
    For change of place, like growth of time,
Has broke the bond of dying use.

Let cares that petty shadows cast,
    By which our lives are chiefly proved,
    A little spare the night I loved,
And hold it solemn to the past.

용한 가운데 과거의 추억을 하나하나 반추해보는 호젓한 시간을 보낸다. 시인은 또 이 조용한 명상 속에서 선과 풍요 속에 이 한 해가 마감되고 새해의 희망찬 밝은 빛이 떠오르기를 기원한다.

2) 《30. 슬픈 성탄전야》에 붙인 해설 참조.

3) 목사였던 테니슨의 아버지는 1831년에 사망하여 써머스비에 묻혔다.

그러나 누구도 발로 방바닥을 치지 말고
벽로가 덥히는 축배의 술잔도 건드리지 말라.
더 이상 영혼이 숨쉬지 않는 옛 풍습을
그 뉘라서 지키려 할 것인가?

노래도, 놀이도, 축연도 없다.
하프도 타지 않고, 퉁소가 불지 않는다.
춤도 추지 않고, 움직임도 없다.
오직 저 편 숲에 별들이 솟아오르는

밝은 동편에서 빛나는 불빛만 있다.
여름은 씨앗 속에서 긴 잠을 잔다.
정연한 너의 원의 궤도를 달리어,
한살이의 마감을 선함 속에 풍요하게 이끌어라.[4]

성탄 분위기에 어울리는 모네의 「눈길위의 마차」(1867)

4) ll. 27-28: Cf. 《발시》, ll. 132-44.

But let no footstep beat the floor,
    Nor bowl of wassail mantle warm;
    For who would keep an ancient form
Thro' which the spirit breathes no more?

Be neither song, nor game, nor feast;
    Nor harp be touch'd, nor flute be blown;
    No dance, no motion, save alone
What lightens in the lucid east

Of rising worlds by yonder wood.[5)]
    Long sleeps the summer in the seed;[6)]
    Run out your measured arcs, and lead
The closing cycle rich in good.

---

5) ll. 23-25: "솟아오르는 별들의 반짝이는 모양"—테니슨.
worlds: 별들.

6) 희망(the summer)은 비탄의 긴 겨울 속에(in the seed) 깃들인다 (sleeps).

106. 제야의 종[1)]

울려라, 힘찬 종들아, 거친 하늘에,
흘러가는 구름에, 얼어붙은 빛에,
이 밤에 묵은해는 죽어 간다.
울려라, 힘찬 종들아, 묵은해는 죽게 하라.

낡은 것 울려 보내고, 새로운 것 울려 맞이하라.
울려라, 즐거운 종들아, 눈밭을 가로질러서.
묵은해는 간다. 가게 두어라.
거짓은 울려 몰아내고, 진실을 울려 들여라.

울려 보내라, 이승에서 더 못 볼 사람들 때문에
마음 상하게 하는 슬픔을.
울려 보내라, 빈부의 반목을.
울려 들여라, 온 인류에게 구제를.

느리적 느리적 죽어 가는 명분과
해묵은 행태의 당쟁을 울려 보내고,
보다 고운 관습, 보다 깨끗한 법률과 함께
보다 고귀한 생의 방식을 울려 들여라.

---

1) 제야의 종이 울리는 1837년 섣달 그믐날 밤을 배경으로 한 시. 이 시는 힘차게 울리는 제야의 종소리를 들으며, 이 세상의 모든 낡고 그릇된 병폐와 분쟁과 빈곤과 불신이 사라지고, 진리와 정의와 선과 평화

CVI. THE WILD BELLS

Ring out, wild bells, to the wild sky,
The flying cloud, the frosty light:
The year is dying in the night;
Ring out, wild bells, and let him die.

Ring out the old, ring in the new,
Ring, happy bells, across the snow:
The year is going, let him go;
Ring out the false, ring in the true.

Ring out the grief that saps the mind,
For those that here we see no more;
Ring out the feud of rich and poor,
Ring in redress to all mankind.

Ring out a slowly dying cause,
And ancient forms of party strife;
Ring in the nobler modes of life,
With sweeter manners, purer laws.

가 충만한 원대하고 밝고 새로운 기독교 세상이 오기를 바라는 시인의 간절한 소망을 보여준다. 이 시는, 비록 그 내용이 정확하게 번역되어 있지는 않지만, 우리나라 기독교의 개편 찬송가 527장으로 채택되어 애창되고 있다.

울려 보내라, 궁핍과 걱정과 죄악을,
이 시대의 믿음 없는 냉랭함을.
울려 보내라, 울려 보내, 내 슬픈 시구를.
울려 들여라, 보다 알찬 시인을.

울려 보내라, 지위와 혈통을 뽐내는 허세와
공중(公衆)의 중상과 원한을.
울려 들여라, 진리와 정의를 기리는 마음을.
울려 들여라, 선을 기리는 만인의 사랑을.

울려 보내라, 해묵은 형태의 못된 병폐를.
울려 보내라, 인정을 편협케 하는 황금욕을.
울려 보내라, 묵고 묵은 온갖 전쟁을.
울려 들여라, 천년 평화를.[2)]

울려 들여라, 용감하고 자유로운 사람을,
보다 도량 넓은 마음과 한층 친절한 손을.
울려 보내라, 이 땅의 어두움을.
울려 들여라, 앞으로 오실 그리스도를.[3)]

---

2) 천년평화(the thousands of peace): Cf. 『요한묵시록』, 20.

3) 앞으로 오실 그리스도(the Christ that is to be): 편협한 교리로 분쟁을 일으키는 일 없는 보다 새롭게 발전된 기독교. 시인의 아들 핼럼 테니슨은 이와 관련하여 다음과 같이 말한다: "우리 아버지는 기독교 신앙의 형태가 변할 것이라는 신념을 피력하셨지만, 그리스도의 정신 또한 편협한 신앙이 없는 기독교가 승리하는 · · · '시대의 흐름 속에서' 점점 더 발전할 것이고, 그 때는 기독교 신경(信經)에 대한 논쟁이 사라질 것이라고 하셨다"(『회고록』, I, 325-26).

Ring out the want, the care, the sin,
The faithless coldness of the times;
Ring out, ring out my mournful rhymes,
But ring the fuller minstrel in.

Ring out false pride in place and blood,
The civic slander and the spite;
Ring in the love of truth and right,
Ring in the common love of good.

Ring out old shapes of foul disease;
Ring out the narrowing lust of gold;
Ring out the thousand wars of old,
Ring in the thousand years of peace.

Ring in the valiant man and free,
The larger heart, the kindlier hand;
Ring out the darkness of the land,
Ring in the Christ that is to be.

107. 1838년 2월 1일[1]

오늘은 그가 태어난 날,
　　보랏빛 서리 앉은 연무의 언덕 너머로
　　일찍 잠기고 쓸쓸한 밤을 남겨 놓았던
모질게 춥기도 한 날.

시절은 연회를 장식할 꽃이나
　　잎사귀를 허락하지 않는다.
　　북풍과 동풍이 사납게 휘몰아치고,
고드름은 뾰족한 처마에 단도처럼 매달리고,

저기 굳은 초승달을 향하여
　　모든 덤불과 가시나무를 곤두세운다.
　　초승달은 잎 없는 줄기와 얼어붙은 가지가
함께 삐걱거리고 쨍그렁거리는 숲 위에

걸려 있다, 흘러가서는
　　해안에 부서지는 굽이치는 바닷물에 이르러
　　검게 물드는 눈구름 속에. 허나 술을 가져와
술상을 차리고 잔을 넘치도록 채워라.

---

1) 《107~108》에는 끈질긴 슬픔을 떨쳐내려는 시인의 결연한 의지가 표출되어 있다. 1838년 2월 1일은 핼럼 사후 5년이 되는 27번째 생일날. 바람은 드세고 처마에는 단도 같은 고드름이 매달리고, 외로운 초승달이 휙휙 내닫는 검은 구름 속에 걸려 있는 꽁꽁 얼어붙은 매섭게 추운 날씨이다. 예년 같았으면 슬픔과 눈물로 지냈을 날이지만, 시인은 이제 축제의

CVII. FEBRUARY 1, 1838

It is the day when he was born,
A bitter day that early sank
Behind a purple-frosty bank
Of vapour, leaving night forlorn.

The time admits not flowers or leaves
To deck the banquet. Fiercely flies
The blast of North and East, and ice
Makes daggers at the sharpen'd eaves,

And bristles all the brakes[2] and thorns
To yon hard crescent, as she hangs
Above the wood which grides[3] and clangs
Its leafless ribs and iron horns[4]

Together, in the drifts that pass
To darken on the rolling brine
That breaks the coast.[5] But fetch the wine,
Arrange the board and brim the glass;

기분으로 친구가 바로 옆에 있기라도 한 듯 죽은 헬럼의 생일을 지낸다.

2) brakes: 덤불, 수풀, 관목숲(bushes).

3) grides: 삐걱거리다(grates, scrapes).

4) iron horns: 어름으로 둘러싸인 나뭇가지.

5) breaks the shore: breaks on the shore.

큼직한 통나무 장작을 들여다 놓아라,
　　센 열기의 속불을 피우게.
　　마음을 즐겁게 먹고, 매사를 얘기하고 대하라
바로 그가 곁에 있기라도 한 듯이.

우리는 그날을 지낸다. 축제의 기분으로,
　　책과 음악으로, 분명 우리는
　　그가 무엇이든 간에[6] 그를 위해 축배하고,
그가 즐겨 듣던 노래를 부르리라.

---

6) 그가 무엇이든 간에(whate'er he be): 핼럼이 영혼이든 육체를 가진 사람이든 간에.

Bring in great logs and let them lie,
　　To make a solid core of heat;
　　Be cheerful-minded, talk and treat
Of all things ev'n as he were by;

We keep the day. With festal cheer,
　　With books and music, surely we
　　Will drink to him, whate'er he be,
And sing the songs he loved to hear.

108. 슬픔의 열매[1]

내 친족과 담을 쌓지는 않으리.
　　그리고, 이 몸이 굳어 돌이 되지 않도록,
　　내 마음만을 썩이지도 않으며,
스치는 바람에 한숨을 싣지도 않으리.

헛된 믿음과 공허한 열망[2] 속에
　　무슨 득이 있으리, 비록
　　하늘의 지고천(至高天)에 올라가거나,
「황천」 밑으로 뛰어들 힘이 있다한들?

지고한 장소에서 내가 보고 있는 것은
　　찬가를 흥얼대는 내 환영 말고 무언가?
　　그리고 저기 죽음의 심연에는
한 인간의 얼굴의 영상이 떠 있다.

슬픔의 열매가 그 어떤 열매이든 간에,
　　차라리 인간의 하늘 아래서 그것을 취하리.
　　슬픔이 우리를 슬기롭게 한다 하니,
그 어떤 슬기가 그대와 함께 잠자고 있다 해도.

---

1) 나는 이제 더 이상 슬픔 때문에 사람들과의 접촉을 끊고 혼자 고뇌하거나, 마음을 썩이며 한숨을 짓지는 않을 것이다. 사자에게 아무리 지혜가 있다 해도 그것이 곧 생자에게 전해질 수는 없는 법이고, 정작 우리 생자를 슬기롭게 하는 것은 사자에 대한 슬픔이다. 그러므로, 내가 지금까지 빠져 있었던 슬픔을 슬픔으로 끝내지 않고, 나는 그 슬픔의 열매가 무엇이든 간에 그것을 인간 세계에서 얻을 것이다. 이로써 예측할 수 없었던 시인의 "아득한 눈물의 대가"가 현실로 다가온 것이다.

CVIII. THE FRUIT OF SORROW

I will not shut me from my kind,
And, lest I stiffen into stone,
I will not eat my heart alone,
Nor feed with sighs a passing wind:

What profit lies in barren faith,
And vacant yearning, tho' with might
To scale the heaven's highest height,
Or dive below the wells of Death?

What find I in the highest place,
But mine own phantom chanting hymns?
And on the depths of death there swims
The reflex of a human face.

I'll rather take what fruit may be
Of sorrow under human skies:
'Tis held that sorrow makes us wise,
Whatever wisdom sleep with thee.[3]

---

2) 헛된 믿음과 헛된 열망(barren faith And vacant yearning): 내세의 영계(靈界)에서 핼럼을 만나리라는 믿음과 그의 지혜를 얻으려는 열망.

3) ll. 15-16: 16행은 원래 《113》의 2행과 꼭 같이 "Yet how much wisdom sleeps with thee"로 되었던 것을, "자네는 이런 유의 생각을 좀 바꾸는 것이 좋겠네. '자네와 함께 죽은 지혜는 영원히 없어지는 것이네만, 손실 그 자체로부터는 어떤 다른 지혜가 얻어질 수 있지.'"라고 한 제임즈 스페딩의 권고를 받아들여, 지금처럼 고쳐 놓았다.

109. 그의 인품 (1)[1]

마를 리 없는 가계의 샘에서 나온
광범위한 대화에 빈틈없는 풍부성.
모든 시신(詩神)들의 행동을 꿰뚫어 보았던[2]
비평가적인 밝은 눈.

인간이 지닌 회의를 빼앗아 내던질
치품천신(熾品天神)의 이지와 힘.
열띤 토론 중에 듣는 이들을
앞지르던 감동 넘치는 설득력.

어떤 고행의 슬픔에 접한 일없이
선을 사랑하는 고매한 성품.
연년세세 핏빛 사월 중에도
백설처럼 흰 꽃의 순수한 열정.

학생의 혈기도 아니고
켈트족의 무분별한 광란도[3] 아닌,
당당한 위치에 있는 영국의 자유,
그 보기 드문 자유에 대한 애호심.

---

1) 《109~114》에는 핼럼의 지적 재능과 높은 덕성과 뛰어난 지도력 등 인품이 구체적으로 잘 묘사되어 있다. 테니슨은 이 시들에서 자신이 부끄럽게 느껴질 정도로 뛰어난 핼럼의 인품을 솔직하게 술회하고, 현대인의 무모한 발전추구 양상의 위험성에 우려를 표명한다.

2) 철학, 문학, 음악에 대한 조예가 깊었다는 뜻.

CIX. HIS CHARACTER (I)

Heart-affluence in discursive talk
From household fountains never dry;
The critic clearness of an eye,
That saw thro' all the Muses' walk;

Seraphic intellect and force
To seize and throw the doubts of man;
Impassion'd logic, which outran
The hearer in its fiery course;

High nature amorous of the good,
But touch'd with no ascetic gloom;
And passion pure in snowy bloom
Thro' all the years of April blood;

A love of freedom rarely felt,
Of freedom in her regal seat
Of England; not the schoolboy heat,
The blind hysterics of the Celt;

---

3) 켈트족의 무분별한 광란(The blind hysterics of the Celt): 과격 공화당원들(Jacobins and Red Republicans)에 의한 1789년 프랑스 혁명을 일컫는 말.

청하지 않아도 어린이가 마음 놓고
　　그대의 손에 깍지끼고서
　　그대의 얼굴에서 그의 즐거움을 찾는
그런 여성적 덕성이 융합된 남자다움.

이 모든 것들이 있었다. 그래서 내 눈은
　　그대를 향했었다. 만일 공연히 그랬다면,
　　살아남은 나의 부끄러움은 더 크고,
그대의 지혜가 결코 나를 슬기롭게 못하리라.[4)]

4) ll. 22-24: 헬럼의 훌륭한 면만 그냥 바라보고 거기서 아무 것도 얻은 것이 없었다면, 살아남은 나는 부끄러울 뿐만 아니라 그의 지혜가 나를 슬기롭게 하지도 못할 것이다.

And manhood fused with female grace
　　In such a sort, the child would twine
　　A trustful hand, unask'd, in thine,
And find his comfort in thy face;

All these have been, and thee mine eyes
　　Have look'd on: if they look'd in vain,
　　My shame is greater who remain,
Nor let thy wisdom make me wise.

110. 그의 인품 (2)

나이가 어린 사람이든 나이가 든 사람이든
그대의 담화는 우리를 기쁨으로 이끌었소.
유약한 사람, 공포에 싸인 사람은
그대를 보면 자기의 약점을 잊었소.

그대에겐 충직한 마음을 가진 사람들이 따랐으니,
거만한 자는 그의 자존심이 한풀 꺾이고,
음험한 사람도 그대 옆에서는
한 입으로 두말하여 아첨을 떨 엄두도 못냈소.

그대가 곁에 있으면 엄격한 자가 온화해지고,
무례한 자가 고분고분해져서
그대의 말을 들었고, 뻔뻔스런 얼간이가
왜 그런지도 모르는 채 부드러워졌소.

한편, 그대와 가장 가까운 나는 따로 앉아서,
그대의 승리를 나의 승리로 여겼소.
그 품위 있는 재치, 그 훌륭한 재주,
그대의 것이었기에, 난 그것들을 더욱 사랑했소.

내가 가진 것은 아름다움도 재주도 아니지만,
내가 지닌 것은 지칠 줄 모르는 사랑이고,
모방적인 의지에 박차를 가하는
사랑에서 빚어진 모호한 소망이라오.

CX. HIS CHARACTER (II)

Thy converse drew us with delight,
The men of rathe[1] and riper years;
The feeble soul, a haunt of fears,
Forgot his weakness in thy sight.

On thee the loyal-hearted hung,
The proud was half disarm'd of pride,
Nor cared the serpent[2] at thy side
To flicker with his double tongue.

The stern were mild when thou wert by,
The flippant put himself to school[3]
And heard thee, and the brazen fool
Was soften'd, and he knew not why;

While I, thy nearest, sat apart,
And felt thy triumph was as mine;
And loved them more, that they were thine,
The graceful tack, the Christian art;

Nor mine the sweetness or the skill,
But mine the love that will not tire,
And, born of love, the vague desire
That spurs an imitative will.

1) rathe: "early"를 뜻하는 고대영어 "hreath"에서 온 말. young age; youth.
2) serpent: (거짓말을 일삼는) 음험한 사람, 뱀 같은 사람.
3) put oneself to school: 얌전해지다, 고분고분해지다, 행실을 고치다.

111. 그의 인품 (3)

마음이 비천한 자라도 기복을 겪으며
온갖 지위를 두루두루 거쳐서
황금 홀을 손에 쥐는 자에 이르지만,
피로는 임금이라도, 속마음은 시골뜨기.

마음이 비천한 자는, 유행을 따른 매무새로
제아무리 자신의 부족을 감춘다 해도,
그의 미숙한 천성이 때때로
걸치레를 한 약점을 드러내게 한다.

아니 그 누가 한결같이 연극할 수 있으랴?
그러나 수많은 기억을 되살아나게 하는
그는 그 마음의 고결함이
누구보다도 더할 손 못해 보이지 않았다.

그는 아주 훌륭한 명사인 듯했다.
그는 사교 시간이면 사교장에서
고귀한 사람들과 합류했다, 사교장의 꽃으로,
천부적으로 생성된 고귀한 마음씨로.

결코 도량의 좁음이나 악의나
흘러가는 못된 생각 따위는
눈의 표정에 들어 있는 일이 없었고,
그 눈은 빛 속에 「하느님」과 「자연」이 만난 곳이었다.

CXI. HIS CHARACTER (III)

The churl in spirit, up or down
Along the scale of ranks, thro' all,
To him who grasps a golden ball,
By blood a king, at heart a clown;

The churl in spirit, howe'er he veil
His want in forms for fashion's sake,
Will let his coltish nature break
At seasons thro' the gilded pale:

For who can always act? but he,
To whom a thousand memories call,
Not being less but more than all
The gentleness he seem'd to be,

Best seem'd the thing he was, and join'd
Each office of the social hour
To noble manners, as the flower
And native growth of noble mind;

Nor ever narrowness or spite,
Or villain fancy fleeting by,
Drew in the expression of an eye,
Where God and Nature met in light:

이렇듯 그는 남용하는 일 없이
신사라는 장중한 옛 명성을 지니고 있었다.
모든 협잡꾼들에게 훼손당하고,
온통 천하게 쓰여 더렵혀진 신사라는 명성을.

And thus he bore without abuse
  The grand old name of gentleman,
  Defamed by every charlatan,
And soil'd with all ignoble use.

Sir Francis Chantry가 조각한
Arthur Henry Hallam의 흉상

112. 그의 인품 (4)[1)]

높은 지혜는 나의 지혜를 얕보는데,
　　영광스런 미완성을[2)]
　　온건한 눈길로 바라보는 나는
한층 협소한 완벽성을 얕본다오.

그러나, 내 모든 사랑의
　　모든 공백을 채워주는 그대 때문에,
　　운명의 작은 영주들인[3)] 사람들에게
나는 무심한 눈길을 던지는 것 같소.

도대체 그대는 무엇이었소? 한 번 접하면
　　어떤 신기한 힘이 영원히 솟아났고,
　　희망은 정녕 과도하게 바랄 수가 없었소.
시시각각 그대를 지켜보고 있노라면,

대원리들이 정돈되어 나타나고,
　　대소동으로부터 무풍지대가 형성되고,
　　종속자 부류들 사이에서는
세계적 동요가 시류를 좇는 풍조를 뒤흔들었소.

---

1) 나는 타인들의 협소한 완벽성보다는 핼럼의 미완의 위대성을 더 높이 산다. 그것은 비록 그가 생시에 이룩해 놓은 것은 별로 없었지만, 그의 무한한 가능성은 타인들이 실제로 성취해 놓은 것을 훨씬 능가할 수 있었으리라 믿고 있기 때문이다.

2) 영광스런 미완성(glorious insufficiencies): "핼럼과 같은 미완의 위대성"—테니슨.

CXII. HIS CHARACTER (IV)

High wisdom holds my wisdom less,
That I, who gaze with temperate eyes
On glorious insufficiencies,
Set light by[4] narrower perfectness.

But thou, that fillest all the room
Of all my love, art reason why
I seem to cast a careless eye
Our souls, the lesser lords of doom.

For what wert thou? some novel power
Sprang up for ever at a touch,
And hope could never hope too much,
In watching thee from hour to hour,

Large elements in order brought,
And tracts of calm from tempest made,
And world-wide fluctuation sway'd
In vassal tides that follow'd thought.

---

3) 운명의 작은 영주들(the lesser lords of doom): "자유의지를 가지고 있으나, 덜 지성적인 사람들"—테니슨. 즉, 한층 좁지만 완벽한 사람들.

4) Set light by: 과소평가하다, 얕보다(make light of; underestimate).

113. 그의 인품 (5)[1]

슬픔이 우리를 지혜롭게 한다는데,
　　그런데 나를 인도했을 뿐만 아니라
　　야기될지도 모를 정치 변화에도 공헌했을
그 지혜가 얼마나 그대와 동면하는가.

내 어찌 의심하리오, 분투하고 이론을 펴고
　　실행하는 힘과 재능을 겸비하고
　　지성이 예리한 그대를 알았던 나인데—
의심치 않는다오, 그대 어떤 인물이었으리라고.

시민적 행동에는 다정스러웠던 사람,
　　최고의 사절로 파견된 인물,
　　의회의 유력한 목소리,
만일 방종한 대담성이 힘을 얻는다면,

그 시기가 닥쳐올 때에,
　　이 지구를 들어올려서
　　다른 행로로 굴려 갈 지렛대가 될,
폭풍우 속에서도 흔들리지 않는 기둥,

일어나고 없어지는 수많은 충격과
　　고통스런 일과 권세와 정권의 전복,
　　그리고 우왕좌왕하는 함성과
파동으로 찬 이 지구를 굴려 갈 지렛대.

CXIII. HIS CHARACTER (V)

'Tis held that sorrow makes us wise;
Yet how much wisdom sleeps with thee
Which not alone had guided me,
But served the seasons that may rise;

For can I doubt, who knew thee keen
In intellect, with force and skill
To strive, to fashion, to fulfil—
I doubt not what thou wouldst have been:

A life in civic action warm,
A soul on highest mission sent,
A potent voice of Parliament,
A pillar steadfast in the storm,

Should licensed boldness gather force,
Becoming, when the time has birth,
A lever to uplift the earth
And roll it in another course,

With thousand shocks that come and go,
With agonies, with energies,
With overthrowing and with cries
And undulations to and fro.

---

1) 예리한 지성과 높은 덕성, 강한 이론과 실천력, 굳건한 의지를 지녔던 핼럼이 살아 있었더라면, 유능한 동량으로서 어떤 정치적 혼란도 바로잡을 정치적 역량을 발휘할 수 있었으리라고 시인은 굳게 믿는다.

114. 지식과 지혜[1)]

누가 「지식」을 사랑치 않으리? 누가 지식의 미를
비난하리? 지식이 인간과 어울려
번성하게 하라! 누가 지식의 기둥을[2)]
고정시키리? 지식의 일이 떨치게 하라.

그러나 지식의 이마엔 한 줄기 불이 앉아 있어,
지식은 대담한 표정을 짓고서,
미래의 가능성 속으로 뛰어든다,
모든 것을 소망에 걸고서.

아직은 반밖에 자라지 못한 허영심 강한 어린이—
지식은 죽음의 공포와 겨룰 수가 없다.
지식은 무언가, 사랑과 믿음에서 잘려 나왔으되,
다만 「악마들」의 뇌리에서 나온

어떤 거친 팰러스인가?[3)] 힘을 얻으려는
지식의 전진적인 투쟁의 모든 장애물을
파열시키는 무서운 열기. 제 위치를 알게 하라,
지식은 두 번째이지, 첫 번째가 아니다.

---

1) 이 시에는 인간의 지식과 천상의 영적 지혜를 구별짓는 테니슨의 생각이 잘 드러나 있다. 인간의 지식에 대한 욕구는 한이 없지만, 인간의 지식은 미숙한 어린이에 불과하여 천상의 지혜에 못 미친다. 허영되고 미진한 인간의 지식으로서는 미래를 예측하거나 죽음의 공포를 물리칠 수도 없다. 따라서 인간의 거칠고 파멸적인 지식은 자비로운 천상의 지혜의 계도를 받아야 한다. Cf. 《서시》, ll. 17-29, 《36》, 《37》.

CXIV. KNOWLEDGE AND WISDOM

Who loves not Knowledge? Who shall rail
Against her beauty? May she mix
With men and prosper! Who shall fix
Her pillars? Let her work prevail.

But on her forehead sits a fire:
She sets her forward countenance
And leaps into the future chance,
Submitting all things to desire.

Half-grown as yet, a child, and vain—
She cannot fight the fear of death.
What is she, cut from love and faith,
But some wild Pallas from the brain

Of Demons? Fiery-hot to burst
All barriers in her onward race
For power. Let her know her place;
She is the second, not the first.

---

2) 지식의 기둥(Her pillars): 고대인들이 지식세계의 한계라고 믿었던 허큘리즈의 기둥(the Pillars of Hercules)의 인유에 바탕을 둔 비유. Cf. 「율리씨즈」, ll. 19-21.

3) ll. 12-13: 그리스의 신화에 따르면 팰러스는 제우스신의 뇌에서 나온 지혜의 여신(the goddess of Wisdom)이었다. 그러나 오늘날의 팰러스는 다만 지식의 여신(the goddess of Knowledge)으로서 악마의 뇌에서 나오기라도 한 듯 거칠기만 하다는 것이다.

모든 것이 헛되지 않게 하려면,
보다 높은 손길이 지식을 유순케 하고,
보다 나이 어린 아이와도 같이, 지혜와
나란히 움직이는 지식의 발길을 이끌어야 한다,

「지식」은 세속적인 인간의 마음이지만,[4]
「지혜」는 하늘나라의 영혼이기에.
오, 벗이여, 나를 버리고
그리도 일찍 그대의 목적지에 이른 벗이여,

나는 그대처럼 큰 위대한 세계였으면 좋겠소,
단지 힘과 지식에서만 크지 않고,
해가 바뀌고 시간이 갈수록
숭배와 자비 속에서 컸던 그대처럼.[5]

---

4) Cf. 《서시》, l. 22, "지식이란 우리가 보는 것뿐이오니;" 「록슬리 홀 ("Locksley Hall")」, ll. 141-44:

> 지식은 오지만 지혜는 머뭇거린다. 그리고 나는 물가에서 머뭇거린다.
> 그리고 개인은 시드는데, 세상은 더욱 더 늘어난다.
>
> 지식은 오지만 지혜는 머뭇거린다. 그리고 지혜는 무거운 가슴을 안고
> 온통 슬픈 경험으로 가득한 채, 조용한 그의 쉼터로 움직인다.

5) ll. 25-28: Cf. 《서시》, ll. 25-29.

A higher hand must make her mild,
If all be not in vain; and guide
Her footsteps, moving side by side
With wisdom, like the younger child:

For she is earthly of the mind,
But Wisdom heavenly of the soul.
O, friend, who camest to thy goal
So early, leaving me behind,

I would the great world grew like thee,
Who grewest not alone in power
And knowledge, but by year and hour
In reverence and in charity.

115. 1838년 봄[1)]

이제 긴 줄무늬진 마지막 눈이 사라지고,
　　이제 꽃피는 뜨락 주위에
　　모든 생울타리가 싹이 돋아나고,
물푸레나무 뿌리 곁에는 오랑캐꽃이 담뿍 핀다.

이제 숲은 크고 길게 소리를 자아내고,
　　먼 곳은 한층 아름다운 빛깔을 띠고,
　　저쪽 생동하는 푸름 속에 빠져서
종달새는 보이지 않는 노래가 된다.

이제 햇빛은 풀밭과 초원 위에서 춤추고,
　　골짜기 아래 양떼들은 한층 더 하얗고,
　　굽이치는 강이나 먼 바다 위의
우윳빛 돛들이 한층 더 하얗다.

바다에선 저쪽 초록빛 띠는 섬광 속에서
　　바다 갈매기가 끼룩거리거나 뛰어들고,
　　행복한 새들이 난다,
하늘을 바꿔가며 둥지 짓고 새끼를 품는 새들이,

이곳저곳 옮아가며 살아가는 새들이.
　　내 가슴속에도 역시 봄이 깨어나서,
　　나의 슬픔은 한 떨기 사월의 오랑캐꽃 되어,
다른 것들과 같이 싹트고 꽃핀다.

CXV. SPRING 1838

Now fades the last long streak of snow,
    Now burgeons every maze of quick
    About the flowering squares, and thick
By ashen roots the violets blow.

Now rings the woodland loud and long,
    The distance takes a lovelier hue,
    And drown'd in yonder living blue
The lark becomes a sightless song.

Now dance the lights on lawn and lea,
    The flocks are whiter down the vale,
    And milkier every milky sail
On winding stream or distant sea;

Where now the seamew pipes, or dives
    In yonder greening gleam, and fly
    The happy birds, that change their sky
To build and brood; that live their lives

From land to land; and in my breast
    Spring wakens too; and my regret
    Becomes an April violet,
And buds and blossoms like the rest.

---

1) 이사후의 첫 번째 봄. 드디어 시인도 슬픔의 겨울옷을 벗어 던지고, 생동하는 봄다운 봄을 맞이하는 활기찬 모습을 보여준다. 특히 많은 "l"음의 반복과 다양한 두운의 사용이 봄의 생동감을 더욱 실감케 해준다.

116. 강한 열망[1)]

그러면, 잊혀진 세월에 대한 슬픔인가,
아름다운 사월에 한결 해맑게 깨어나
제철을 맞이하고, 점점
깊어 가는 봄의 빛깔을 띠며 풍기는 것은?

그것만이 아니다. 노래소리, 살랑대는 바람,
주검에서 다시 깨어나는 생명,
이 세상을 그렇게 아름답게 만든 것을
믿도록 북돋우는 감각을 통한 외침.

모두가 슬픔만은 아니다. 홀로 생각에 잠길 때
그 얼굴이 나를 비치고, 일찍이
내가 알고 있었던 그 다정한 음성이
나와 내 것에 대해 여전히 내게 말해주리라.

그렇지만, 사라진 행복한 친교의 시절에 대한
슬픔이 내 마음속에는 덜하고,
사라진 우정에 대한 열망보다는
장차 있을 강한 인연에 대한 갈망이 더하다.

---

1) 홀로 생각에 잠길 때면 헬럼과의 행복한 옛 추억이 떠오르기는 하지만, 이 봄이 시인에게 가져오는 것은 슬픔만이 아니다. 그래서, 깊어 가는 즐거운 봄날에 시인은 잃은 우정에 대한 슬픔과 새로 맺을 인연에 대한 희망을 저울질해보고, 역시 "우리를 인간 되게 하는 강한 소망"(《85. 새로운 우정》, l. 60)을 택한다.

CXVI. STRONG YEARNING

Is it, then, regret for buried time[2)]
　　That keenlier in sweet April wakes,
　　And meets the year, and gives and takes
The colours of the crescent prime?

Not all: the songs, the stirring air,
　　The life re-orient[3)] out of dust,
　　Cry thro' the sense to hearten trust
In that which made the world so fair.

Not all regret: the face will shine
　　Upon me, while I muse alone;
　　And that dear voice, I once have known,
Still speak to me of me and mine:

Yet less of sorrow lives in me
　　For days of happy commune dead;
　　Less yearning for the friendship fled,
Than some strong bond which is to be.

---

2) buried time: 잊혀진 과거의 추억(forgotten memories of the past).

3) re-orient: 또 다시 깨어나는(rising again).

117. 세월이 하는 일[1)]

오 세월이여, 너희들의 일이 이것인가,
　　나의 적소(適所)에서 나를 붙잡는 것이,
　　훗날의 축복인 보다 더 풍요한 득을 위해
그의 포옹에서 잠시 나를 붙잡는 것이,

먼데서 곱절로 감미로운
　　근접의 소망을 잇달아 일게 하고,
　　우리가 만날 때 그 해후에는
백 배의 기쁨이 생겨나도록,

흐르는 모든 모래알마다,
　　슬그머니 가는 그림자의 모든 간격마다,
　　이 돋친 바퀴들의 모든 접촉마다,
태양들의 모든 행로마다.[2)]

---

1) 더디기만 한 세월의 흐름은 더 이상 나를 비탄이나 절망에 빠뜨리지 못하고, 오직 장차 나에게 다가올 기쁨을 크게 증대시켜줄 것이다.

2) ll. 9-12: 각 행은 시간을 측정하는 방식으로 각각 모래시계, 해시계, 톱니바퀴 시계, 그리고 태양계의 회전을 가리킨다. 그리고 이 연이 담고 있는 상징적 의미는 이 세상의 어떠한 시간의 흐름도 오로지 시인이 천국에서 핼럼을 다시 만날 때의 기쁨을 강화시켜줄 뿐이라는 것이다.

CXVII. DAYS AND HOURS' WORK

O days and hours, your work is this,
To hold me from my proper place,
A little while from his embrace,
For fuller gain of after bliss:

That out of distance might ensue
Desire of nearness doubly sweet;
And unto meeting when we meet,
Delight a hundredfold accrue,

For every grain of sand that runs,
And every span of shade that steals,
And every kiss of toothed wheels,
And all the courses of the suns.

118. 한층 높은 종족[1]

생각하라, 젊은 나이로 일하는 거인
　　「시간」이 하는 이 모든 작용을.
　　정녕 인간의 사랑과 진리를
죽어 가는 「자연」의 살과 뼈라고 생각지 말고,

믿어라, 죽었다고 하는 사람들은
　　보다 더 고상한 종말을 위해
　　한층 더 풍요한 날을 숨쉬는 자들임을.[2]
우리가 딛고 있는 이 단단한 지구는

유동성의 불덩이인 기간에 비롯되어,[3]
　　겉보기에는 제멋대로의 형상을 띠고,
　　주기적인 폭풍우의 희생물인 듯하다가,
마침내 거기서 인간이 생겨났다 한다[4]—

---

1) 이 시는 주제적인 면에서 가장 중요한 시들 중의 하나로서, 《55~56》에서 다뤘던 주제를 다시 다루고 있다. 그러나, 앞의 두 편에서는 주로 1830년대 초부터 대두된 진화론과 리얼 경의 『지질학 원리』의 영향으로 상당히 부정적이고 절망적인 결론에 이르렀던 것에 반하여, 여기서는 그러한 과학적 발견과 이론이 오히려 인간의 발전과 영원한 생명에 대한 시인의 믿음을 뒷받침해준다. 시인의 이런 태도변화는 아마도 그가 체임버즈(Chambers)의 『자연 창조사의 증거』(1844)와 허셸(Herschel)의 『자연철학 강론(*Discourses on Natural Philosophy*)』 등과 같은 낙관주의적인 이론서를 읽었던 까닭으로 추측된다.

2) ll. 5-7: Cf. 《30. 슬픈 성탄전야》, ll. 18-24.

3) ll. 8-9: 래플러스(Laplace)가 주장한 성운설(星雲說)과 관련이 있다. 래플러스는 그의 저서 『천체역학(*Mécanique Celeste*)』(1799-1825)에서 태양계가 본래 기체상태의 성운에서 형성되었는데, 그 내부의 물질이 점

CXVIII. A HIGHER RACE

Contemplate all this work of Time,
The giant labouring in his youth;
Nor dream of human love and truth,
As dying Nature's earth and lime;

But trust that those we call the dead
Are breathers of an ampler day
For ever nobler ends. They say,
The solid earth whereon we tread

In tracts of fluent heat began,
And grew to seeming-random forms,
The seeming prey of cyclic storms,
Till at the last arose the man;

점 식어감에 따라 응축되어서 백열광을 발하는 태양과 그 주위를 도는 한층 차가운 행성들이 되었다는 이론을 정립하였다.

4) ll. 8-12ff (원문 7-12ff): 이 부분에서는 시인이 지구와 인간의 생성 발전에 대하여 당시의 많은 자연과학자들의 견해에 동조한 것처럼 보인다. 즉, 이 지구상에 인간이 생겨난 것은 신에 의한 특별한 창조가 아니라, 자연법칙에 따라 적절한 환경이 조성된 데서 비롯되었으리라는 생각이다. 그러나, 후속 연에서 그는 인간이 지구상에 존재하게 된 이상 인간은 여타 동물들과는 달리 발전해 나가야 하고, 한층 높은 종족의 전령이라고 말함으로써 다소 모호한 태도를 보여준다. 그런데 이것은 바로 시인이 꾀하는 진화론과 창조론의 절충, 즉 과학과 종교의 화해의 시도라고 볼 수 있다. 다시 말해서, 이는 시인이 『인 메모리엄』에서 추구한 대전제 중의 하나인 기독교의 진리와 과학적 사실을 절충하여, 자연의 법칙과 이 세상 모든 것들이 신의 섭리 안에 있다는 신앙 회복의 터전을 마련하려는 의도의 표출이다.

번성하여 이 나라 저 나라에 가지를 쳤고,
　　한층 높은 종족의 전령이며
　　한층 높은 데 있는 자신의 전령인 인간이.5)
만일 그렇게 인간이 자신 속에서

점점 더 시간의 이 작용의 전형을 이루거나,
　　영관인 양 슬픔의 속성으로 장식하고서
　　인생행로를 밟으며 보여준다면,
인생이란 쓸모없이 나뒹구는 금속이 아니라,

복판의 어둠 속에서 캐내어,
　　타오르는 공포로 뜨겁게 달구고,
　　주르륵 흐르는 눈물의 용액에 담금질했다가,
운명의 충격으로 호되게 두드려서

모양을 빚어 쓸 수 있게 한 금속이라고.6) 일어나
　　날려라 비틀거리는 목신, 관능적인 환락을.
　　짐승을 내몰고 위쪽으로 움직여라,
그리고 원숭이와 호랑이를 죽게 하라.7)

5) ll. 14-15: 인간은 하등 동물에서 진화된 것이 아니라 원래 보다 높은 종족으로 창조되었고, 지상의 인간은 천상의 한층 더 높은 종족이 되기 위한 준비 과정일 것이라는 뜻.

6) ll. 18-25: 땅 속에 묻혀 있는 한낱 광석이 쓸모 있는 금속이 되기 위해서는 채광과 제련의 복잡하고 어려운 과정을 거쳐야 하듯이, 인간도 인간다운 인간이 되려면 슬픔으로 오랜 단련을 받아야 하지 않겠는가.

7) ll. 25-28: 이 구절은 시인이 진화론에 완전히 기울고 있지는 않음을 시사한다.

Who throve and branch'd from clime to clime,
The herald of a higher race,
And of himself in higher place,
If so he type this work of time

Within himself, from more to more;
Or, crown'd with attributes of woe
Like glories, move his course, and show
That life is not as idle ore,

But iron dug from central gloom,
And heated hot with burning fears,
And dipt in baths of hissing tears,
and batter'd with the shocks of doom

To shape and use. Arise and fly
The reeling Faun, the sensual feast;
Move upward, working out the beast,
And let the ape and tiger die.

여기서 시인은 인간이 명실공히 "한층 높은 종족의 전령"(l. 14)이 되려면, "목신을 몰아내고" (관능적인 삶을 경계하고), "원숭이를 죽이고" (원숭이 계통 진화론을 배격하고), "호랑이를 죽여야" (도덕과는 무관한 잔학성을 불식해야) 한다고 주장한다.

119. 다시 찾은 헬럼의 집[1)]

내 심장이 그렇게도 빨리 뛰던 곳
　　그 집에 나는 울먹이지 않고
　　다시 한 번 와본다. 도회는 잠들었다.
거리에서는 초원의 내음이 난다.

새들의 지저귐이 들려온다.
　　그대 떠난 지 오래된 검은 집 앞 사이로
　　이른 새벽의 연청색 골목길이 보인다.
옛 시절과 그대의 생각이 떠오른다.

나 그대를 찬미한다, 그대의 말은 온후하고,
　　그대 눈에 어린 우정은 밝기에.
　　그리고 한숨이란 거의 없이 머릿속으로
나는 그대의 손의 누름을 잡는다.

---

1) 시인은 런던의 윔폴가 67번지에 있는 헬럼의 집을 다시 찾아온다. 헬럼과의 말없는 상상의 만남이 이루어진다. 헬럼이 죽은지 벌써 5년이란 세월이 흘렀으므로, 《7. 슬픔에 싸인 집》에서와는 다르게 모든 슬픔을 극복하고 판이하게 달라진 시인의 심정이 잘 드러나 있다.

CXIX. HALLAM'S HOUSE REVISITED

Doors, where my heart was used to beat
So quickly, not as one that weeps
I come once more; the city sleeps;
I smell the meadow in the street;

I hear a chirp of birds; I see
Betwixt the black fronts long-withdrawn[2)]
A light-blue lane of early dawn,
And think of early days and thee,

And bless thee, for thy lips are bland,[3)]
And bright the friendship of thine eye;
And in my thoughts with scarce a sigh
I take the pressure of thine hand.

2) long-withdrawn: 헬럼이 죽어서 집을 떠난 지 오래된.

3) bland: 온화한, 온후한(mild).

120. 나는 다른 것으로 태어났다[1]

나는 믿는다, 내가 호흡을 낭비한 일은 없다고.
　　나는 생각한다, 우리가 전적으로 뇌인 것도
　　전기로 움직이는 우스운 기계도 아니라고.[2] 헛되지 않게,
바울 사도가 짐승들과 싸웠듯이, 나는 「죽음」과 싸웠다.[3]

그저 다만 흙 속의 교활한 배우들은 아니었다.
　　「과학」으로 하여금 우리가 그렇다고 입증케 하라.
　　그렇게 한들, 「과학」이 인간에게,
적어도 내게 무슨 문제가 되랴? 나는 믿고 싶지 않다.

그 사람, 금후 깡충깡충 뛸 한층 현명한
　　그 사람으로 하여금, 그의 움직임을
　　어릴 때부터 보다 위대한 원숭이처럼 되게 하라,
그러나 나는 다른 것으로 *태어났다*.

---

1) 이 시에서 테니슨은 앞의 시 《118. 한층 높은 종족》에서 제기된 진화론적 사고에 쐐기를 박는다. 인간의 오랜 잘못으로 원숭이와 같은 동물로 타락되었을지는 몰라도, 인간의 영적발전은 인간이 원래 동물이 아닌 영적존재로 창조되었기에 가능하리라는 것이 시인의 주장이다.

2) 전기로 움직이는 우스운 기계(Magnetic mockeries): 전기나 자력(磁力)으로 움직이는 영혼이 없는 우스꽝스런 장난감 같은 기계, 즉, 인간의 의지나 정신과는 관계없이 움직이는 존재를 말한다. 이것은 뇌에서 생긴 자극이 신경을 따라 이동하는 미세한 전기적 자극에 의해 근육의 움직임으로 바뀐다는 당시 생물학자들의 이론을 원용한 것이다.

3) 1-4행의 의미를 종합해 볼 때, 바울 사도가 짐승과 싸웠듯이 시인이 죽음과 싸워 이긴 것은 육체적인 힘뿐만 아니라 정신적인 힘이 있었기 때문이라는 것이다.

CXX. I WAS BORN TO OTHER THINGS

I trust I have not wasted breath:
I think we are not wholly brain,
Magnetic mockeries; not in vain,
Like Paul with beasts, I fought with Death;

Not only cunning casts in clay:
Let Science prove we are, and then
What matter Science unto men,
At least to me? I would not stay.[4)]

Let him, the wiser man[5)] who springs
Hereafter, up from childhood shape
His action like the greater ape,
But I was *born* to other things.[6)]

---

4) I would not stay: I would not heed, or believe.

5) the wiser man: 물질주의적 과학자들의 말에 솔깃해 하는 사람. 따라서 여기서 "wiser"는 그런 사람을 비꼬는 말로 쓰인 것이다.

6) "But I was *born [created]* with a human soul." 이탤릭체 *born*이 쓰인 것은 1875년에서 1878년 사이로 추정된다. 다아윈의 『종의 기원』(1859)이 처음 나왔을 때만 해도 테니슨은 진화론을 환영했었지만, 그 이론이 인간의 영적존재를 부정하는 측면으로 해석되자 점점 외면하기 시작했다. 한번은 그가 틴달에게 이렇게 말한 적이 있다: "어떤 진화론자도 인간의 마음이나 혹은 있을 수 있는 조직의 여하한 생리학적 변화가 어떻게 의식적인 사고를 유발할 수 있는지를 설명할 수 없어요" (『회고록』, I, 323).

121. 사랑의 별[1)]

떨어진 해 위에 돋은 슬픈 저녁별아,
해와 함께 죽을 준비가 되어 있는 너,
너는 지켜보는구나, 시시각각 점점 더
어두워져 가는 온갖 것과 광명이 다한 것을.

말들은 짐마차에서 풀려나고,
배는 바닷가에 끌어내졌는데,
너는 닫히는 문소리에 귀를 기울이고,
삶은 머릿속에서 어두워진다.

밤하늘에 한층 맑던, 밝은 아침별아,
너는 세상의 위대한 일이 시작되는 소리와
일찍 깨는 새소리를 듣는데,
네 뒤에는 한층 거대한 빛이 돋는다.

장짐을 실은 거룻배는 강물에 떠 있고,
사람들은 시끌덤벙 강가에서 그 배를 맞는데,
너는 마을의 망치 소리를 들으며,
말들의 움직임을 바라보는구나.

1) 테니슨이 1850년 2월 에밀리 쎌우드와 결혼식을 올린 쉽레이크에서 지은 시. 금성(Venus)은 해질 무렵 서쪽에 태백성(개밥바라기 Hesper 또는 Hesperus)으로 떴다가 해뜰 무렵 동쪽에 샛별(Phosphor 또는 Lucifer)로 떠서 유난히 밝게 빛나는 별이다. 테니슨이 "저녁별은 아침별이기도 하며, 죽음과 슬픔이 생명과 희망으로 빛난다"고 한 데서 알 수 있듯이, 이 두 이름을 지닌 사랑의 별(Venus는 원래 사랑과 미의 여신이다)은 테니슨에게 있어서는 죽음과 희망을 상징한다. 이것은 곧 죽음이 죽음이나 슬픔으

CXXI. THE STAR OF LOVE

Sad Hesper o'er the buried sun
　　And ready, thou, to die with him,
　　Thou watchest all things ever dim
And dimmer, and a glory done:

The team[2] is loosen'd from the wain,[3]
　　The boat is drawn upon the shore;
　　Thou listenest to the closing door,
And life is darken'd in the brain.

Bright Phosphor, fresher for the night,
　　By thee the world's great work is heard
　　Beginning, and the wakeful bird;[4]
Behind thee comes the greater light:[5]

The market boat is on the stream,
　　And voices hail it from the brink;
　　Thou hear'st the village hammer clink,
And see'st the moving of the team.

로만 끝나지 않고 궁극적으로 영생의 희망을 가져다준다는 테니슨의 강한 믿음의 표출이다. Cf. 《9》의 각주 3번 및 《30》, ll. 31-32; 《43》.

2) team: 한 조의 마소(수레 · 마차 · 썰매 등을 끄는 두 마리 이상의 말이나 소 따위의 짐승).

3) wain: 농부의 짐수레.

4) the wakeful bird: 일찍 깨어나는 새.

5) the greater light: 태양.

첫 별이고 마지막 별이면서도 하나인 별에 붙인
　　이중의 이름을 가진 아름다운 저녁별-샛별아,
　　너, 나의 현재와 과거처럼,
너의 위치는 변하여도, 너는 한결같구나.

Sweet Hesper-Phosphor, double name
    For what is one, the first, the last,
    Thou, like my present and my past,
Thy place is changed; thou art the same.

122. 그대 나와 함께 있다면[1)]

오, 벗이여, 그대가 그때 나와 함께 있었던가,
　　그 동안 나는 내 운명에 맞서 일어나,
　　겹친 슬픔을 깨뜨려 버리고
영원한 천국을 다시 간직하기를 열망하고,

평온한 경외 속에 또 한 번 느끼기 열망했었는데,
　　강력한 상상이 법칙과 하나 되어
　　일사불란한 그 움직임 속에,
별들의 천체를 내 영혼의 주위에 굴리는 것을?[2)]

만일 그대가 나와 함께 있고, 무덤이 우리를
　　갈라놓지 않는다면, 지금 나와 함께 있어
　　이 가슴과 이마 속으로 들어와주오,
한층 풍만한 물결인 나의 모든 피가

보다 더 활기찬 숨결로 자극되고,
　　분별없는 한 소년과도 같이,
　　지난날의 짧은 즐거움 속에서와 같이,
내가 저 생사에 대한 상념을 뿌리칠 때까지.

---

1) 친구여, 내가 운명에 맞서 일어나 그대가 죽은 슬픔의 횡포를 물리치고 영원한 천국을 열망했던 그때 그대의 영혼이 나와 함께 있었다면, 지금 나와 함께 있어 내가 기쁨의 승리를 거두는 순간을 지켜주시라.

CXXII. IF THOU WERT WITH ME

Oh, wast thou with me, dearest, then,
While I rose up against my doom,[3]
And yearn'd to burst the folded gloom,
To bare the eternal Heavens again,[4]

To feel once more, in placid awe,
The strong imagination roll
A sphere of stars about my soul,
In all her motion one with law?[5]

If thou wert with me, and the grave
Divide us not, be with me now,
And enter in at breast and brow,
Till all my blood, a fuller wave,

Be quicken'd with a livelier breath,
And like an inconsiderate boy,
As in the former[6] flash of joy,
I slip the thoughts of life and death;

---

2) ll. 1-8: 시인은 그가 벗을 잃은 모진 슬픔을 극복하려던 그 암울했던 때도 역시 친구의 영혼은 자신과 함께 있었다고 믿는다.

3) While I rebelled against grief's tyranny.

4) To clear grief away.

5) one with law: not struggling against God's will.

6) former: youth's.

그리고 모든 「환상」의 미풍이 불고,
　　이슬엔 방울마다 무지개가 서리고,
　　마법의 섬광들이 교묘하게 빛나며,
모든 사념이 한 송이 장미를 피울 때까지.

And all the breeze of Fancy blows,
　　And every dew-drop paints a bow,
　　The wizard lightnings deeply glow,
And every thought breaks out a rose.

한 송이 백장미 (2006)

123. 내 영혼 속에[1]

나무가 자라던 곳에 심연이 넘실거린다.
오 대지여, 무슨 변화를 너는 보았는가!
길게 뻗은 길이 왁자지껄하는 곳에는
깊은 바다의 정적이 있었다.

언덕은 그림자. 언덕은 이 모양에서
저 모양으로 흘러, 아무 것도 그대로는 없다.
언덕은 안개처럼 녹는다. 단단한 땅들은
구름과 같이 형상을 이루고 사라져버린다.

그러나 나는 나의 영혼 속에 살리라.
나의 꿈을 꾸며, 그것을 진실로 여기리라,
비록 내 입술이 작별을 고한다 해도,
나는 그것을 고별이라고 생각할 수가 없으니.[2]

---

1) 리얼 경의 『지질학 원리』에 나오는 물에 의한 끊임없는 침식과 퇴적작용, 지각변동에 의한 침강과 융기작용 등에 관한 지식의 영향이 뚜렷하다. 상전벽해(桑田碧海)란 말이 있듯이 이 세상의 삼라만상 중에 불변의 것은 없고, 모두가 그림자처럼 변하고, 안개처럼 녹고, 구름처럼 사라져버린다. 그러나, 시인은 우리의 영혼은 변화도 이별도 없는 영원한 생명을 누릴 것이라는 신념을 밝힌다.

2) ll. 11-12: Cf. 《57. 안녕히, 안녕히》, ll. 15-16.

CXXIII. IN MY SPIRIT

There rolls the deep where grew the tree.
O earth, what changes hast thou seen!
There where the long street roars, hath been
The stillness of the central sea.

The hills are shadows, and they flow
From form to form, and nothing stands;
They melt like mist, the solid lands,
Like clouds they shape themselves and go.

But in my spirit will I dwell,
And dream my dream, and hold it true;
For tho' my lips may breathe adieu,
I cannot think the thing farewell.

124. 느낌[1)]

우리가 감히 축복을 기원하는 존재.
우리의 가장 소중한 믿음. 가장 무서운 의심.
「그분」, 「그들」, 「하나」, 「모두」. 내재, 외재.
우리가 짐작하는 어둠 속의 「힘」.[2)]

나는 그분을 찾지 못했다, 세상이나 태양에서도,
독수리의 날개에서도, 곤충의 눈에서도,
사람들이 풀려고 하는 문제를 통해서도,
우리가 자아낸 대단찮은 낡은 법률을 통해서도.[3)]

만일 믿음이 잠들었을 때,
'더 이상 믿지 마라.'라는 목소리가 들리고,
하느님 없는 심해에 무너져 내리는
항상 파도 부딪치는 해변의 소리가 들려오면,

---

1) 하느님은 어떤 자연물이나, 인간이 꾸며내는 어떤 이론으로 입증될 수 있는 존재가 아니라, 다만 마음으로 느껴지는 존재라는 테니슨의 신념이 피력되어 있다.

2) ll. 1-4: 하느님은 어떻게 생겼는가? 인간의 지식으로는 일신론, 다신론, 유일신론, 범신론 중 어느 입장에서 하느님을 불러야 할지, 혹은 하느님이 내재적 존재인지 초월적 존재인지 분간할 수가 없다. 다만 하느님을 찾을 곳은 바로 인간의 마음속이다. 이 구절의 속뜻은 바로 테니슨이 하느님의 편재성을 믿고 있음을 드러내는 대목으로서, 그리스도(He), 삼위(They), 유일신(One), 대령(All)으로 불리는 하느님은 우리가 의심하는 순간이나 믿는 순간에도 내재하기도 하고 외재하기도 한다는 의미를 담고 있다.

CXXIV. FEELING

That which we dare invoke to bless;
Our dearest faith; our ghastliest doubt;
He, They, One, All; within, without;
The Power in darkness whom we guess;

I found Him not in world or sun,
Or eagle's wing, or insect's eye;
Nor thro' the questions men may try,
The petty cobwebs we have spun:

If e'er when faith had fall'n asleep,
I heard a voice 'believe no more'
And heard an ever-breaking shore
That tumbled in the Godless deep;

---

3) ll. 5-8: 여기서 테니슨이 주장하고 있는 것은 자연계에 신이 존재하지 않는다는 것이 아니라, 한물 간 낡아빠진 18세기 식의 논거를 써 가지고는 신의 존재를 입증할 만한 증거를 찾을 수 없다는 것이다(Hill 188). 그리고 힐에 따르면, 1833년 3월 테니슨과 핼럼이 현미경으로 "나방이의 날개, 모기의 머리, 그리고 한 방울의 샘물 속에 잠복해 있는 모든 사자와 호랑이를" 들여다보고 있을 때, 테니슨이 말했다고 한다: "이런 경이가 어떤 사람들은 하느님에게 이끌어가고 또 어떤 사람들은 쫓아버리는 것이 이상한 노릇이야"(『회고록』, I, 102).

내 가슴속에 깃들인 한 가닥 열정이
얼어붙은 이성의 보다 찬 부분을 녹이고,
격노한 사람 같이, 아니,
의심과 두려움에 싸인 어린이 같이,

마음이 일어나 대답했다, '나는 느꼈다.'고.[3)]
그러나 그 몽매한 외침이 날 슬기롭게 해,
그때 나는 우는 어린이, 울면서도
아버지가 가까이 있음을 아는 아이였다.[4)]

지금의 나 다시 한 번 보았다,
있기는 해도 아무도 모르는 존재를.
그리고 어둠으로부터 나왔다,
자연을 통해 미쳐 인간을 빚어내는 손들이.

---

3) ll. 13-16: 영적인 존재는 오직 가슴을 통해서 느끼는 것이지 결코 이성을 통해서 이해되는 것이 아니라는 테니슨의 본질적인 주장이다.

4) ll. 17-20: 말을 못하고 울기만 하는 어린 아이의 이미지가 《54. 모두에게 선이 내리리》, ll. 17-20에서도 나온다. 그러나, 여기에서는 울면서도 아버지가 가까이 있음을 아는 어린이였다고 말함으로써, 테니슨은 자신의 믿음이 상당히 성장했음을 내비치고 있다.

A warmth within the breast would melt
The freezing reason's colder part,
And like a man in wrath the heart
Stood up and answer'd 'I have felt.'

No, like a child in doubt and fear:
But that blind clamour made me wise;
Then was I as a child that cries,
But, crying, knows his father near;

And what I am beheld again.
What is, and no man understands;
And out of darkness came the hands
That reach thro' nature, moulding men.

125. 희망[1)]

내가 그 무엇을 말하고 노래했을지라도,
나의 하프는 슬픈 음조를 내려 했다.
그렇다, 비록 혀에는 흔히
하나의 모순이 깃들여 있는 것 같아도,

그래도 「희망」은 그의 젊음을 정녕 잃지 않았었다.
「희망」이 보다 흐린 눈으로 보았을 뿐이거나,
「사랑」이 품위 있는 거짓과 유희했을 뿐이다
자신이 진리 속에 단단히 고정되었다고 느껴서.

만일 노래가 슬픔으로 꽉 찬다면,
「사랑」은 그 노래의 참 뜻을 속삭일 것이고,
만일 말이 유쾌하고 힘차면
「사랑」은 거기에 옥새를 간직하고서

나와 함께 살리라, 내가 배를 저어 가
저 신비의 심해에서 그대를 찾을 때까지,
그리고 수없이 맥박을 뛰게 하는
이 전력(電力)이 다할 때까지.[2)]

---

1) 사랑과 이별의 아픔, 슬픔과 희망이 한 사람 마음속에 공존한다는 것은 일견 모순되어 보인다. 그러나, 친구와 나는 불변의 사랑으로 맺어져 있기 때문에, 내가 비록 슬픔을 토로하고 있었을 때도 나는 결코 희망을 버린 적이 없었다. 내 노래가 진정으로 슬프다면 그것은 친구를 향한

CXXV. HOPE

Whatever I have said or sung,
Some bitter notes my harp would give,
Yea, tho' there often seem'd to live
A contradiction on the tongue,

Yet Hope had never lost her youth;
She did but look through dimmer eyes;
Or Love but play'd with gracious lies,
Because he felt so fix'd in truth:

And if the song were full of care,
He breathed the spirit of the song;
And if the words were sweet and strong
He set his royal signet there;

Abiding with me till I sail
To seek thee on the mystic deeps,
And this electric force, that keeps
A thousand pulses dancing, fail.

내 사랑이 정말로 깊었음을 나타내는 것이고, 내 노래가 유쾌하고 힘차다면 그것은 우리가 천국에서 다시 만날 희망이 확실하기 때문이다.

2) ll. 15-16: 그리고 이 목숨이 끊어질 때까지. 테니슨은 인체의 신경이 미소한 전류에 의하여 움직인다는 당시의 신경학자들의 견해를 수용했다.

126. 사랑[1)]

현재도 과거에도 「사랑」은 나의 주님이요 군주.[2)]
그래서 나는 사랑의 면전에서
시시각각 그의 특사가 가져오는
내 친구의 소식을 듣는다.

현재도 과거에도 「사랑」은 나의 주님이요 군주.
미래에도 그러리라, 비록 나 이제껏
그의 지상의 궁궐에 머물면서,
그의 충실한 보호에 싸여 잠을 이루며,

깊은 밤에 이곳저곳을 돌아다니며
온 우주 세계를 향하여
모두가 태평함을 속삭이는
어느 파수꾼의 소리를 때때로 듣기는 해도.

---

1) 사랑은 언제나 나를 다스려 왔고, 그 사랑의 전령을 통해서 나는 내 친구의 소식을 접한다. 나는 지금 이승에서 사랑의 궁정에서 사랑의 파수꾼의 보호하에 깊은 밤에도 평안을 구가하고 있지만, 미래에도 역시 사랑은 나를 다스리며 보호해줄 것이다.

2) 사랑을 군주에 비유하는 것은 이미 《125. 희망》, l. 12의 사랑이 옥새를 간직하고 있다는 표현에서도 엿볼 수 있다.

CXXVI. LOVE

Love is and was my Lord and King,
　　And in his presence I attend
　　To hear the tidings of my friend,
Which every hour his couriers bring.

Love is and was my King and Lord,
　　And will be, tho' as yet I keep
　　Within his court on earth, and sleep
Encompass'd by his faithful guard,

And hear at times a sentinel
　　Who moves about from place to place,
　　And whispers to the worlds of space,
In the deep night, that all is well.[3]

---

3) all is well: 이 구절은 바로 다음 시의 첫 행과 마지막 행에 되풀이되어 나타나 시의 중심 주제를 형성한다.

127. 모두가 태평하다[1)]

또한 모두가 태평하다, 비록 공포의 밤중에
　　믿음과 형식이 조각난다고 해도.[2)]
　　폭풍은 폭풍 저쪽의 보다 깊은 목소리를 듣는
사람들에게 잘도 으르렁대며,

사회적 진리와 정의가 퍼지리라고 선포한다,
　　비록 세 차례나 다시금
　　쎄느강의 피에 물든 몽매한 격정이
주검으로 장벽을 쌓는 일이 있다 해도.[3)]

그러나, 왕관을 쓰는 자는 불안하고,
　　누더기를 걸친 문둥이도 불안하다.
　　떠받치는 험한 바위산들은 흔들리고,
얼음산 꼭대기들은 무너져 내려,

녹아서 홍수를 이루어 노호(怒號)한다.
　　성채는 높은 데서부터 와르르 무너지고,
　　이성 없는 지구는 가벼워져 하늘로 솟고,
광대한 「영겁의 시대」가 핏속에 가라앉아

---

1) 온 천지에 무질서가 풍미하고 불의와 폭력이 난무한다 해도, 그것은 다만 일시적인 현상으로 머지않아 모든 것이 진정되어 세상은 태평해질 것이다. 마찬가지로 목숨마저 버리고 싶을 정도로 모진 고통과 슬픔 속에 있었어도, 그런 세월도 순간으로 끝나고 나에게는 오직 희망만이 찾아오리라. Cf. 브라우닝, 「피파의 노래(“Pippa’s Song”)」.

CXXVII. ALL IS WELL

And all is well, tho' faith and form
Be sunder'd in the night of fear;
Well roars the storm to those that hear
A deeper voice across the storm,

Proclaiming social truth shall spread,
And justice, ev'n tho' thrice again
The red fool-fury of the Seine
Should pile her barricades with dead.

But ill for him that wears a crown,
And him, that lazar,[4] in his rags:
They tremble, the sustaining crags;
The spires of ice are toppled down,

And molten up, and roar in flood;
The fortress crashes from on high,
The brute earth lightens to the sky,
And the great Æon sinks in blood,

---

2) 과거에는 "형식"이 순수한 신앙심을 드러내는 종교적 방편이었지만, 테니슨 시대에 접어들면서 회의론과 결정론(determinism)의 대두로 형식과 신앙이 갈라지게 되었다. 그러나 시인은 이런 현상은 일시적이어서 곧 치유될 것이라고 확신한다. 《33》의 각주 1번 참조.

3) ll. 6-8: 1588년, 1789년, 그리고 1830년에 있었던 과격 공화주의파에 의한 세 차례의 프랑스 혁명을 암시한다.

4) lazar: 문둥이, 문둥병 거지, 병 앓는 거지(leper).

「지옥」의 불에 휩싸인다.[5)]
　　한편, 그대, 다정한 영혼, 행복한 별은
　　저 멀리서 격동을 내려다보며
모든 것이 태평함을 알고 웃는구나.

5) ll. 9-17: 이 구절은 테니슨의 어릴 적 우상이었던 바이런의 『차일드 해롤드의 순례(*Childe Harold Pilgrimage*)』, Canto IV, CLXXXI을 연상케 한다.

암석으로 지은 도시들의 성벽을 포격하여
백성들을 전율케 하고, 수도에 있는
군주들을 떨게 하는 함포들,
거대한 늑재가 그들을 만든 인간에게 너의 주인,
그리고 전쟁의 중재자라는 헛된 칭호를
갖게 하는 참나무로 만든 대선들—
이것들은 너의 장난감이며, 눈송이처럼,
무적함대의 긍지와 트러팰가의 전리품을 망치는
효모 같은 파도 속으로 녹아버린다.

The armaments which thunderstrike the walls
Of rock-built cities, bidding nations quake
And monarchs tremble in their capitals,
The oak leviathans, whose huge ribs make
Their clay creator the vain title take
Of lord of thee, and arbiter of war—
These are thy toys, and, as the snow flake,
They melt into thy yeast of waves, which mar
Alike the Armada's pride or spoils of Trafalgar.

And compass'd by the fires of Hell;
    While thou, dear spirit, happy star,
    O'erlook'st the tumult from afar,
And smilest, knowing all is well.

그리고 이 구절은 기독교 문명이 끝나고 미지의 무서운 문명이 도래할 때의 무질서하고 혼돈된 상황을 묘사한 예이츠의 「재림("The Second Coming")」의 첫 연과 상당히 유사한 면이 있다.

점점 넓어지는 원으로 돌고 돌아
매는 주인의 목소리를 듣지 못한다.
만물은 흩어지고, 중심은 잡히지 않고,
다만 무질서만이 세상에 넘친다.
피로 혼탁한 조수가 터지고, 도처에서
순수한 의식이 익사한다.
선한 자는 신념이 하나도 없고,
악한 자는 격정으로 차 있다.

Turning and turning in thc widening gyre
The falcon cannot hear the falconer;
Things fall apart; the center cannot hold;
Mere anarchy is loosed upon the world,
The blood-dimmed tide is loosed, and everywhere
The ceremony of innocence is drowned;
The best lack all conviction, while the worst
Are full of passionate intensity.

128. 하느님이 정해준 운명[1]

한층 힘찬 날개로 솟아오른 사랑,
「죽음」을 만날 때도 힘을 잃지 않은 사랑은,
인간사의 되어 감을 알아보는
한층 덜한 믿음의 동료이다.

틀림없이 장차 세월의 홍수 속에
거대한 소용돌이는 여전히 생겨날 것이며,
최고 권좌에 앉은 족속들은 지위가 떨어지리라.
그러나, 오 너희들 선의 신비여,

「희망」과 「공포」를 지니고 흐르는 야성의 세월이여,
만일 너희들의 직분이 새로워보이는[2]
해묵은 결과를 처리해야 하는 것이라면,
이것이 여기서의 너희들의 모든 사명이라면,

쓸모없는 칼을 뽑거나 칼집에 넣는 것이,
찬란한 거짓말로 군중을 우롱하는 것이,
교의를 종파와 풍조로 갈라놓는 것이,
낱말의 뜻을 바꿔 놓는 것이,

---

1) 죽음을 용기로 맞서며 희망을 잃지 않고 슬픔을 극복하는 강한 정신적인 믿음의 소유자일지라도 그 믿음이 떨어질 때도 있고, 무질서와 종교적 분쟁과 소요가 벌어지는 한 나라의 비극적 불행도 결국은 평화와 질서를 향한 수단으로 신이 마련해 놓은 것이라고 믿는다. 만일 그렇지 않다면, 인간의 역사는 다만 반복만 있을 뿐이고 발전이란 있을

CXXVIII. GOD'S ORDAINMENT

The love that rose on stronger wings,
Unpalsied when he met with Death,
Is comrade of the lesser faith
That sees the course of human things.

No doubt vast eddies in the flood
Of onward time shall yet be made,
And throned races may degrade;
Yet O ye mysteries of good,

Wild Hours that fly with Hope and Fear,
If all your office had to do
With old results that look like new;
If this[3)] were all your mission here,

To draw, to sheathe a useless sword,
To fool the crowd with glorious lies,
To cleave a creed in sects and cries,
To change the bearing[4)] of a word,

수 없다. 그리고 그 목적이 아무리 좋은 것이라고 해도, 독단이나 폭력에 호소해서는 안 되며 공동선에 의한 협동으로 이루어져야 한다.

2) 새로워 보이는(look like new): 세월이 지나 변하긴 했어도 발전이 없는.

3) this: ll. 13-20의 각 행에 나오는 부정사구문으로 서술된 내용.

4) bearing: meaning.

독단적인 권력을 교체하는 것이,5)
　　　학생을 책상에 매어 놓는 것이,6)
　　　낡고 헐벗은 것을 아름답게 꾸미고
영주의 탑에 잔디를 입히는 것이.7)

그러면, 나는 당연히 책망하리라 너희들과
　　　너희들의 일을. 나는 얼마간은 안다,
　　　어떤 예술 작품에 있어서와 같이,
만사는 한 목적을 향한 협동적 노동임을.8)

---

5) 독단적인 권력을 제거한다는 명분에도 불구하고 그저 또 다른 권력을 불러들이는 권력의 교체에 불과한 일.

6) 시시각각 발전하는 새로운 시대에 걸맞는 신사고를 함양하지는 못하고, 학생들을 다만 구습의 굴레에 얽매어 놓는 교육제도를 말함.

7) ll. 19-20: 새로운 것을 찾아 개척하려는 진취적인 자세가 아니라, 이미 명분을 잃은 과거의 것에 집착하고 미화하려는 자세를 보이는 사회풍조를 말함.

8) ll. 22-24: Cf. 《발시》, ll. 141-44; 「두 목소리」, ll. 295-97:

> 그는 하늘나라 친구의 음성을 듣는 듯하고,
> 두꺼운 장막을 꿰뚫고 이해하는 듯하다
> 한 목적을 향해 애쓰는 한 노동자를.

To shift an arbitrary power,
    To cramp the student at his desk,
    To make old bareness picturesque
And tuft with grass a feudal tower;

Why then my scorn might well descend
    On you and yours. I see in part
    That all, as in some piece of art,
Is toil coöperant to an end.

129. 하늘의 벗이여[1)]

정겨운 벗이여, 멀리 있는 나의 잃은 소망이여,
슬프고 기쁠 때 그리 멀고도 가까운 벗이여,
오, 낮은 자와 고귀한 자가 있다고
내가 절감할 때도, 가장 총애하는 벗이여.

알 듯 모를 듯하기도 하고, 인간이며 성인이고,
상냥한 인간의 손과 입술과 눈매를 한,
죽을 리 없는 소중한 하늘의 벗이여,
나의 벗, 나의 벗, 영원히, 언제까지나 나의 벗이여.

과거 현재 미래 할 것 없이 이상한 벗이여,
한층 깊이 사랑했고 한층 심오하게 안 벗이여,
보시라, 나는 선한 꿈을 꾸며
온 누리에 그대를 뒤섞는다오.

---

1) 핼럼은 능력과 인품이 뛰어났던 친구로서, 테니슨은 생시에 그와 인간적인 돈독한 우정을 나눴으나 사별의 슬픔을 맛보았다. 그리고 지금은 천상의 불멸의 존재가 된 친구로부터 테니슨은 영원한 우정에 대한 확신과 영생에 대한 희망을 얻는다. 테니슨에게 있어 핼럼은 그리스도와 같이 인성과 신성을 함께 지닌 친구이고, 신과 같이 통시적(通時的)이고 편재적(遍在的)인 존재로서 항상 그의 곁에 멀고도 가까이 있다. 따라서, 테니슨에게는 이제 더 이상 슬퍼할 이유도 회의에 빠질 이유도 없고, 다만 친구와의 환희의 재회와 영생에 대한 확고한 믿음만이 있을 뿐이다. 다시 말해서, 테니슨은 마침내 기나긴 정신적 여로를 거쳐 슬픔과 회의를 극복한 환희와 믿음의 이중승리를 얻은 것이다.

CXXIX. HEAVENLY FRIEND

Dear friend, far off, my lost desire,
So far, so near in woe and weal;
O loved the most, when most I feel
There is a lower and a higher;

Known and unknown; human, divine;
Sweet human hand and lips and eye;
Dear heavenly friend that canst not die,
Mine, mine, for ever, ever mine;

Strange friend, past, present, and to be;
Loved deeplier, darklier understood;
Behold, I dream a dream of good,
And mingle all the world with thee.

130. 그대를 잃지 않으리[1)]

그대의 음성은 살랑거리는 미풍에 실려 있다.
　　물결이 흐르는 곳에서 그대 음성 들린다.
　　그대는 떠오르는 태양 속에 서 있고,
지는 태양 속에 그대는 아름답다.[2)]

그러면 그대는 무언가? 나는 짐작할 수 없다.
　　그러나, 비록 내가 별떨기와 꽃에서
　　그대를 어떤 확산적인 힘으로 느끼는 듯해도,
그렇다 해서 나 그대를 덜 사랑하지는 않는다.

나의 사랑은 이전의 사랑을 포함하며,
　　나의 사랑은 이제 한층 더 거대한 열정이니,
　　비록 그대 「하느님」과 「자연」과 섞여 있어도,[3)]
나는 더욱 더 그대를 사랑한다.

그대 멀리 있지만, 언제나 가깝다.
　　나는 여전히 그대를 소유하며 즐거워한다.
　　나 그대의 음성에 둘러싸여 커 가니,
내가 죽는다 해도, 나 그대를 잃지 않으리.

---

1) 핼럼의 통시성과 편재성, 그리고 우정의 함수관계가 좀 더 구체적으로 서술되어 있다. 핼럼이 살아 있었을 때 테니슨과 함께 했던 모든 곳에 남긴 그의 자취와 추억은, 영적교제를 통해 테니슨에게 우정의 소중함을 되새기게 하고 슬픔 중에도 큰 위안을 주었다. 그리고 이제는 그가 거대하게 확산되어 하느님과 자연 속에 섞인 존재로 변했지만, 테니슨은 그 우정이 결코 줄어들거나 변하지 않고 영원히 지속되리라고 단언한다.

CXXX. I SHALL NOT LOSE THEE

Thy voice is on the rolling air;
I hear thee where the waters run;
Thou standest in the rising sun,
And in the setting thou art fair.

What art thou then? I cannot guess;
But tho' I seem in star and flower
To feel thee some diffusive power,
I do not therefore love thee less:

My love involves the love before;
My love is vaster passion now;
Tho' mix'd with God and Nature thou,
I seem to love thee more and more.

Far off thou art, but ever nigh;
I have thee still, and I rejoice;
I prosper, circled with thy voice;
I shall not lose thee tho' I die.

---

2) ll. 1-4: Cf. 로버트 버언즈, 「진("Jean")」, ll. 9-16.

3) 이 세상의 물질계는 신 자신이거나 신의 투영일 수도 있다는 소위 "상위범신론(The Higher Pantheism)"의 일단을 암시한다.

131. 오, 살아 있는 의지여[1)]

오, 모든 일시적인 것들이 충격을 경험할 때
　　견뎌 나갈 살아 있는 의지여,
　　저 영적 바위에서[2)] 솟아올라
우리의 행동을 통하여 흘러, 그것을 청순케 하라,

우리가 티끌에서[3)] 들어 올릴 수 있도록,
　　듣는 이에게 향하는 바와 같은 음성을,
　　정복된 세월 위로 외치는
우리와 함께 역사하는 한 분을 향한 외침을.

또한, 자제에서 생겨나는 믿음을 가지고
　　결코 입증될 수 없는 진리를 믿을 수 있도록,
　　우리가 사랑했던 모든 이들과 우리가 나오는
모두와[4)] 함께 영혼의 정수를 만날 때까지.

---

1) 이 시에는 육체는 일시적이고 아무 것도 아니며 실재하는 것은 오직 영적인 것뿐이라는 테니슨의 신념이 반영되어 있다. "그래요, 사실이지 육체가 내게는 아무 것도 아닌 순간들이 있고, 내가 육체는 환영이며 하느님과 영적인 것만이 실체이고 진짜라고 느끼고 아는 순간들이 있습니다. 틀림없이, 영적인 것이 실체*입니다*. 그것은 손과 발 이상인 자에게 속합니다. 당신은 내 손과 발이 내 존재의 오직 상상적인 상징일 뿐이라고 내게 말씀할지도 모르는데, 저는 당신을 믿을 수 있습니다. 그러나, 당신은 결코 정녕코 *내가* 영원한 실체가 아니며 영적인 것이 나의 진정한 진짜 일부가 아니라고 내게 납득시킬 수는 없을 것입니다" —테니슨.

CXXXI. O LIVING WILL

O living will that shalt endure
　　When all that seems shall suffer shock,
　　Rise in the spiritual rock,
Flow thro' our deeds and make them pure,

That we may lift from out of dust
　　A voice as unto him that hears,
　　A cry above the conquer'd years
To one that with us works, and trust,

With faith that comes of self-control,
　　The truths that never can be proved
　　Until we close with all we loved,
And all we flow from, soul in soul.

시인으로 하여금 이런 신념에 이르게 한 것은 자신이 지니고 있는 자유의지의 살아있는 힘이었다. 이 살아 있는 자유의지는 시인의 삶과 행동을 정화하여 사자와 영적교제를 가능하게 하고, 또 이런 살아 있는 자유의지가 있기에 시인은 참으며 회의를 극복하고 영적내세에서 친구를 만날 때까지 입증될 수 없는 진리를 견지할 수 있다.

2) 영적 바위(the spiritual rock): 그리스도에 바탕을 둔 단단한 믿음. Cf. 『고린도 전서』, 10:4, "그리고 모두가 같은 영적 물을 마셨습니다. 그들의 영적 동반자인 영적 바위에서 나온 물을 마신 것입니다. 그리고 그 바위는 그리스도였습니다."

3) 티끌(dust): 우리의 멸할 육신이나 본성.

4) 우리가 흘러나오는 모두(all we flow from): 인간의 본향, 즉 하느님.

발시: 결혼식 날에[1]

오, 그토록 훌륭히 긴 세월 진실하고 행동한
　　그대여, 결혼축가를 청하지 마오,
　　오늘은 그대의 결혼식 날이어서
그 어떤 노래 이상의 음악이 있으니.

처음 그가 우리 집안의 딸을 사랑한다고
　　내게 말한 이후로, 나는 이렇게 많은 행복을
　　느껴 본 적도 없었고, 그 침통한 날 이후로
오늘과 같은 날을 경험해 본 일도 없다오.[2]

비록 나 그때 이후 세 곱의 삼 년 가량을[3]
　　헤아려 왔건만, 세월이 왔다 가며
　　피를 다시 만들고 육신을 바꿔 놓았어도,
그래도 사랑은 줄지 않고 오히려 많으니,

나는 죽은 슬픔을 사라져가는 노래 속에
　　더는 오래 담아 두지 않으려오,
　　그저 단단하게 세워지고
굉장한 고요 속에서 빚어진 조상(彫像) 같이 하려오.

---

1) 이 《발시》는 1842년 10월 14일에 있었던 에드먼드 러쉥턴과 테니슨의 막내 여동생 세씰리아와의 결혼을 축하하는 축시이다. 그러니까 테니슨이 노울리즈에게 말한 바와 같이, 『인 메모리엄』은 "장례식으로 시작해서 결혼식으로 끝나는—죽음으로 시작해서 새로운 삶의 희망으로 끝나는—결말이 유쾌한 일종의 『신곡』이다". 테니슨은 이 경사스러운 결혼식을 사자들이 묻힌 교회에서 새로운 삶을 기약하는 희망찬 출발점으로 묘사함으로써, 이 축시 속에 신혼부부의 복된 앞날의 기원과 함께 핼럼의

EPILOGUE: ON A MARRIAGE DAY

O true and tried, so well and long,
Demand not thou a marriage lay;
In that it is thy marriage day
Is music more than any song.

Nor have I felt so much of bliss
Since first he told me that he loved
A daughter of our house; nor proved
Since that dark day a day like this;

Tho' I since then have number'd o'er
Some thrice three years: they went and came,
Remade the blood and changed the frame,
And yet is love not less, but more;

No longer caring to embalm
In dying songs a dead regret,
But like a statue solid-set,
And moulded in colossal calm.

죽음에서 비롯된 슬픔과 회의를 기쁨과 믿음으로 승화시킨 시인 자신의 환희를 응축해 놓았다. 이로써, 테니슨은 "죽음으로 시작해서 새로운 삶의 희망으로 끝나는" 『인 메모리엄』의 상징적 의미를 더욱 강화해 놓았다.

2) ll. 5-8: 핼럼이 에밀리에게 청혼했던 사실과 그의 죽음에 대한 언급.

3) 세 곱의 3년 가량(Some thrice three years): 핼럼이 죽은 1833년부터 1842년까지의 9년 가량.

슬픔은 사라졌지만, 사랑은
흘러간 여름들보다도 더 하다오,
내 자신이 지난 여름들과 더불어
무언가 전보다 더 큰 것으로 성장했으니까.

그래서 내가 지은 노래들이
더 허약했던 시절의 반향으로 보인다오,
종잡을 수 없는 햇빛과 그늘의 유희인
다만 보잘것없는 소란한 시의 반편으로 보인다오.[4]

그런데 세씰리아는 어디 있소? 혼례의 꽃,
정오 전에 한 아낙이 되어야 할 그 애는?
그 애가 들어오오, 결혼식장에
마치 에덴동산의 달처럼 반짝이면서.

그 애는 행복스런 눈으로 내게 인사하고 나서
그대에게 인사하오. 그대의 모습을 보고서
그 두 눈은 낙원의 종려나무 사이에서 떨던
별과도[5] 같이 환하게 빛나오.

오, 그 애의 인생이 아직 봉오리였을 때,
그도 역시 완벽한 장미가 되리라 예언했다오.[6]
그대 위해 그 애는 성장했고, 그대 위해
영원토록 그리고 착하고 어여쁘게 자랄 것이오.

---

4) ll. 17-24: 호된 슬픔으로 단련을 받으며 성장한 지금에 와서 돌이켜보면, 과거에 써 놓은 시들은 슬픔에 절고 회의에 빠져 믿음이 덜했던 때의 별로 가치도 없는 넋두리에 지나지 않았다는 생각이 든다.

Regret is dead, but love is more
　　Than in the summers that are flown,
　　For I myself with these have grown
To something greater than before;

Which makes appear the songs I made
　　As echoes out of weaker times,
　　As half but idle brawling rhymes,
The sport of random sun and shade.

But where is she, the bridal flower,
　　That must be made a wife ere noon?
　　She enters, glowing like the moon
Of Eden on its bridal bower:

On me she bends her blissful eyes
　　And then on thee; they meet thy look
　　And brighten like the star that shook
Betwixt the palms of paradise.

O when her life was yet in bud
　　He too foretold the perfect rose.
　　For thee she grew, for thee she grows
For ever, and as fair as good.

---

5) 주피터가 바다의 여신 쎄티스(Thetis)와 아킬레스의 아버지 필리우스(Peleus)의 결혼을 승낙했을 때 별들이 떨었다는 그리스 신화의 인유.

6) 헬럼은 세씰리아가 아직 어렸을 때 이미 그녀가 아름다운 여인으로 성장하리라고 예언했었다는 이야기.

그리고 그대는 유덕하고, 재능이 풍부하고,
점잖으며, 도량이 넓고 훌륭하고
건실하고, 그 모든 무거운 학문을
한 송이 꽃처럼 가벼이 지니고 있소.[7]

하지만 이제 시작되었소. 정오가 가까워 오니
나는 신부를 인도해야만 되겠소.
그 애는 두려워하지 않는구려, 아니 옆엔 그대가
뒤엔 내가 있으니, 그 애는 두렵지 않을 것이오.

내 무릎 위에서 그 애를 춤추게 하였고,
유모의 팔에 안긴 그 애를 지켜보았고,[8]
그 애의 온 생애 동안 해악을 막아주었던
나는 마침내 작별하여 그대에게 보내야 하는데.

이제 한 아내가 되기를 기다리고 있는데,
귀여운 동생, 그 애의 발은 사자 위에 놓이고,
사자의 구슬픈 명판들이 머리를 둘러싼 가운데,[9]
가장 생생한 생명의 말씀이[1]

그 애의 귓전에 속삭였소. 종이 울리고,
결혼 서약에 대답이 나오고, 다시
결혼 서약을 청하니, '그러겠습니다.'하는
그 애의 상냥한 대답이 그대들 둘을 하나로 만들었소.

---

7) ll. 37-40: 글래스고우 대학의 그리스어 교수였던 에드먼드 러싱턴의 뛰어난 학문과 인품.

8) ll. 45-46: 8살 위인 시인은 막내 여동생 세실리아를 무척 귀여워했다.

And thou art worthy; full of power;
As gentle; liberal-minded, great,
Consistent; wearing all that weight
Of learning lightly like a flower.

But now set out: the noon is near,
And I must give away the bride;
She fears not, or with thee beside
And me behind her, will not fear.

For I that danced her on my knee,
That watch'd her on her nurse's arm,
That shielded all her life from harm
At last must part with her to thee;

Now waiting to be made a wife,
Her feet, my darling, on the dead;
Their pensive tablets round her head,
And the most living words of life

Breathed in her ear. The ring is on,
The 'wilt thou' answer'd, and again
The 'wilt thou' ask'd, till out of twain
Her sweet 'I will' has made you one.

---

9) ll. 50-51: 신부의 발이 교회의 납골당에 묻힌 사람들을 덮은 석판 위에 놓이고, 교회의 벽에는 사자들을 기리는 명판들이 둘러져 있다는 뜻.

1) 가장 생생한 생명의 말씀(the most living words of life): 아마도 성서를 인용한 주례 목사의 설교를 의미하는 것 같다.

자 그대들의 이름을 서명하시오,[2] 아직 태어나지 않은
마을 사람들의 눈이 읽어주게 될,
이 즐거운 아침의 무언의 상징인 이름을.
두 사람의 이름이 서명되고, 머리 위에서는

살랑거리는 모든 미풍에 기쁨을 전하는
종소리가 쨍그렁 쨍그렁 울리기 시작한다.
창 없는 벽은 흔들리고, 나무의
마른 잎사귀는 종소리에 맞춰 떨고 있다.

오, 행복한 시간이, 아니 한층 행복한 세월이
그들을 기다린다. 많은 즐거운 얼굴들이
그들에게 인사를 한다—현관에서
우리에게 꽃을 던지는 들러리 소녀들이.

오, 행복한 시간이여, 내가 그 손을 넘겨준
그 사람과 함께 있는 신부를 보라.
그들은 현관을 떠나, 오늘 복된
자리를 맞이하는 무덤을 지난다.

오늘 저 무덤은 나에겐 찬란하고,[3]
그들에겐 늘어난 생명의 빛이다.
그들은 머물러 아침 피로연을 같이 하고,
오늘밤에는 바닷가에서 쉰다.

---

2) 결혼식 후에는 교회의 등록명부에 이름을 기록한다.

3) ll. 71-73: 결혼식을 거행한 교회가 밝혀져 있지 않기 때문에, 이 무덤은 어느 특정한 무덤을 가리키는 것이 아니다.

Now sign your names, which shall be read,
    Mute symbols of a joyful morn,
    By village eyes as yet unborn;
The names are sign'd, and overhead

Begins the clash and clang that tells
    The joy to every wandering breeze;
    The blind wall[4] rocks, and on the trees
The dead leaf trembles to the bells.

O happy hour, and happier hours
    Await them. Many a merry face
    Salutes them—maidens of the place,
That pelt us in the porch with flowers.

O happy hour, behold the bride
    With him to whom her hand I gave.
    They leave the porch, they pass the grave
That has to-day its sunny side.

To-day the grave is bright for me,
    For them the light of life increased,
    Who stay to share the morning feast,
Who rest to-night beside the sea.

---

4) blind wall: 창문이 없는 벽.

기분 좋은 내 모든 혼으로 하여금 나아가
　　한층 밝은 태양을 맞아 인사하게 하라.
　　내 시들어 가는 기억은 동부 프랑스의
거품 이는 포도주를 피하지 않으리라.

술이 거푸 돌고, 환상이 유희한다.
　　가슴이 달아오르고 얼굴들이 붉어진다.
　　신랑과 신부에게 축배를 들면서
우리는 그들에게 많은 행복한 나날을 빈다.

행여 내게 책망을 퍼붓지 말라, 내가
　　한층 더 조용한 한 하객을[5] 생각할지라도,
　　아마도, 아마도, 저 하객들 중에 끼어서,
비록 말은 없지만 행복을 기원할 하객을.

하지만 그들은 떠나야 한다. 시간은 다가오고,
　　저 흰색으로 치장한 말들이 기다린다.
　　그들은 일어나 머뭇거린다. 시간이 늦었다.
안녕, 우리는 입맞추고, 그들은 떠났다.

그림자 하나가 우리에게 드리운다, 마치 어둠이
　　조그만 조각 구름으로부터 초원에 내려앉듯이.
　　그러나 그 그림자 걷힌다, 우리가 밖으로 나가
숲 속을 왔다갔다 하며, 정원을 거닐고 있노라니.

5) 한층 더 조용한 한 하객(a stiller guest): 핼럼의 영혼.

Let all my genial spirits advance
    To meet and greet a whiter sun;[6]
    My drooping memory will not shun
The foaming grape[7] of eastern France.

It circles round, and fancy plays,
    And hearts are warm'd and faces bloom,
    As drinking health to bride and groom
We wish them store of happy days.

Nor count me all to blame if I
    Conjecture of a stiller guest,
    Perchance, perchance, among the rest,
And, tho' in silence, wishing joy.

But they must go, the time draws on,
    And those white-favour'd horses wait;
    They rise, but linger; it is late;
Farewell, we kiss, and they are gone.

A shade falls on us like the dark
    From little cloudlets on the grass,
    But sweeps away as out we pass
To range the woods, to roam the park,

---

6) a whiter sun: 한층 밝은 태양(a brighter sun).

7) The foaming grape: 거품 이는 포도주.

그들의 혼담이 어떻게 익어 갔는지 이야기하고,
　　결혼한 다른 사람들에 대해서도 이야기하고,
　　신부 모습이 어떠했고 신랑이 무슨 말을 했는지
이야기하고 나서, 이슬이 내릴 때 우리는 돌아온다.

다시 잔치가 벌어지고, 담소와 축가,
　　스쳐 가는 사념의 그림자, 풍부한
　　말과 기지, 두 사람을 위한 건배,
더없이 즐거운 술잔, 거듭되는 건배와 환호,

그리고 마지막엔 춤—내가 자리를 뜰 때까지.
　　그렇게도 큰소리치던 저 탑은 말이 없고,
　　높은 하늘엔 흘러가는 구름,
그리고 언덕 위엔 솟아오르는 불덩이 하나.[8)]

오, 달이여, 저 너머 언덕에서 돋아 올라라,
　　그리하여 언덕을 넘고 계곡을 건너서
　　밤새도록 빛나는 연무(煙霧)를 몰고서
고요히 불이 켜진 도회를 지나고,

백벽토 바른 연회장과 반짝이는 실개천을 지나,
　　모든 산마루들을 비춰라. 그리고
　　언덕 사이로 그들의 잠든 은빛 물결을
가지쳐 뻗어 나가는 하구를 비춰라.

8) 솟아오르는 불덩이 하나(a rising fire): 솟아오르는 달.

Discussing how their courtship grew,
　　And talk of others that are wed,
　　And how she look'd, and what he said,
And back we come at fall of dew.

Again the feast, the speech, the glee,
　　The shade of passing thought, the wealth
　　Of words and wit, the double[9] health,
The crowning cup, the three-times-three,[1]

And last the dance;—till I retire:
　　Dumb is that tower which spake so loud,
　　And high in heaven the streaming cloud,
And on the downs a rising fire:

And rise, O moon, from yonder down,
　　Till over down and over dale
　　All night the shining vapour sail
And pass the silent-lighted town,

The white-faced[2] halls, the glancing rills,
　　And catch at every mountain head,
　　And o'er the friths[3] that branch and spread
Their sleeping silver thro' the hills;

---

9) the double: to the double; to the couple just married.

1) the three-times-three: 거듭되는 건배와 환호.

2) white-faced: 치장용 흰색 벽토를 바른.

3) friths: firths 강어귀, 내포.

그리고 그림자로 신방의 문을 어루만지고,
부드러운 어둠으로 지붕과 벽을 어루만져라.
그리고 부서져 광채가 내리게 하여,
그들이 쉬며, 바다가 파도소리를 내는

모든 행복한 바닷가를 빛나게 하라,
그러면, 별과 태양계는 굴러가고,
광막함에서 한 영혼이 빠져나와
그의 존재를 한정된 영역내에 두게 되고,

그리고는, 한층 낮은 단계의 삶을 다 거쳐서
사람이 되어, 태어나서 생각하고,
행동하고 사랑하리라, 우리들과
눈을 맞대고 지식을 쳐다볼 저 훌륭한 자손들 사이를

한층 더 밀접하게 맺어주는 사람이.
「지구」와 「지상」의 것이 그들의 지배하에 있고,
그리고 그들의 손안에는
한 권의 펴놓은 책과 같이 「자연」이 있다.

그들은 더 이상 짐승과 반혈족(半血族)이 아니다,
우리가 생각하고 사랑하고 행했던 모든 것,
우리가 바라고 겪었던 모든 것은 다만
그들에게선 꽃과 열매인 것의 씨앗일 뿐이며,4)

---

4) ll. 123-26: 결혼 첫날밤에 영혼과 육체의 결합으로 한 아이가 생길 터인데, 그 아이는 지극히 낮은 동물의 단계에서부터 발전을 거쳐 생각하고 행동하고 사랑하는 사람으로 태어날 것이다. 그리고 짐승과는

And touch with shade the bridal doors,
With tender gloom the roof, the wall;
And breaking let the splendour fall
To spangle all the happy shores

By which they rest, and ocean sounds,
And, star and system rolling past,
A soul shall draw from out the vast
And strike his being into bounds,

And, moved thro' life of lower phase,
Result in man, be born and think,
And act and love, a closer link
Betwixt us and the crowning race

Of those that, eye to eye, shall look
On knowledge; under whose command
Is Earth and Earth's, and in their hand
Is Nature like an open book;

No longer half-akin to brute,
For all we thought and loved and did,
And hoped, and suffer'd, is but seed
Of what in them is flower and fruit;

반혈족(半血族)이 아닌 그가 우리를 앞으로 태어날 훌륭한 자손들과 밀접하게 맺어줄 것이기에, 우리가 지상에서 경험하고 바라는 모든 것이 씨앗이 되어 장차 그들과 함께 꽃을 피우고 열매를 맺게 될 것이다.

나와 함께 이 혹성을 밟았던 그 사람은
　　시간이 채 성숙되기도 전에 나타나는
　　그것의 한 훌륭한 전형이었다,
하느님 안에 살고 있는 나의 그 친구는,

항상 살아 계시며 사랑하시는 하느님 안에,
　　모든 천지 피조물이 향해 가는
　　하나의 하느님, 하나의 법칙, 하나의 근원,
하나의 멀리 있는 성스런 사건인 하느님 안에.[5]

(1842년)

---

5) ll. 137-44: 이와 같이 세씰리아와 러싱턴의 결혼을 축하하는 이 시는 러싱턴에게 건네는 말에서 시작해서 핼럼에 대한 말로 종결된다. 테니슨은 위의 123-36행에서 우리가 기대한 그런 인물의 전형이 바로 핼럼과 같은 사람이고, 그는 항상 살아 있고 사랑하는 신과 혼효되어 있다고 믿는다. 그리고, 이것은 곧 우리의 삶의 소망과 목적은 궁극적으로 하느님과 혼효된 핼럼과의 합류에 의해서만 성취될 수 있다는 테니슨의 굳은 신념을 강력하게 시사한다.

Whereof[6] the man, that with me trod
This planet, was a noble type
Appearing ere the times were ripe,
That friend of mine who lives in God,

That God, which ever lives and loves,
One God, one law, one element,
And one far-off divine event,
To which the whole creation moves.

(1842)

6) Whereof: 《관계사》 그것의, 그것에 대하여.

테니슨 연보

1809 8월 6일, Alfred Tennyson, Lincolnshire의 주도 Lincoln에서 약 37km 떨어진 외딴 마을 Somersby에 있는 목사관에서, 아버지 George Clayton Tennyson(1778-1831) 목사와 어머니 Elizabeth Fytche Tennyson(1781-1865)의 8남 4녀 중 4남으로 출생. 할아버지 George Clayton Tennyson(1750-1835)은 변호사 출신의 큰 자산가였으나, 차남 Charles(1784-1861)에게 상속하여 테니슨의 아버지는 시골 목사로 빈곤한 가정을 꾸려나감. 따라서 시와 음악적 재능이 뛰어났던 시인의 남매들은 대부분 교육도 제대로 못 받고 불우한 어린 시절을 보냄.

1816-20 두 형들 Frederick과 Charles와 함께 외가에 의탁되어 Louth Grammar School에 다님. 10세 경에 벌써 Pope를 모방하여 수백 행의 시를 씀.

1820 고향으로 돌아와 형들과 함께 아버지로부터 고전, 언어, 미술, 수학, 자연과학 등을 배움. Spenser, Shakespeare, Beaumont and Fletcher, Milton, Pope, Bunyan, Burke, Thomson, Collins, Gray, Campbell, Goldsmith, Addison, Swift, Defoe, Byron, Scott, 그리고 Cervantes 등을 읽음.

1823 선과 악의 대립을 주제로 한 무운시 *Armageddon*, *The Coach of Death*와 희곡 *The Devil and the Lady* 발표.

1824 아버지의 건강 악화.

어느 날 Byron이 죽었다는 소식에, 뒷동산의 모래밭에다

“BYRON IS DEAD.”라 써놓고 슬퍼함.

1827 형 Charles와 함께 *Poems by Two Brothers* 출판, *Literary Chronicle*로부터 긍정적인 평가를 받음.

11월, Charles와 함께 Cambridge의 Trinity College에 입학, 둘째 형 Frederick과 합류.

1828 10월, Arthur Henry Hallam(1811-33), Trinity 입학.

1829 5월, James Spedding이 창설한 학생 토론 단체인 “The Apostles”에 가입. 여기서 테니슨과 Hallam은 서로 깊은 영향을 끼치는 두터운 우정을 맺게 됨.

6월, 대학 시경연대회에서 *Timbuctoo*로 총장상 받음.

Arthur Hallam, 여름 방학 때 Somersby에서 테니슨의 여동생 Emily를 처음 만나서 사랑에 빠짐.

1830 6월, *Poems, Chiefly Lyrical* 출간. Leigh Hunt와 Hallam의 호평을 받았고, S. T. Coleridge의 관심을 끔.

7~9월, Arthur Hallam과 함께 프랑스 Pyrenees 방문. 당시 종교재판소와 스페인의 Ferdinand왕의 폭정에 항거하는 저항단체 지도자 Torrijos에게 지원금 전달.

1831 2월, 아버지의 병환으로 학업을 중단하고 귀향.

3월, 아버지 사망. 신임 목사의 배려로 테니슨 일가 1837년까지 Somersby 목사관에 거주.

1832 5월, ‘Christopher North’(John Wilson)가 *Blackwood’s Magazine*에서 *Poems, Chiefly Lyrical*을 혹평하고, 테니슨을 “Cockney School”의 일원이라고 조롱.

Arthur Hallam, 아버지의 권유에 따라 Cambridge를 떠나 런던의 기숙 법학원 Lincoln’s Inn으로 옮김.

7월, Arthur Hallam과 함께 Rhine 계곡을 여행.

12월, *Poems* (1832, dated 1833) 출간.

1833 Arthur Hallam과 Emily Tennyson 약혼.

4월, J. W. Croker가 *Quarterly Review*에서 *Poems*(1833)를 공격한 충격으로 소위 "10년간의 침묵(Ten Years' Silence)" 시작됨.
9월 15일, Arthur Hallam, Vienna에서 요절.
10월, Arthur Hallam을 애도하는 시(*In Memoriam*)를 단편적으로 쓰기 시작. 이후 1849년까지 이어짐.
12월, Hallam 유해 귀국, Clevedon 교회에 안장됨.

1834 Rosa Baring과 1년 남짓 사랑을 나눔.

1835 2월, Spedding의 집에서 Edward FitzGerald를 만남.
할아버지 사망.

1836 5월, 형 Charles가 Louisa Sellwood와 결혼하고, 테니슨은 그녀의 동생 Emily와 사랑하게 됨.

1837 테니슨 일가 Somersby를 떠나 런던 근교 Epping Forest의 High Beech로 이주.

1838 Emily Sarah Sellwood와 약혼.

1839 Gladstone, Rogers, Carlyle, Forster, Landor, Macready 등과 교류.

1840 Emily Sellwood 부친의 경제사정으로 약혼 파기.
테니슨 일가 Tunbridge Wells로 이주. 건강 악화.
Dr. Allen의 목각업(木刻業)에 투자.

1842 Hallam과 약혼했던 Emily, 해군대령 Richard Jesse와 결혼.
5월, "10년간의 침묵"을 깨고 *Poems* 출판.
10월 14일, 동생 Cecilia, Glasgow 대학 교수 Edmund Lushington과 결혼. 두 동생 Arthur와 Septimus, 형 Frederick과 함께 이탈리아 여행. Boxley에서 Cheltenham의 Belle Vue Place 6번지로 이주.

1843 Dr. Allen의 사업 도산으로 전재산을 잃어 Emily와의 결혼무산. 건강악화로 수치료원(水治療院)에 입원가료.

1844 William Mary Howitt 부부와 사귐.

1845 Aubrey de Vere와 사귀고, 그를 통해 William Wordsworth를 만남. 친구들의 도움으로 Sir Robert Peel이 제공하는 연간 ₤200의 민간연금을 받기 시작.

1846 출판업자 Moxon과 함께 스위스 방문.

Charles Dickens, Coventry Patmore와 사귐.

1847 독자와 비평가들 점점 테니슨과 그의 작품에 관심을 보이기 시작. 12월, 장편 교훈시 *The Princess* 발표.

1848 *The Princess*의 인기상승에 고무되어 Arthur왕 전설에 관한 서사시를 다시 계획. 이를 목적으로 Ireland, Cornwell, Devon을 방문. Ireland에서 Aubrey de Vere와 the Knight of Kerry를 만나고, 돌아오는 길에 런던에서 Ralph Waldo Emerson을 만남.

1849 건강상태 계속 나쁨.

런던, Leicestershire, Cheltenham, Scotland 고산지대, Burns의 고장, 그리고 Lincolnshire 방문.

F. W. Robertson, S. Dobell, F. T. Palgrave와 교분.

테니슨의 작품이 모든 계층에게 인기 증대.

수입 호조로 Emily Sellwood와의 관계 회복 시도.

1850 2월, *In Memoriam*의 분실된 원고(a long butcher-ledger-like book)를 Coventry Patmore가 테니슨이 묵었던 Mornington Place의 하숙집에서 찾아줌.

5월, 원제 *The Way of the Soul*을 Emily Sellwood의 제언에 따라 *In Memoriam A. H. H.*로 바꿔 익명으로 출판하여 대성공. 초판 5,000부가 2~3주만에 매진되고, 6월에 재판, 11월말에 3판이 출판되었고, 이 기간에 최소 60,000부가 판매되는 쾌거를 거둠.

6월 13일, Drummond Rawnsley 목사의 주례로 Shiplake에서 Emily와 결혼. 신혼여행 중 Clevedon으로 Hallam의 무덤을 방문. 신혼여행지 Coniston의 Tent Lodge로 Carlyle, de Vere, Patmore가 찾아옴.

11월, Wordsworth를 승계하여 계관시인이 됨.

1851 2월, 계관시인이 된 후 여왕 첫 알현을 위해 상경.

3월 6일, Queen Victoria 알현.

3월 6일, Henry Taylor의 소개로 Twickenham 소재의 Chapel House 임대계약 체결.

4월 20일, Emily, 첫 아들 사산.

테니슨 부부가 충격에서 벗어나자 Carlyle, Patmore, Brookfield, 젊은 화가 John Millais, Tom Taylor, William Allingham, Henry Hallam 부부 등이 찾아옴.

6~10월, 테니슨 부부 파리를 거쳐 이탈리아로 여행, Genoa, Florence, Lombardy 평원, Milan 등지를 방문. 귀국 길에 파리에서 Robert Browning 부부와 재회.

1852 8월 11일, 차남 Hallam 출생. 10월 5일, 세례 받음.

9월, Wellington 공작 사망.

11월 18일, 추모시 "Ode on the Death of the Duke of Wellington" 발표.

1853 11월, Isle of Wight의 Farringford를 임대하여, 이주.

이곳에서 테니슨 부부는 결혼 이후 처음으로 조용하고 행복한 생활을 즐겼으나, 곧 친구들이 찾아오기 시작. 밤이면 Emily에게 Homer, Virgil, 그리스의 극작가들, Plato, 성서, Molière, Goethe, Dante, Hazlitt, Theocritus, Catullus, Chaucer, Gray, Coleridge, Shelley, Thackeray, Lucretius 등을 읽어줌. 또한 Benjamin Jowett의 영향으로 형이상학과 Spinoza, Berkeley, Kant, Schlegel, Fichte, Hegel 등의 철학도 연구하기 시작.

1854 3월 16일, 삼남 Lionel 출생.
"The Charge of the Light Brigade" 발표.
6개월 간 *Maud; A Monodrama*의 집필에 매달림.

1855 1월, 젊은 미국 시인 Frederick Tuckerman 접견.
6월, 명예 법학박사 학위를 받으러 Oxford 방문.
7월, *Maud* 출판. 열렬한 찬양과 신랄한 비난을 받음.
런던의 Kensington에 있는 Thoby Prinsep의 저택에서 Browning, George Eliot, Gladstone, Disraeli, Ruskin, Rossetti, F. D. Maurice, Holman Hunt 등과 교류.
9월 27~28일, 2일간 *Maud*의 열렬한 찬양자들인 Browning 부부와 지내면서 그들의 위로를 받음.
Rossetti 형제가 같이 한 자리에서, 새벽 2시까지 이 시를 처음부터 끝까지 낭송하는 열정을 보임. "정말, 그것은 멋지고, 부드럽고, 아름다웠어요. 그분은 풍금과 같은 음성, 말이라기보다는 음악으로 아주 절묘하게 읽으셨어요"—Elizabeth Browning.
Maud 두 번 발행, *In Memoriam* 제 6판, *Poems*(1842) 제 10판 발행.
가을, Arthur 왕 전설을 다룬 서사시를 위한 자료 수집차 Glastonbury, Salisbury, Amesbury, New Forest 등지를 여행. Mallory, Geoffrey of Monmouth, Wace, Layamon과 Wales의 중세 기사 모험담집 *Mabinogion*을 읽음.

1856 *Maud* 제 3판, *In Memoriam*과 *The Princess* 제 7판 발행, 출판 수입 ￡2,000에 달함.

1857 *Maud* 제 4판 발행. 3월말, 1854년에 시작한 낭만 전원시 중 한 편인 *Merlin* 이야기 완성.
5월, Moxon을 방문하여 *Poems*(1842)의 Illustrated Edition 인세를 ￡2,000로 약정. Farringford 매입.

6월, 빅토리아 여왕의 부군 Albert 왕자(Prince Consort)가 Farringford를 방문.
신혼여행 때 묵었던 Coniston에 있는 Marshall의 집 Tent Lodge에서 여름휴가를 보내고, 귀로에는 Manchester에 들러 Woolner의 안내로 Gainsborough, Turner, Holman Hunt, Mulready 등의 작품이 전시된 회화전람회를 관람.
10월, Inverary의 정치가, 웅변가, 과학자인 George Campbell, Eighth Duke of Argyll의 저택에 체류.
10월 하순, 3개월간의 여행 끝에 Farringford로 귀환.
방문객이 뜸한 동안 Emily를 위한 독서 재개. 그의 독서 목록은 성서, Walt Whitman의 *Leaves of Grass*, Lucretius, Beranger, Juvenal, Hegel, Bede의 *Ecclesiastical History*, Brown의 *Atomic Theory*, Lewes의 *Goethe*, Motley의 *Rise of the Dutch Republic* 등 다양.

1858 1월, Algernon Swinburne의 방문.
2월 20일, Lord Dufferin으로부터 *Letters from High Latitudes*를 받음. 약관 30세인 Lord Dufferin은 후일 영국 역사상 가장 뛰어난 외교관 및 총독이 된 인물로, 그는 이 작품에서 테니슨을 통해서 시를 알게 되고 새로운 세계가 열렸다고 고백.
4월, 근처 Freshwater Bay의 한 호텔에 투숙 중이던 당대의 유명한 물리학자이자 자연철학자인 John Tyndall과 절친한 우정을 맺게 됨.
3월 15일, *Guinevere* 탈고. *Sea Dreams* 완성.
The Grandmother 집필.
Lancelot and Elaine 구상.
6월 3일, 출판업자 Edward Moxon 사망.
7월, 전 가족 Little Holland House에 잠시 머문 뒤, 북쪽

Grasby에 가서 Sellwood 가족, 형 Charles 부부와 함께 머물고 있는 막내 동생 Horatio를 만남.

7월 23일, 심한 폭풍 속에 선편으로 Copenhagen 방문길에 오름. 북해의 큰 파도가 *Lancelot and Elaine* 이야기에 좋은 비유를 제공해줌.

8월말, 귀가하여 F. D. Maurice를 맞이함.

겨울, *Lancelot and Elaine*이 끝나가는 참에 Arthur의 아버지의 사망 소식을 접하고, 며칠 밤은 Emily에게 *In Memoriam*을 읽어주면서 슬픔을 달램.

1859 2월, *Lancelot and Elaine* 탈고.

5월, 인도 폭동이 아직 진행중이고 Napoleon 3세의 위협적 언행으로 반 프랑스 감정이 팽배해 갈 즈음, 5월 9일자 *The Times*에 게재된 테니슨의 "Riflemen, Form"이 국가방위를 위한 국민정신을 고양시킴.

7월, *Lancelot and Elaine*의 제목을 *Idylls of the King*으로 바꿔 출판. 초판 발행 첫 주에 10,000부가 판매됨.

8월, Palgrave와 함께 Portugal, Spain, North Africa 등지를 두루 여행. Lisbon의 호텔 숙박명부에 "E. Tennyson"이라고 적었으나 신분이 곧 밝혀져, Portugal 왕의 의전관이 직접 찾아왔고 후일 Portugal 수상이 된 Saldanha 공작도 찾아와 "누가 영국의 계관시인을 모르겠습니까?"라고 외쳤다는 일화가 있음.

예정보다 일찍 귀국한 테니슨은 Francis Turner Palgrave와 함께 New Forest에 들렀다가 Cambridge에서 2~3일 체류. 이때 25년 후 밀접한 관계를 맺게 될 Alexander Macmillan을 만남.

1860년 판 *Idylls of the King*의 인세 ￡4,500에 달함.

1860 2월, Catullus의 운율을 따서 Boadicea를 주제로 쓴 시를

Argyll 공작에게 처음부터 끝까지 낭송해줌.
3월, 가족들 백일해에 걸려 몇 주 동안 격리생활. 특히 Twickenham 시절부터 알고 지내는 Julia Margaret Cameron은 아예 근처 Freshwater Bay에 정착하여 테니슨가를 도와줌. 인물 사진의 선구자 중의 한 사람이며 적극적이고 활동적인 예술애호가인 그녀는 극성스런 테니슨 옹호자로서 많은 도움을 주었음.
여름, Palgrave와 Holman Hunt와 함께 Arthur왕 전설과 관련이 있는 Cornwall로 도보여행.
12월, 여행 중 양인의 의견일치로 구상한 최고의 명시 선집인 Palgrave의 *The Golden Treasury* 탄생.

1861 2월, 방언시 "The Northern Farmer—Old Style"을 씀.
5월, 명예 문학박사 학위를 받으러 Cambridge에 갔다가 심계항진증(心悸亢進症)을 일으켜 즉시 돌아옴.
Hallam과 Lionel의 가정교사로 젊은 Cambridge 출신 Graham Dakyns를 맞이함.
6월 29일, Mrs. Browning, Florence에서 사망.
6~9월, 전 가족을 데리고 가정교사 Dakyns와 A. H. Clough와 함께 Pyrenees 여행. 9월 8일 Dakyns와 함께 Cauteretz 계곡을 통과하면서 느꼈던 감회를 바로 "In the Valley of Cauteretz"라는 서정시로 담아냄.
9~11월, Pyrenees 여행에서 돌아와 3편의 주문시 씀.
12월, 빅토리아 여왕 부군 Prince Consort 서거.

1862 1월, *Idylls of the King*을 Prince Consort에게 헌정.
1월 16일 Alice 공주의 감사편지를 받음.
4월 14일, Argyll 공작 주선으로 Osborne에서 여왕을 접견하고 위로. 여왕은 Prince Consort가 *In Memoriam* 속의 Arthur Hallam과 같다며 그 시에서 성서 다음으로 큰 위안을 얻는다 함.

*Maud*와 *Idylls of the King*의 성공 이후 은거생활을 하는 테니슨에게 쏠린 관심과 여왕을 접견하고 나서의 전국적인 호기심이 테니슨을 괴롭히기 시작. Freshwater Bay 주변에는 하숙집이 늘어나고, 테니슨은 육필 원고수집가의 표적이 됨.

여름, 2륜 마차를 세내어 Palgrave와 함께 Derbyshire 북부의 연봉(連峰), Dovedale, Buxton, Yorkshire 골짜기 등지로 320km에 걸친 여행을 즐김.

Maud 제 9판, *In Memoriam* 제 11판 발행.

미국 문학 강연 ￡20,000 제의를 거절.

Enoch Arden 완성.

7월, Coventry Patmore의 부인 폐병으로 사망.

Patmore를 돕기 위한 모금을 제의했던 것이 화근이 되어, 두 친구지간이 멀어져서 편지왕래조차 끊어짐.

1863 1~2월, Oxford의 Oriel 대학 Benjamin Jowett 교수의 영국 교회의 편협한 독단주의를 비판하는 *Essays and Reviews*에 대한 공방 일어남. 3월 6일, 여왕의 요청으로 Prince of Wales와 덴마크 Alexandra 공주의 결혼을 축하하는 시 "A Welcome to Alexandra"를 지어 보냄.

5월, 전가족이 Osborne에서 여왕을 알현.

6월 10일, Eton의 6학년 학생인 Robert Bridges (George 5세 때 계관시인)가 *The Princess*의 한 구절을 낭송한 상품으로 초상화와 육필을 받게 되어 고맙다는 편지를 보내왔으나, 테니슨은 그런 사실이 없다고 답장.

6~7월, Clapham의 유명한 고전문법학교 교장직에서 은퇴하고 잠시 Freshwater에 와 있는 당대의 가장 위대한 천문학자이자 별 촬영의 선구자인 Charles Pritchard(1870

년 Oxford의 천문학 교수가 됨)와 친교. Pritchard는 과학과 종교의 조화를 꾀하는 데 헌신했었으므로, 분명 시인에게는 둘도 없는 동반자였음.

12월, 소설가 William Makepeace Thackeray 사망.

2주 후 런던에 있는 Thackeray의 두 딸들을 위로 방문. Mrs. Thackeray, 시인이 운명하는 날까지 자주 찾아옴.

1864 *Idylls of the King* 제 6판 발행.

2월, 런던에 머물면서 Argyll 공작부부, Froude, John Tyndall, Gladstone 등과 교류.

4월 8일, 이탈리아 통일을 주도한 Giuseppe Garibaldi (1807-82), Farringford로 시인을 예방.

8월, *Enoch Arden and Other Poems* 출판. 예상을 뒤엎고 지금까지 출판된 시집 가운데 가장 인기가 높아, 순식간에 40,000부가 판매되는 이변을 낳음.

*Enoch Arden*의 대성공으로 테니슨 가족 Arthur왕 전설과 밀접한 관계가 있는 Brittany로 6주간의 하계 대륙 여행. Boulogne, Paris, Le Mans, Nantes, Varennes, Carnac, Quimper, Morlaix, Lannion, Mont St. Michel, Avranches, Bayeux, Caen, Honfleur 등을 거쳐서, 30년 전 Arthur Hallam과 함께 여행했던 Rouen까지 방문.

1865-66 *In Memoriam* 3판, *Maud* 3판, *The Princess* 2판 발행.

1865 1월, 남작 작위수여 거절.

2월 22일, 시인의 어머니 사망. 2~3일 후 어머니와 동거하던 이모 Mary Anne Fytche 사망. 2~3주 후 Trinity 시절 옛 친구 Stephen Spring-Rice 사망.

5월, Gladstone의 설득에 따라 Hallam과 Lionel을 국립학교에 들어갈 사전교육을 위해 Dorsetshire주 Baillie에 있는 Charles Kegan Paul에게 보냄. 구약성서 중 그가 특히 좋아하는 『욥기』, 『이사야서』, 『아가(雅歌)』를 원문으로 읽기 위해 히브리어 공부에 몰두.

7월 말, Farringford에서 Brighstone의 절벽에서 파낸 공룡 화석을 함께 보러 간 적이 있었던 유명한 박물학자 Sir Richard Owen을 맞이함. Owen을 싣고 오는 배가 Baillie에서 첫 휴가를 맞은 아이들을 싣고 옴.

8~9월, 아이들의 첫 휴가를 이용해서 벨기에와 독일로 대장정의 여행. 1주일 간 Waterloo 전적지를 둘러본 후, 룩셈부르크와 독일 Moselle 강변 도시 Treves를 거쳐 Schiller와 Goethe의 묘가 있는 Weimar 방문.

9월 22일, Hallam과 Lionel의 개학에 맞춰 귀가.

쌘드위치 군도(하와이 군도)의 Emma 여왕 일행, Honolulu에 세울 성당축성기금 마련차 Farringford를 방문.

10월 2일, Emma 여왕 일행 떠남.

12월, 영국 학술원(1662년 창립) 가입을 위해 런던 방문 중에 많은 친구들을 만나고 새 친구 식물학자 Joseph Hooker와 Martin Tupper, 주임사제 Milman을 사귐.

사진작가 Thomas Woolner 집에서 베푼 만찬에 유명한 Bristol 의사 A. Symonds 부자, Gladstone과 함께 참석. 이 무렵 Woolner의 소개로 Norman Lockyer를 알게됨. 그는 Hampstead의 뜰에 6인치 적도의(赤道儀)를 설치하고 천문학에 관심 있는 사람들을 맞이하였고, 이후 20년간 테니슨은 이곳에 들러 새로운 천문학적 발견과 이론을 토론. 테니슨의 해박하고 정확한 지식에 친구들은 항상 놀람. Lockyer 집에서 아프리카 탐험가 Thomas Baines와 박물학자이자 무신론자이고 염세적 철학자인 Winwood Reade를 만남. Reade의 *Martyrdom of Man*은 테니슨에게 강한 영향을 끼침.

Jowett 교수 성탄절 손님으로 Farringford에 옴.

1866 1월, Hallam을 Marlborough에 보내기로 결정.

1월, Marlborough의 교장 Bradley외에 찾아온 방문객들로는 가장 저명하고 가장 유쾌한 Trinity 교수 중의 하나인 W. G. Clark, 런던 광역철도 설계자 John Fowler, 음악사가 George Grove, 약관 34세로 Harrow 교장을 6년간 지냈고 후에 유명한 Trinity의 스승이 된 Montague Butler, 전 가정교사 Graham Dakyns 등.

2~3월, 테니슨 부부 Lionel과 함께 런던 Kensington에 있는 Emily의 고모 Lady Franklin 댁에 6주간 체류. 이때 만난 친구들—Gladstone, Browning, Spedding, Edmund Lushington, Lord Dufferin, Argyll 공작 부부, F. D. Maurice, Holman Hunt, Norman Lockyer, Woolner, Palgrave, Carlyle 부부 등등.

5월 1일, Hallam을 Marlborough에 입학시키고, 1주일간 Bradley 교장 부부와 지냄.

7월, 가족과 함께 New Forest에서 보냄. Lymington 세관에 근무하는 William Allingham과 함께 특히 시냇가를 많이 산책.

9월, 동생 Septimus 사망.

10월, George Grove와 작곡가 Arthur Sullivan이 독일풍의 연가(連歌) 제작 협의차 내방. 세 사람은 새벽 2시까지 죽음과 내세, 신과 인간, 그리고 초월적인 주제에 관해서 이야기를 나눔.

10월, Jamaica 위원회에 의해서 살인죄로 고발된 Eyre 총독을 위한 변호기금 기탁.

11월, 미국에서 귀국한 Bayard Taylor를 맞아 *Guinevere*를 끝까지 읽음. 그는 "어떻게 선생은 영원한 명성을 장담 못한다고 하십니까? . . . 이 시는 오직 이 시가 씌인 언어와 함께 사멸할 것입니다."라고 극찬.

1867 2월 14일, Osborne에서 여왕을 알현하고 정치 현안에 대해서 기탄없는 대화를 나눔.

3월, 폐출혈 증세로 위독한 Hallam을 Marlborough에 가서 Farringford로 데리고 옴.

Mrs. Gilchrist의 소개로 Haslemere에서 5.6km 떨어진 곳에 좋은 별장 자리를 마련하고, 젊은 건축가 James Knowles가 고딕양식의 저택 Aldworth를 설계.

Allingham과 함께 Dorchester에서 Dorset의 시인 William Barnes를 만나고, Palgrave와 함께 Jane Austin의 소설에 묘사된 지역을 답사.

가을, 장인 Sellwood 사망.

겨울, Benjamin Jowett과 Charles Pritchard의 영향으로 형이상학에 관한 관심이 증대되고, 철학적 문제와 종교적 문제에 한층 명쾌한 생각을 갖게 됨.

1868 3월, 성배탐색의 일화를 담은 낭만 전원시 "Idyll"을 착수하고, *Memoir*의 초반부의 산문 원고를 작성.

Moxon 출판사와 37년간의 계약관계 파기하고, Alexander Strahan과 출판계약 체결.

4월 23일, Shakespeare의 탄생일에 Mrs. Gilchrist, Sir John Simeon 부부와 그들의 딸이 참가한 가운데 저택 "Aldworth" 정초(定礎).

7월, Lionel을 Marlborough에서 Eton으로 보냄. Arthur Hallam의 하숙집을 둘러본 후, Emily와 함께 Ross, Tintern, Chepstow, Caerphilly, Cardiff, Bath 등지 여행.

8월 중순, Ethiopia의 불운한 Theodore왕의 어린 왕자 Alamayu가 Freshwater에 머물기 위해 찾아옴. 영국 군대가 Magdala 요새를 침공했을 때 부왕이 자살한 이 어린 왕자를 테니슨 부부가 위로하고 보살펴줌.
9월 15일, *The Holy Grail* 초고 완성.
9월 23일, Lionel을 Eton에 데려다주고, 후일 Eton의 교장이 된 Edmond Warre에게 *The Holy Grail*을 큰 소리로 읽어줌.
11월 19일, Browning이 이 *The Holy Grail*을 일컬어 "highest and best"라고 극찬.
12월 2~12일, Frederick Locker 주선으로 파리 여행.
12월 하순, Arthur왕 이야기에 "Morte d'Arthur" 일화를 추가하기 위해 펜을 들었으나, 진척되지 못함.
12월 말, Moxon 출판사와의 관계 완전청산, 그러나 Mrs. Moxon에게는 ￡1,500를 주고 익명으로 매년 연금조로 ￡100~200씩 지급하기로 함.

1869 Allingham이 세관을 그만두고 시에 전념하도록 해주기 위해 Gladstone과 협의하여 민간연금을 제공하기로 결정.
4월 21일, The Metaphysical Society에 가입하고 그 결성 모임에 참가.
2월 말, *The Coming of Arthur* 완성.
5월 중순, *Pelleas and Ettarre* 집필.
6~7월, Frederick Locker와 한 달간 스위스 여행.
12월, *The Holy Grail and Other Poems*(1870) 출판. 비평가들의 찬반양론이 비등하는 가운데, 1870년 출판 수입이 ￡10,000를 기록. 성탄절에는 Farringford에 많은 손님들이 몰려와 연회와 춤이 벌어지고, Mrs. Cameron의 "Dimbola" 극장에서는 당대의 작가 Gilbert, Robertson, Tom Taylor 등의 작품이 공연됨.

1870 5월 23일, Sir John Simeon 장례식에 참석. 그의 정원

에서 애도시 "In the Garden at Swainston"을 지음.
6월 14일, Westminster Abbey에서 거행된 Charles Dickens의 장례식에 참석.
7월 말, 독-불 전쟁 포고.
여름, Aldworth에서 첫 손님을 맞이함.

1871 2월, Jowett의 *Plato* 출판되자마자 성공. Thoby Prinsep 일가가 Farringford 근처의 Freshwater에 정착하기로 결심.
5월, Tristram의 일화를 다룬 *The Last Tournament* 완성하여 출판사에 보냄.
6월 초, Aldworth로 이주. 문학계에 이제 막 알려지기 시작한 젊은 문인 Edmund Gosse를 알게 됨.
7월, 20년 전에 그의 "Wellington Ode"를 불리하게 비평했던 G. H. Lewes와 사귀었고, 그를 통해 여류소설가 George Eliot을 알게 됨.
8월, Hallam을 데리고 3주간 북 웨일즈 지방 여행.
9월, 형 Charles 부부 내방.
11월, 뉴욕의 한 편집인으로부터 ￡1,000에 3연시 한 편을 써달라는 제의를 받고, "England and America in 1782"라는 시를 지어서 보냄.
11월, *Gareth and Lynette* 집필 시작.
12월, Knowles가 편집인으로 있는 *Contemporary Review*에 고료 ￡500에 *The Last Tournament* 발표.
12월, 성탄절부터 시작해서 이듬해 초까지 Cameron 부인의 "Dimbola"와 테니슨의 Farringford를 오가며 거의 연일 연회가 벌어지고, 테니슨은 정열을 발휘함.

1872 4월 말, Lady Charlotte Locker 사망.
8월 7일, Emily와 두 아들 데리고 파리 여행.
2~3일 후, Hallam은 불어를 공부하도록 남겨두고 나

머지 가족과 남부지방 여행. Aix에서는 Lionel과 함께 1,829m의 Dent du Chat 등반 후 Geneva, Lausanne, Amiens을 거쳐 1개월만에 귀국.

9월, *Gareth and Lynette*의 출판 준비에 열중.

10월, *Imperial Library Edition of the Works* (1872-73) 출판. 발시에는 Prince of Wales의 병세 회복을 축하하는 내용과 독-불 전쟁을 보면서 언젠가 있을지도 모르는 대륙의 공격에 대비하여 영국이 해외 영토로부터 도움을 받아야 한다는 시인의 견해를 천명한 시가 실림. 여왕과 카나다의 총독 Lord Dufferin에게서 시인의 충정을 높이 사는 감사의 편지를 받음.

1873 2월 26일, *Idylls of the King*을 여왕에게 헌정.

3월 6일, Albert왕자 대릉을 참배하기 위해 Frogmore 방문, 여왕이 친히 안내하며 일일이 설명해줌. 이 왕자릉 참배가 있은 지 2~3일 후, 여왕이 Westminster Abbey 주임사제 Stanley와 Mr. Locker를 통해 남작 작위 받을 의사가 있는지 여부 타진해옴. 수상 Gladstone이 친구로서 테니슨에게 작위를 내리고자 서둘렀지만, 세습작위가 아님을 핑계로 거절.

1874 1월, Trinity에서 사귄 친구 W. H. Brookfield 사망.

봄, Farringford에서 비교적 조용히 지내는 가운데 W. G. Ward와의 우정이 무르익음. Balliol의 교수인 Ward는 Jowett과 Arthur Stanley와 함께 영국 국교회의 자유를 위해 투쟁한 바 있고, 사제서품을 받았으며 John Henry Newman의 영향을 받아 Oxford Movement (1833년경부터 Oxford 대학에서 일어난 카톨릭주의 종교 운동)에 가담한 "a combination of Socrates and Falstaff"라고 일컬어지는 인물이었음.

Henry Irving(1838-1905)이 연극계의 인물로 급부상함과 동시에, 영국의 연극계에도 종래의 Shakespeare 경도에서 벗어나 보다 사실적인 사극의 요구가 증대. 이에 발맞춰 테니슨은 시극 *Queen Mary*를 쓰기 시작.

8월 12일, Hallam을 데리고 Engadine과 이탈리아의 호수 지방을 여행. 웅장한 협곡 Val d'Anzasca에 대한 감회를 바탕으로 후일 서정시 "The Voice and the Peak"를 씀.

9월 11일, 여행 마치고 Farringford로 돌아옴.

9월 말, Trinity에 재학중인 Hallam과 Lionel이 귀교.

충실한 필생 겸 비서 역할을 한 Emily 득병, Hallam이 학업을 중단하고 Cambridge에서 귀가.

12월, Gladstone 후임 수상 Disraeli로부터 또 준남작 작위 수락 여부 타진하는 편지 받고, 또 다시 거절.

1875 Lionel이 1876년부터 인도국(India Office)에 근무하기로 되었고 테니슨이 극장과 긴밀한 관계를 유지해야 했기 때문에, 테니슨 부부는 1875년 이후 2, 3, 4월의 상당 부분을 런던에서 머물게 됨.

5월 초, 희곡 *Queen Mary* 출판. 무대 공연을 위한 희곡이라기보다는 한 시대의 극적인 파노라마를 보여주는 읽기 위한 희곡으로, 등장인물이 40명에다가 5막 24장으로 구성된 대작. *Queen Mary*가 출판된 직후, 아직 Irving의 *Hamlet*이 공연중인 Lyceum 무대에서 Bateman 극단이 이 작품을 공연하겠다고 발표하자, Irving도 관심을 가지고 테니슨과의 협상을 시도.

8월, 가족을 데리고 Pau로 여행. Pau에서 Hallam만 데리고 다시 한 번 마지막으로 Pyrenees 산맥 등정.

Lionel, Eleanor Locker와 약혼.

9월, *Queen Mary*의 몇몇 중요한 등장인물들을 빼고 그 내용을 절반 이상 줄여서 공연하기로 합의.

1876 1월, *Queen Mary*의 첫 공연을 4월 18일 저녁으로 확정하고, Mrs. Kate Crowe(Bateman의 딸)과 Irving이 공동 주관하기로 함. 줄여서 무대에 올려진 작품은 원작의 다양함과 풍부성에 못 미쳐 대중의 관심이 곧 시들고, 5주 공연 후 막을 내리게 됨.

6월, 친구들의 격려에 힘입어 비극 *Harold*의 초고를 완성하여, Palgrave에게 읽어줌.

이 무렵 Suffolk주 Woodbridge 교외 "Little Grange"에서 이혼 후 쓸쓸한 독신생활을 하고 있는 Edward FitzGerald를 Hallam과 함께 방문하여 위로.

11월, 희곡 *Harold* 출판. 등장인물이 겨우 18명이고 11장으로 구성되어 *Queen Mary*에 비하면 훨씬 간결하고 무대공연에 적합한 작품이었지만, Irving에게 적합한 역이 없었고 여자들의 역할이 매혹이 없어서 선뜻 공연을 제의해오는 사람들이 없었음. (이 작품의 초연은 테니슨 사후 36년만인 1928년에야 이루어짐.)

1877 1월, Emily와 Hallam을 데리고 런던 방문. 새로운 친구—유명한 바이올린 연주자 Joachim과 Lord Selborne 등—를 사귀고, 주로 Wimpole가의 셋집에서 만남.

이 무렵 Lord Houghton 댁에서 있었던 만찬에서 테니슨을 만난 Henry James는 그의 얼굴이 가무잡잡하고 말라빠지고 언행이 소박하고 조야한 것에 상당히 충격을 받았으며, 사진보다는 훨씬 못생겼지만 천재의 얼굴임을 알아 볼 수 있었다고 술회. 그는 또 테니슨의 이야기는 주로 담배와 Portugal산 적포도주에 관한 것이었고, 테니슨은 한 번에 포도주 한 병을 마실 수 있었다고 술회.

어느 날 아침 Gladstone과 John Bright를 만난 자리에

서 터키-러시아 전쟁 문제가 나오자, 테니슨은 터키의 유럽 지배의 장기화에 강력히 반대 입장을 표명.

어느 날 저녁 Knowles가 테니슨을 발레에 데리고 갔을 때, 발레단원들이 아슬아슬한 복장으로 나오자 자리를 박차고 나가 복도를 오르내리면서 시대의 타락을 괴로워한 나머지 공연을 보지 않음.

여름, 다음 희곡 *Thomas à Becket*의 구성을 위한 역사적 자료가 될 Edward Arber의 *The Revenge*의 최근 복제판을 발견. 7월, Becket의 순교 장면을 보기 위해 Hallam과 함께 Canterbury 방문. 10월, Farringford를 방문한 역사가 J. R. Green과 Becket에 관해 많은 이야기를 나눔.

1878 1월, 숙모 Fanny d'Eyncourt 사망.

2월, Thoby Prinsep, "Briary"에서 사망.

Lionel, 많은 문인 하객들이 모인 가운데 Westminster Abbey에서 Eleanor Locker와 결혼식 올림.

연례적으로 런던에 머무는 동안 바이올린 연주자 Joachim의 영향으로 시인의 음악에의 관심 늘어남. 테니슨은 특히 Handel, Mozart, Beethoven을 선호함.

런던에서 귀가하자 곧 Sir Hubert von Herkomer가 시인의 초상화를 그리도록 허락하고 마지못해 모델 노릇은 했지만, 화가가 들어서자 악수를 나누고서는 "나는 선생이 오신 것이 싫소. 나는 가만히 앉아 있을 수가 없소"라고 쏘아붙였다고 함.

6~7월(?), *Becket*이 진척이 잘되어, Hallam을 데리고 아일랜드에 건너가 Wesport, Galway, Mount Trenchard, Killarney, Dublin, Wicklow 등지를 여행.

희곡 *Queen Mary*와 *Harold*의 판매부진으로 고전하고, 후속 출판계약의 협상에도 어려움을 겪음.

1879 4월, *The Nineteenth Century*지에 민요와 서정시로 묶은 *The Revenge* 발표. 서문에는 빅토리아 여왕의 아름답고 세련된 딸이자, 1878년 12월에 서거하여 전국민을 슬프게 했던 Hesse-Darmsstadt 대공 부인인 Alice 공주에게 바치는 헌사를 삽입.

4월, Ceylon에서 사진작가 Julia Cameron 사망.

4월 말, 형 Charles가 Cheltenham에서 사망하고, 한 달 남짓하여 형수 Louisa도 그의 뒤를 따름.

Becket 출판. 그러나 Irving은 타산이 맞지 않아 공연할 엄두를 내지 못하고, 대신 당대의 무대에 적합한 짧은 희곡을 써줄 것을 요청. 테니슨은 즉시 적합한 주제를 찾기 위해 대영박물관에 근무하는 Sir Charles Newton과 교섭하여 Plutarch의 *De Mulierum Virtutibus*에 나오는 이야기의 역사적 배경을 입수, 마침내 *The Cup*이라는 작품으로 완성.

5월, 2~3년 망설였던 *The Lover's Tale*에 *The Holy Grail* (1870)에 포함됐던 "The Golden Supper"를 후속편으로 넣어서 내놓음. 한편, Boccaccio의 이야기에 바탕을 둔 단막으로 된 낭만희극 *The Falcon*을 착수.

12월, *The Falcon*이 Kendal 극단에 의해 St. James's Theatre에서 67일 밤에 걸쳐 공연됨. 대체로 비평가들의 반응은 좋았고, Greville의 안내로 관람한 웨일즈 왕자와 공주의 극찬을 받음.

1880 3월, Thomas Hardy를 처음 만남.

5월, W. E. H. Lecky를 데리고 Salisbury, Stonehenge, Amesbury, George Herbert의 고장 등을 잠시 다녀옴. 외견상으로는 침착하고 정신력이 있어 보였으나, 형 Charles의 사망 이후 시인은 건강이 악화되어 늘 간장

병으로 고생을 겪었고 항상 유령의 목소리를 들음.
6~7월, Sir Andrew Clark의 권유로, Hallam을 데리고 Munich, Innsbruck, Cortina, 그가 좋아하는 Titian의 출생지 Pieve di Cadore를 거쳐 Venice에 도착. 귀로에는 Verona, Lago di Garda, Catullus의 애송시에 찬양된 Sirmio 반도를 거쳐 귀국.
8월, 테니슨 가족 Aldworth로 옮김. 유명한 수채화가 Helen Paterson과 결혼하여 Godalming에 정착한 Allingham이 자주 찾아옴. 거듭된 거절 끝에 Helen이 자신의 초상화를 그리도록 몇 번 앉아서 자세를 취해줌.
테니슨은 종종 애지중지하는 사냥개 Don과 아일랜드산 사슴사냥개 Lufra를 데리고 Allingham과 함께 산책. Allingham과의 대부분의 이야기는 시에 관한 것이었고, 테니슨은 늘 변함없이 모든 작가들 중에 Shakespeare가 단연 제일이라는 견해를 견지. 당대의 시인들 중에서는 Wordsworth와 Keats를 제일로 꼽고, Byron과 Shelley를 젊었을 때처럼 더 이상 찬양하지 않았음.
11월 말, Kegan Paul이 *Ballads and Other Poems* 출판. 이 시집에는 "The Revenge", "The Defence of Lucknow", "The Northern Cobbler", "The Village Wife", "Rizpah", "De Profundis" 등이 수록됨. 그의 찬양자들은 한결같이 그가 서정시와 설화체의 시로 돌아온 것을 칭찬했고, 비평가들은 대체로 그가 다시 한 번 "The Poet of the People"임을 보여준 것에 기뻐했음. 그러나 *Edinburgh Review*는 그가 비록 그 시대의 철학적·과학적 업적과 시대가 당면한 문제를 폭넓게 이해하고는 있지만, 그의 정신은 19세기의 사상발전을 좇아가지 못하고 있다고 비판하였고, Swinburne은 이 해에 발간한 얄팍한 희작시(戱作詩) *Heptalogia*에서 계관시인을 조롱함.

가을, Aldworth를 떠날 즈음 Plutarch의 이야기를 바탕으로 한 *The Cup*을 완성. Irving은 이 작품을 최고걸작이라고 평가하며 공연을 위한 준비에 진력함.

1881 7월, Irving과 Ellen Terry가 *The Cup*을 Lyceum에서 공연, 관객이 꽉 찬 가운데 127일 밤에 걸쳐 공연됨으로써 테니슨의 최초의 성공적인 공연작품으로 기록됨.

여름, Irving의 권유대로 Robin Hood 이야기를 토대로 한 *The Foresters*를 썼으나, 그는 탐탁스럽게 여기지 않고 작품 수정을 요청.

James Spedding의 갑작스런 사고사, 주임사제 Stanley의 사망, 그리고 오래된 고향친구이자 그의 결혼주례를 맡았던 Rev. Drummond Rawnsley의 사망으로 한동안 시인의 사회활동이 위축됨.

11월, 도처에서 혼돈과 악이 풍미하는 당대의 도덕과 정치적 경향에 대한 절망스런 감회를 노래한 "Despair"를 *The Nineteenth Century*에 발표.

1882 3월, *Macmillan's Magazine*에 Crimea 전쟁사가 Kinglake의 제의로 쓴 유명한 민요시 "The Charge of the Heavy Brigade" 발표. 이것은 발표 즉시 대단한 인기를 얻었고, 시인이 가장 즐겨 읽는 시중의 하나가 됨.

곧 Sir Frederick Young의 요청에 따라 자신이 쓴 옛시 "Hands All Round"를 개작, Emily가 정리하고 C. V. Stanford가 편곡해서 전국적으로 불리어졌으며 나라에서는 여왕의 탄신축가로 불렀음.

봄, 호주에 농사 일꾼으로 갔다가 호주의 가장 위대한 정치가의 한 사람이 된 New South Wales의 수상 Sir Henry Parkes가 Farringford를 방문. 귀로에 Parkes는

Brussels에 들러 벨기에 여왕을 접견하고, 여왕이 테니슨의 대단한 찬양자임을 알게 됨. 그의 제언에 따라 테니슨은 자신이 서명을 한 작품집을 여왕에게 보냄.
6월, W. G. Ward의 사망. 장례식 다음 날 신부 Haythornethwaite와 함께 묘지를 방문.
6월, 이탈리아의 Virgil 학술원으로부터 요청을 받고 Virgil 탄생 1,900주년을 기념하는 시를 써서 보냄.
8월, 마을의 비극을 다룬 *The Promise of May*의 완성을 위해서 진력. Irving과 Kendal 극단에서는 거절당했으나, Bernard Beere 부부가 가져다 짧은 준비기간 끝에 11월 11일 공연. 이 희곡은 테니슨의 유일한 산문 작품.

1883 1~2월, Farringford에서 평온하게 지내는 가운데 두 명의 새로운 친구 Bishop Phillips Brooks와 화가, 시인, 소설가인 Mary Boyle을 사귐. Mary는 아름다운 질녀 Audrey (익년 Hallam과 결혼)를 데리고 Farringford를 방문하여 테니슨 가족을 매료시킴.
곧 런던에 가서 Westminster Abbey의 주임사제가 된 Granville Bradley를 만나고, Queen Anne's Gate에서 Knowles와 Gladstone을 만남. Gladstone의 아일랜드 정책을 통렬히 반대는 했지만, 분위기는 화기애애. 그 후 *Much Ado About Nothing* 공연장에서 Irving과 Ellen Terry를 만나 Lyceum에서의 *Becket* 공연 가능성에 대해 논의했으나, Irving은 여전히 무대 공연에 적합토록 작품을 수정할 것만을 요구.
3월, 시종 John Brown의 죽음을 크게 슬퍼하는 여왕에게 위로의 편지를 보냄. 여왕은 답장과 함께 Balmoral에 세울 Brown의 기념비에 새길 비문에 대한 조언을 당부.
6월 14일, Edward FitzGerald 급서. 서로 성격과 견해

가 달랐고 Fitz가 테니슨의 후기 작품을 계속 인정하지 않았어도, 그들은 오랜 문학 친구 관계를 유지했었으므로, 그를 잃은 충격은 상당한 것이었음.

8월 초, 여왕은 *In Memoriam*을 또 읽고 있었다는 내용과 함께, 아무런 격식 없이 Osborne에서 테니슨을 보고 싶다는 전갈을 보내옴.

8월 7일, Wight 섬을 여행하고, Prince Consort의 방에서 거의 한 시간 가량 여왕을 만나 담소. 이 자리에서 테니슨은 내세와 영생이 없다고 믿게 하려는 불신자와 철학자들에 대한 두려움을 피력.

9월 8일, Hallam을 데리고 Gladstone 부부 등과 더불어 순항선 Pembroke Castle호편으로 Christiansund와 Elsinore를 거쳐 Copenhagen을 방문. 테니슨은 덴마크 왕 부처로부터 Castle of Swedenborg에서 베풀어지는 만찬에 초대받고 거절했으나, 이튿날 왕족일행이 러시아 황제와 황후, 웨일즈 공주, 그리스 왕 부처, 많은 왕자들과 기타 귀족들을 대동하고 순항선을 방문하여 선상에서 점심 식사. 점심 후 작은 흡연실에서, 테니슨은 웨일즈 공주의 청에 따라 공주와 황후 사이에 앉아서 "The Bugle Song"과 "The Grandmother"를 낭송. 낭송이 끝나고 러시아 황후가 칭찬하자, 시력이 극히 나쁜 테니슨은 황공하게도 황후를 시녀로 알고 다정스럽게 어깨를 두들겼다는 일화가 있음.

귀국 후 여왕이 또 다시 Gladstone을 통해서 테니슨이 작위를 받아야 한다고 전하여, 고뇌 끝에 여왕에게 작위 수락의사를 밝히는 편지를 보냄. Emily와 많은 친구들은 기쁨을 같이 했으나, 일부 언론에서는 1845년부터 39년간 받아온 민간연금을 포기해야 한다는 주장도 나오고, 그를 꼬집는 희작시도 쏟아짐. 한편, 테니슨은 칭호로 원래 가문의 이름인 d'Eyncourt를 선호, 관련 집안 후손의 동의를 얻음.

1884 지난 겨울부터 봄까지 Emily의 건강 때문에 걱정.

3월, Alfred 1st Baron Tennyson, Duke of Argyll과 Lord Kenmate의 안내로 상원에 첫 등원.

3월 28일, 갓 결혼한 막내아들 Leopold, Duke of Albany의 급서로 빅토리아 여왕 또 다시 슬픔을 겪음. 테니슨, "Prince Leopold: An Epitaph"라는 시를 보내 여왕을 위로.

4월, 둘째 여동생 Mary Ker 사망.

6월, Hallam, Westminster Abbey의 헨리 7세 교회에서 Audrey Boyle과 결혼. Hallam은 부모와 함께 살면서 계속 아버지 일을 돕기로 함.

테니슨은 상원에 등원하여 표결에 참여. 자신의 중립성을 보이기 위해 그는 무소속 의원석에 앉았고, 이때의 감회와 자신의 행동강령을 피력한 내용의 시를 "Freedom"이라는 제목으로 *Macmillan's Magazine* 12월 호에 게재.

12월, *Becket* 출판.

1885 테니슨의 Gladstone 정책에 대한 혐오가 그의 친구 Gordon 장군의 죽음을 부른 Sudan에서 1월에 발생한 참사로 증폭됨. 테니슨, Gordon을 기리는 국립 기념관으로 "Gordon Boys' Home"을 제창하여 초대 위원장직을 맡고, 그 뒤 몇 개월 동안 기금을 갹출하기 위해 국내외 언론사에 편지를 보냄. 이 기간 동안 그의 명성과 권위가 꾸준히 상승하고, 세계 도처에서 찬양과 격려의 편지가 쇄도.

7월, Princess Beatrice와 Prince Henry of Battenberg의 약혼으로 여왕과 테니슨과의 교류 재개되고, 테니슨은

축하편지를 보냄. 여왕의 초대에도 불구하고 결혼식에는 참석하지 않고, 축시 "To H. R. H. Princess Beatrice"를 지어 보냄. 그러나 급진적인 언론에서는 이 시를 테니슨을 헐뜯는 기회로 삼았고, *The Weekly Despatch*에서는 또 다시 희작시 공모전을 전개.

12월, Browning에게 헌정한 *Tiresias and Other Poems* 출판. 비평가들은 이 시집을 열광적으로 받아들였고, 이전의 작품을 뚜렷하게 개선시켰다고 주장.

1886 4월 20일, 인도에서 열병을 얻은 Lionel이 귀국도중 홍해상에서 사망하여 수장됨. 여왕은 테니슨을 위로. 웨일즈 왕자의 특별 요청으로 Indian & Colonial Exhibition 개막식에서 그의 추모시가 불리어진 것이 테니슨에게 한 가닥 위로가 됨.

테니슨의 말년에 심한 충격을 준 또 하나의 사건은 30년간 Farringford의 양을 돌봐준 충실한 양지기 92세 노인의 죽음. 그는 일자무식이었지만, 테니슨은 그의 소박한 시와 말씨를 좋아해서 곧잘 그와 어울려 몇 시간이고 이야기를 나누기도 했었음.

여름을 보내기 위해 테니슨 가족 Aldworth로 돌아옴. Emily는 테니슨이 Lionel의 죽음을 생각하지 못하도록 평소처럼 Edmund Gosse를 비롯해서 많은 방문객을 불러들임. 그러나 테니슨은 우울과 절망에 빠지고 자신의 작품의 유용성과 인류의 미래에 대해 점점 더 회의를 품는 경향을 보임.

1886년이 저물 무렵 Freshwater를 산책하다가, 설교하러 교회에 가는 도중에 손에 기쁨으로 충만한 설교 원고를 든 채 길 바닥에 죽어 있는 한 늙은 설교자를 발견한 테니슨, 나중에 그 노인의 한 친척에게 보낸 편지에서 그의 죽음을 행복한 죽음이라고 위로함.
12월, *Lockley Hall Sixty Years After and Other Poems* 출판. 염세주의적인 경향이 세상에 충격을 줌.
*The Promise of May*가 초연에서 실패했음에도 불구하고, 세상 사람들에게 줄 메시지를 담고 있다고 여겨서 Bram Stoker와 재차 협상을 벌였으나 무위로 끝남.
Benjamin Jowett과 Wilfrid Ward가 Farringford에 와 성탄절을 함께 지냄. 테니슨은 좌중이 잊을 수는 없는 흥겹고 소박한 표정으로 그의 "Wellington Ode"를 낭송.

1887 봄, 다시 Farringford를 방문한 Jowett은 테니슨이 아직 정력적이고 기억력도 좋고 대화도 생기가 있었고, 옛날보다 한층 온화하고 친절해지긴 했으나 종종 Lionel의 죽음을 슬피 여기는 것을 발견.
테니슨과 각별히 가까웠던 여동생 Emily 사망. 둘째 며느리(Lionel의 미망인) Eleanor가 비평가 겸 수필가로 명성을 얻기 시작한 변호사 Augustine Birrell과 약혼.
2월, 빅토리아 여왕의 즉위 50년제 축시를 지어, 4월 *Macmillan's Magazine*에 발표.
5월 11일, 여왕 즉위 50년제를 기리는 시를 Stanford가 곡을 붙여 Buckingham 궁에서 특별 연주되도록 주선해 빅토리아 여왕을 흡족하게 함. 역시 이번에도 *Weekly Despatch*에서는 희작시 공모전을 폄.
8월, Bishop Boyd Carpenter와 Trinity의 유명한 젊은 교수 R. C. Jebb이 Aldworth를 방문, 아직도 자신의 작품에 이상스럽게 자신이 없는 테니슨을 크게 격려. 이밖에 또 노시인에게 격려가 된 두 가지 사실은, 런던에서 *The Winter's Tale*을 공연중인 미국 여배우 Mary Anderson이 *The Cup*을 공연하기로 한 것과, 그의 *Lance-*

*lot and Alaine*에 바탕을 둔 연극이 George Parsons Lathrop에 의해 미국에서 성공적으로 공연된 것.

그의 최고의 야망은 여전히 Irving에 의한 *Becket*의 공연을 보는 것이었는데, 1887-88년 미국 여행 시에 원고를 가지고 갔으나 아무 성과도 없이 돌아옴.

8월, Sir Allen Young의 배 Stella호를 세내어 Devon, Cornwall, Wales 연안을 순항. Tintagel에서 Channel 군도로 가서 하루 묵으며 Frederick과 강령설(spiritualism)에 대해 토론.

11월, Hallam을 데리고 Cambridge에 가서 *Oedipus Tyrannus*와 *The Winter's Tale*을 관람.

Wilfrid Ward, Wiseman 주교, Newman 주교, 테니슨의 말년 친구로서 깊은 우정을 나눔.

1888 1월, 성실한 옛 친구 Edward Lear 사망.

2월, Henry of Battenberg 왕자 부처 Farringford 내방. 서재에서 이들에게 "Wellington Ode" 등을 읽어줌.

4월, 부활주일에 Mary Anderson이 찾아와 *The Cup* 공연 계획 논의. 5~6월, Mary와 *The Foresters* 공연 논의.

7월, 자유당 정치가 Lord Carnarvon 내방.

9월, Portsmouth 연해에서 거행된 유정 발파작업 현장을 보러감.

9월, 심각한 관절염으로 무릎의 통증을 호소.

11월 21일, 특별 열차편으로 Aldworth에서 온화한 Farringford로 옮김. 12월 말, 관절염 재발.

1889 1월 27일, 관절염 다소 차도가 있었음. 간호사 Emma Durham의 극진한 간호를 받고 그 뒤 두 달이 지나서 외출이 가능해짐.

건강이 좋을 때면 언제나 침실 창가 안락의자에 누워

Sussex 삼림지대를 내다보거나 Farringford의 잔디밭을 둘러싼 관목의 가냘픈 초록빛을 바라봄. 심한 고통속에 거기에 누어서, 테니슨은 신과 우주에 대한 이상한 생각을 하기도 하고, 다른 세상을 보고 있는 사람처럼 느끼기도 하고, 이상한 꿈을 꾸기도 했음.

여왕과 친구들 그리고 세계 도처의 낯선 사람들로부터 안부 편지가 쇄도. 그 중에서도 테니슨을 기쁘게 해준 것은 수많은 사람들이 그를 위해 기도한다고 쓴 Edinburgh의 한 근로자에게서 온 편지와, Robert Browning에게서 온 편지.

3~4월, 건강이 봄을 맞아 빠르게 회복.

5월, Farringford를 찾아온 Sir Andrew Clark는 테니슨이 인생에서 빠져나가도록 열릴 문이 어디에 있는 지도 볼 수 없다고 덧붙임.

그 뒤 1주일 후, Lord Brassey가 빌려준 요트 Sunbeam호를 타고 Hallam, Andrew Hitchers 부부, 간호사 Durham과 함께 Devon, Cornwall 연안 등을 순항.

Boyd Carpenter 주교는 테니슨이 자리에서 일어나는 데 힘들어하고, 걷는 데 기력이 다소 없는 것을 발견.

8월 6일, 80회 생일, 건강하고 즐거운 모습. 축전과 축하편지 쇄도. Swinburne이 축시를 보내왔고, 빅토리아 여왕은 친필 편지를 테니슨에게 보냄. 이밖에 호주에 있는 Sir Henry Parkes와 Browning에게서도 축하편지가 왔음.

10월, Aldworth에서 Farringford로 오는 도중 Lymington에서 Yarmouth로 건너오는 20분 동안에, 그의 모든 서정시 가운데 가장 유명한 시 "Crossing the Bar"를 단숨에 지음. (이 시는 테니슨의 마지막 작품은 아니지만, 그의 요청으로 시집의 맨 끝에 수록됨.)

12월 12일, *Demeter and Other Poems* 출판. 이 시집은 출판도 되기 전에 20,000부가 팔릴 정도로 80 노시인의 대 성공작이었고, Gladstone을 비롯한 많은 사람들로부터 이구동성으로 찬양을 받음. 그러나, 이 시집이 출판되던 바로 그날 Browning이 베니스에서 객사했다는 비보를 접함. 며칠 후 William Allingham 사망. 연극배우 Mary Anderson의 은퇴로 *The Foresters*와 *The Cup*의 공연 계획 무산. 그러나 런던에서 활약 중인 미국 배우 Lawrence Barrett이 테니슨 작품의 영국과 미국 공연권을 따기 위한 협상을 제의함.

1890 5월 15일, Thomas Edison이 시인에게 선물한 녹음기가 도착. 테니슨은 이 녹음기에 "The Charge of the Light Brigade", "The Bugle Song"을 녹음. 이밖에도 테니슨은 "The Heavy Brigade", "The Northern Farmer—New Style", "Ask Me No More", "Boadicea", "The Wellington Ode"의 일부 등을 녹음.

5월 말, Trinity 대학에 보존할 초상화를 그리기 위해 73세의 노화가 C. F. Watts가 Aldworth를 방문. 10일 만에 Watts는 현재 Trinity의 대회랑에 걸려 있는 학사복 차림의 초상화 한 점과 현재 Aelaide 화랑에 걸려 있는 귀족의상 차림의 초상화 한 점을 완성.

6월 말, 런던에 머물면서 Knowles, Gladstone, Lord Acton을 만남. 이때 Mary 공주를 방문하라는 제의를 받았으나, 거절. 테니슨이 공원에서 마차를 타고 가는 것을 본 여왕이 다시 한 번 시인과 이야기 나누기를 몹시 원한다는 전갈을 보냄.

8월 6일, 81회 생일날 Aldworth로 그를 방문한 Albany 공작부인에게 *Guinevere*를 읽어줌. 1~2일 후 주임사제

Farrar가 제의한 주제로 *St. Telemachus*를 시작. James G. Frazer의 *The Golden Bough*의 제1권과 Martineau의 *Seat of Authority*를 관심을 가지고 읽음. 그리고 이 즈음 Tyndall과 Lockyer 등을 만나 과학적 토론을 가짐.

Dublin의 한 81세 된 노인으로부터 "Crossing the Bar"를 외우고 잠자리에서 되뇌면서 위안을 받게 되어 감사한다는 내용의 편지를 받고 감동.

12월 초, Barret이 *Becket*에 대한 계약에 서명을 했을 뿐만 아니라 적합성을 검증하기 위한 예행연습까지 마쳤다는 소식에 고무됨.

1891 1월 말, Irving이 *The Foresters*의 공연계획을 취소한다는 소식을 듣고 실망.

3월, Barret 사망. 테니슨은 Barret이 성공적으로 각색을 마친 *Becket*을 가지고, 진지하게 이 작품을 검토중인 Irving과 즉시 접촉. 테니슨, 놀라운 육체적 정신적 건강을 유지하면서 왕성한 시작 활동 계속.

4월, Jowett, Holman Hunt, Addington Symonds의 소개장을 가지고 Magdalen 대학의 젊은 교수 T. H. Warren(후일 Oxford 총장)이 방문.

6월 초, Crozier 대령 소유의 요트 Assengai호 편으로 Hallam과 함께 남부와 서부 해안을 잠시 순항. 여행 중 Akbar the Great에 관한 시를 계획. 여행에서 돌아온 직후 어느 날, 한 미국인 기능공이 *Maud*를 테니슨에게 낭송해주기 위해 가축 수송선을 타고 대서양을 건너 Aldworth에 출현. 테니슨은 그걸 끝까지 다 들어주고 자신의 찬미자에게 귀국여비까지 줌.

7월, 런던에서 Knowles, G. L. Craik 등을 만남.

9월, Augustin Daly가 *The Foresters*의 미국판권 획득에

관한 문의와 함께 Marian의 역을 맡을 미국 여배우 Ada Rehan을 대동하고 Aldworth를 방문. 얼마 후 Daly와 *The Foresters*의 뉴욕 공연 합의하고 서명.

1892 1월, Hallam의 친구인 Hubert Parry가 "The Lotos-Eaters"에 곡을 붙이는 문제로 방문. 점심 후, 테니슨이 Parry에게 "The Lotos-Eaters"와 "Wellington Ode"를 읽어줬는데, 끝에 가서 그의 목소리가 잘 안 나오는 것을 보고 Hallam은 다소 걱정스러워함. 며칠 후 웨일즈 왕자의 맏아들 Clarence 공작이 Teck의 Mary 공주와의 약혼 발표 후 6주도 안 되어 28세의 젊은 나이로 죽어 노시인에게 깊은 충격을 줌. 테니슨은 곧 그 부모와 여왕을 위로하는 시를 지어 보냈고, 여왕은 감사의 편지를 보내옴. 시를 짓느라 무리한 시인은 유행성 감기에 걸려 2주 동안 칩거. 3월초에는 예전처럼 Lord Houghton에게 *The Passing of Arthur*를 읽어주었으나, 부활절을 보내러 Farringford에 모여든 큰 손님을 접대하는 것은 무리였음.

3월 25일, 뉴욕에서 Daly에 의해 *The Foresters*가 성공리에 공연됨. 테니슨은 이 작품의 장기공연이 확실했기 때문에 크게 기뻐함. 4월 19일, 독감으로 앓고 있는 중에도, Stoker가 Irving의 *Becket* 공연수락 소식과 함께 가지고 온 연출본을 검토.

6월, Crozier 대령의 Assengai호 편으로 Channel 군도까지 마지막 순항하여 형 Frederick과 함께 며칠간 즐겁게 지냄. Farringford에 돌아오자마자 턱의 통증으로 고생하기 시작하고, 자신의 건강상태에 불안해짐.

6월 29일, Emily의 요청으로 Freshwater 목사가 시인의 서재에서 집안을 위한 성찬식을 집전.

6월 30일, 일행 Aldworth로 떠남. 테니슨은 처음에는 평소와 같이 매일 4~5km 씩 규칙적인 산책을 할 수 있었으나, 이제는 종종 앉아서 쉬는 일이 생김.

7월 중순, G. L. Craik과 런던에 머물면서 자연사 박물관을 방문, 거기에 전시된 새의 둥지를 보고 크게 매혹되었으나 군중들의 등살에 서둘러 귀가.

8월 6일, 그의 83회 생일날, J. A. Symonds, Edward Burne-Jones를 비롯한 많은 방문객들이 찾아오고, 많은 생일축하 편지를 받음.

9월 초, 심하게 아픈 중에도 C. W. Dalmon이라는 낯선 젊은 시인이 보내온 시집을 독파하고 비평을 해줌.

9월 7일, 하느님이 자신의 기도를 들어주지 않는 것 같은 느낌이 든다고 Wilfrid Ward에게 말했는데, 그가 보기에는 시인에게서 항상 죽음에 대한 생각이 떠나지 않았던 것 같았음.

9월 15일, 테니슨의 병세 악화. Lord Selborne, Dakyns, Mrs. Allingham 등을 맞이했으나, 자신의 죽음이 가까워졌음을 분명히 알고 있었음.

9월 24일, 저녁 식사하러 서재에서 마지막으로 내려옴.

9월 25일, Hallam과 Lionel의 친구이자 Homer 학자인 Walter Leaf와 같이 온 Stoker를 접견. 매우 허약한 상태였음에도 불구하고, *Becket* 이야기가 나오자 생기가 나서, 대본을 수정하다가 "God, the Virgin"이라는 말을 만들어낸 Irving의 실수를 꼬집는 농담을 함. 점심 뒤엔 Walter Leaf와 Homer의 노래에 대한 이야기를 나누며 긴 시구를 원어로 낭송하기도 하고, Shakespeare의 *Romeo and Juliet*과 *Henry VIII*에 대한 이야기도 함.

Hallam은 테니슨의 건강이 위태위태하여 주치의 G. R. Dabbs를 불러와 집에 머물게 함.

9월 28일, 수요일, 테니슨의 건강이 호전되어 마지막으로 Haslemere까지 마차여행을 했고, 여행도중 Hallam에게 신의 성격과 사랑에 대해 많은 이야기를 함.
테니슨의 지력이 아주 초롱초롱해서 성서도 읽을 정도였지만, Hallam은 여전히 매우 걱정되어 Sir Andrew Clark에게 연락. Clark는 테니슨의 상태를 심각하게 여기지 않았음. 두 사람은 이윽고 Gray의 "Elegy"에 대해 심도 있는 토론을 벌임. 그러나 목요일, 금요일, 토요일에 시인의 상태는 점점 나빠짐. 일요일 오전에는 Graham Dakyns를 만나볼 수 있었지만, 저녁에는 상태가 매우 악화됨.
10월 3일, 월요일, 오전 8시, 그의 Shakespeare 책을 요청하여 Hallam이 *Cymbeline* 등이 수록된 책을 가져다 줌. 기력이 달려 두 세 줄 읽고는 의사에게 결코 낫지 못할 것을 안다고 말함. 런던에 다녀온 의사 Dabbs가 Irving을 보았다고 하자, 환자는 벌떡 일어나 *Becket*이 어떻게 되었는지 물음. 공연이 성공할 것이라는 그의 대답에, 자기는 그 작품의 공연을 보지는 못할 것이지만 Irving이 자신을 정당하게 대해주리라 믿는다고 말함.
10월 4일, 화요일, 여왕과 Lousie 공주가 안부를 묻는 전보를 보내와 테니슨을 기쁘게 했지만, 그의 마음속에는 일반에게 알려진다는 공포심이 다시 한 번 일어남.
한낮에는 하늘과 빛을 보고 싶다고 창문의 발을 걷어 올리라고 하고, "하늘과 빛"이라는 말을 되풀이. 간호사가 체온계를 겨드랑이에 넣자, 그것이 자기 눈 위로 지나가는 것 같은 많은 색깔을 띤 아주 아름다운 모양을 보여줬다고 하고, 잠시 후에는 Gladstone과 정원을 산책하며 그에게 나무를 보여주는 환상을 봄.
10월 5일, 수요일, 아침, 연락을 받고 달려온 Sir And-

rew Clark에게 피곤하게 해서 미안하다고 말하고, 아직 청력이 예민해서 아주 작은 소리에도 눈을 뜨고 방을 둘러봄. 오후에는 Dabbs와 죽음에 대해서 많은 이야기를 나누고, 어째서 인간은 결국 그림자에 불과하고 세상의 큰 삶의 작은 부분에 지나지 않는 것에 매달리는 것이냐고 말함. 그날 하루 종일 테니슨은 읽지도 못하면서 자꾸만 Shakespeare 책을 요청. 오후 한나절 그의 손에 놓인 책은 *Cymbeline*의 5막 5장이 펼쳐져 있었음. 이윽고 마지막으로 입을 열어 부인 Emily와 아들 Hallam과 며느리 Audrey에게 희미한 축복의 말을 전함.

5시 25분, 일몰. 5시 45분, 만월 돋음. 6시, 갑자기 달빛이 방안에 들어와 손에 Shakespeare를 쥐고 누어서 임종을 기다리는 테니슨의 빛나는 머리를 훤히 비춤. 온 방과 바깥 풍경이 달빛으로 넘쳐 멀리까지 선명하게 보임. 8시, 달은 보이지 않았지만 등불이나 촛불을 밝힐 필요가 없을 정도로 달빛이 아직 방을 훤히 비춰줌.

10월 6일, 목요일, 새벽 1시 35분, 의사 Dabbs, Emily, Hallam, Audrey가 지켜보는 가운데 Alfred, Lord Tennyson 운명.

10월 12일, 수요일, Westminster Abbey에 안장됨.

*

12월, *The Death of Oenone, Akbar's Dream and Other Poems* 출간.

1896 8월 10일, Emily, Lady Tennyson 사망.

1897 Hallam Tennyson, *Alfred Lord Tennyson* 출판.

손자 Charles Tennyson, *Alfred Tennyson* 출판.

1928 *Harold* 공연.

참고문헌

이세순-a. 역주. 『계관시인 앨프릿 테니슨 시집: 슬픈 사랑, 기쁜 노래』. 서울: 신양사, 2002.

이세순-b. 역. 『이녹 아아든』. 서울: 신양사, 2005.

Abrams, M. H. et al. Ed. *The Norton Anthology of English Literature*. Vol. II. New York: W. W. Norton, 1979.

Davis, Michael. Ed. *Alfred Tennyson: "In Memoriam"*. London: Macmillan, 1956.

Fowler, J. H. Ed. *Poems 1832-1842 by Alfred Tennyson*. London: Macmillan, 1950.

Gransden, K. W. *Tennyson: "In Memoriam"*. London: Edward Arnold, 1964.

Nicholson, Harold. *Tennyson: Aspects of His Life, Character and Poetry*. New York: Houghton Mifflin, 1925.

Henderson, Philip. *Tennyson: Poet and Prophet*. London and Henley: Routledge & Kegan Paul, 1978.

Hill, Robert W. Jr. Ed. *A Norton Critical Edition: Tennyson's Poetry*. New York: W. W. Norton, 1971.

Hunt, John Dixon. Ed. *Tennyon: "In Memoriam". A Selection of Critical Essays*. London: Macmillan, 1970.

Lee, Se-Soon. *The Mystic Way of the Human Soul in Tennyson's "In Memoriam"*. Seoul: Chung-Ang UP, 1979.

MacLuhan, Marshall. Ed. with an Introduction. *Alfred Lord Tenny-*

son: Selected Poetry. New York: Holt, Rinehart and Winston, 1966.

Parsons, Eugene. Ed. *In Memoriam*. New York: Thomas Y. Growell, 1902.

Pearce, J. W. Ed. *Tennyson's "In Memoriam"*. London: Macmillan, 1922.

Ross, Robert H. Ed. *Alfred, Lord Tennyson: "In Memoriam"*. New York: W. W. Norton, 1973.

Tennyson, Alfred Lord. *Poetical Works of Alfred Lord Tennyson*. London: Macmillan, 1950.

Tennyson, Charles. *Alfred Tennyson*. London: Macmillan, 1968.

Tennyson, Hallam, Lord. *Alfred, Lord Tennyson: A Memoir by His Son*. 2 vols. New York: Macmillan, 1897.

계관시인 테니슨 번역시집
인 메모리엄

인쇄일자: 2008. 9. 17.
발행일자: 2008. 9. 22.

저　자: 앨프릿 테니슨
편역자: 이세순
발행인: 정영기
발행처: 한빛문화
서울시특별시 성동구 금호1가 1597-1
전화: +82-02-2291-9761
전송: +82-02-2296-7963
전자우편: jyking123@yahoo.co.kr

값 25,000원

ISBN 978-89-91432-37-6 93840